KB211877

마지널리티

MARGINALITY

by Jung Young Lee

마지널리티

다 문 화 시 대 의 신 학

Marginality

이정용 지음 | 신재식 옮김

포이에마
POIEMA

일러두기

1. 본문에서 인용한 성경 구절은 대한성서공회에서 펴낸 개정개역을 사용했다.
2. 본문에서 'marginality, marginal, margin'과 'centrality, central, center'는 엄격하게 구분하지 않고 문맥에 따라 '주변성, 주변부, 주변' 그리고 '중심성, 중심부, 중심'으로 옮겼다.

마지널리티

이정용 지음 | 신재식 옮김

1판 1쇄 발행 2014. 12. 5. | **1판 3쇄 발행** 2025. 5. 1. | **발행처** 포이에마 | **발행인** 박강휘 | **등록번호** 제300-2006-190호 | **등록일자** 2006. 10. 16. | 서울특별시 종로구 북촌로 63-3 우편번호 110-260 | 마케팅부 02)3668-3246, 편집부 02)730-8648, 팩시밀리 02)745-4827

이 한국어판의 저작권은 알맹2 에이전시를 통하여 Augsburg Fortress와 독점 계약한 포이에마에 있습니다. 신 저작권법에 의하여 한국 내에서 보호받는 저작물이므로 무단 전재와 무단 복제를 금합니다

값은 표지에 있습니다. ISBN 978-89-97760-97-8 03230 | 독자의견 전화 02)730-8648 | 이메일 masterpiece@poiema.co.kr | 좋은 독자가 좋은 책을 만듭니다. | 포이에마는 독자 여러분의 의견에 항상 귀를 기울이고 있습니다.

이 도서의 국립중앙도서관 출판예정도서목록(CIP)은 서지정보유통지원시스템 홈페이지(http://seoji.nl.go.kr)와 국가자료공동목록시스템(http://www.nl.go.kr/kolisnet)에서 이용하실 수 있습니다.(CIP제어번호: CIP2014033361)

이정용 선생님은 일생을 낯섦과 부닥치며 살았다. 북녘에서 남녘으로 옮긴 피난살이가 그러했고, 한국에서 미국으로 옮긴 유학생활이 그러했다. 자연과학을 공부하다 그만두고 신학을 한 것도 또 하나의 낯섦으로의 옮김이었고, 신학을 하면서도 서양전통을 넘어 동양의 사유를 새삼 살펴 신학 전통을 되 지은 것도 낯섦과의 만남을 드러낸 모습이었다. 그리고 당신의 일상의 삶을 미국 사회의 소수민족들을 위해 헌신한 것, 여성에 대한 관심을 남달리 기울인 것도 낯섦을 안고 산 모습이었다. 《마지널리티》는 그의 이러한 '낯섦과의 만남'이 발언하는, 저리게 정직한 고백이다. 그렇기 때문에 낯섦과 더불어 살아야 하는 다문화 정황에서 우리는 그의 '신학'을 통해 새삼 우리의 현실에 대한 '바른 인식'을 구축할 수 있고, 나아가 오늘을 어떻게 살아야 하는지에 대한 규범까지 모색할 수 있다. 고마운 일이다. 이 저서는 그분이 우리 신학계에 남겨준 시의적절하고 귀한 유산이다. **정진홍** 아산나눔재단 이사장, 서울대 명예교수

새로운 역사는 세계의 중심부가 아니라 주변부에서 동트고 만들어진다는 확신을 오래전부터 가지고 있었는데, 한국계 미국인 신학자로서 이미 널리 알려진 이정용 교수가 '마지널리티'를 신학으로 정립하셨다. '마지널리티'는 다인종, 다문화 사회에서 사는 신학자의 현존이자 신학적 맥락일 뿐만 아니라, 신학의 내용과 방법을 규정한다는 것을 이정용 교수는 이른바 신학의 중심부에서 훌륭하게 입증하셨다. 특히 제자인 신재식 교수의 번역은 역작을 더욱 빛나게 한다. 예수 그리스도께서 갈릴리에서 사역을 시작하시고 완성하신 것처럼 역사의 주변부에서 하나님나라를 세우기 위해 노력하는 제자들에게 희망과 확신을 줄 이 책을 기쁜 마음으로 추천하는 바이다. **채수일** 한신대학교 총장

드루 신학대학원에서 한국인 교수로 있으면서 많은 학생들에게 동양철학의 관점에서 신학의 폭을 넓혀주고 생각의 도전을 주었던 이정용 교수의 책이 번역되어 나온 것을 기쁘게 생각한다. 주변화된 사람의 입장인 본인의 경험을 자서전적 신학으로 풀어쓴 이 책은 어쩌면 주변화된 사람일 수도 있는 우리 자신을 보다 깊이 성찰하고 변화를 가져오게 하는 힘이 있는 글이 되리라 생각한다. 요즘 소수자에 대한 배려가 사회적 이슈이기도 한 우리 한국 사회에서 큰 도움이 될 것을 기대하면서 꼭 읽어보기를 권한다. **박노권** 목원대학교 총장

세상은 모두 중심부에 우뚝 서기를 추구하고 그런 사람, 조직, 나라에 갈채를 보낸다. 그러나 이 책의 저자가 주장하듯 모든 사람은 주변성을 벗어날 수 없으며, 예수-그리스도야 말로 주변부의 극치이다. 그렇기에 그를 믿고 그 안에 거하는 하나님나라 백성이야말로 주변부 사람일 수밖에 없다. 중심부에 서야 세상을 변화시킬 수 있다는 폭력적 변화에 길든 한국 교회와 한국 사회에 꼭 필요한 책으로, 주변부가 갖는 창조적 변혁에 눈을 뜨고, 다원주의 사회 속에서 공존하며, 자기의 창조적 사명을 감당하게 되길 기대한다. **김형국** 나들목교회 대표목사, 신학박사

《마지널리티》는 오늘날 복음의 의미에 대해 관심을 갖는 모든 그리스도인들이 깊이 생각해야 하는 책이다. 이 책은 '주류' 교단에 속해 있는 우리로 하여금 "너무 많은 사람이 주변화되어 있는 이 세상에서 교회는 과연 스스로를 '주류'이며 '그리스도교적'이라고 부를 수 있는가?" 하는 질문에 직면하게 한다. **후스토 곤잘레스** 에모리 대학 교수

아시아계-미국인의 관점에서 쓰였지만, 다른 사람에게도 도전과 통찰을 주는 책! **제임스 콘** 유니온 신학대학 교수

오늘날 요동치는 신학계에 많은 것을 생각하게 하는 고무적이고도 풍요로운 증언! **로이 사노** 미국 연합감리교회 감독

| 감사의 글 |

이 책의 핵심인 주변성marginality을 이해하는 데 도움을 준 사람들에게 깊이 감사한다. 무엇보다 주변성의 개념을 정의하는 어려운 작업을 시도했던 뛰어난 사회학자들, 특히 미국에서 민족성ethnicity과 주변성에 대해 선구적으로 연구했던 로버트 E. 파크Robert E. Park와 에버렛 스톤키스트Everett Stonequist에게 감사한다. 하지만 이들의 견해는 지배집단dominant groups의 관점을 반영하고 있기 때문에, 내가 이 책에서 제시한 관점이 그들의 작업을 보완했으리라 믿는다.

나는 많은 아시아계-미국인 학자들과 친구들에게 큰 빚을 지고 있다. 모두 언급할 수는 없지만 빼놓을 수 없는 사람들이 있다. 허원무, 김정하, 김광정, 이상현, 워런 리Warren Lee, 폴 나가노Paul Nagano, 데이비드 엥David Ng, 로이 사노Roy Sano, 벤 실바네토Ben Silva-netto, 로널드 타카키Ronald Takaki, 웨슬리 우Wesley Woo 등이다. 내가 퍼시픽 신학대학원 Pacific School of Religion에 머무는 동안 귀중한 자료들을 많이 제공해준 아시아태평양신학과전략연구소the Pacific Asian Center for Theology and Strategies에도 고마움을 표한다. 버클리에 머무는 동안 수많은 자료들로 큰 도움을 준 줄리아 에스트렐라Julia Estrella에게 감사한다. 퍼시픽 신학대학원과 버클리 연합신학대학원Graduate Theological Union, 버클리 대학교 University of California at Berkeley에도 감사한다.

'사회학적' 시선으로 내 원고를 읽고 개선을 위한 유용한 제안을 해 준 버클리 대학교의 로버트 벨라Robert Bellah와 퍼시픽 신학대학원의 스콧 메이어스Scott Meyers에게 감사한다. 격려와 지지를 아끼지 않은 예일 대학교 신학대학원의 토머스 오글트리Thomas Ogletree, 에모리 대학교 신학대학원의 로빈 로빈Robin Lovin, 드루 대학교의 재닛 피쉬번 Janet Fishburn에게 감사한다. 연구년 동안 캘리포니아에서 저술을 진행할 수 있도록 연구비를 지원한 신학대학원협의회Association of Theological Schools에도 감사한다.

이 책에서 제시한 생각의 씨앗은 1990년 가을 드루 대학교 신학 대학원 신입생들에게 했던 입학식 강연에서 비롯되었다. 드루 대학교 동료 교수들의 지원에 감사하고 싶은데, 그해 가을 교수 연수회에서 내 논문에 관해 그들이 벌인 토론 덕에 이 일을 시작할 마음을 먹을 수 있었기 때문이다. 나와 '주변성' 수업을 함께해준 학생들에게도 감사한다. 그들의 관점은 주변성에 대한 개념을 다시 평가하는 데 아주 도움이 되었다. 출판 원고를 준비하는 데 꼭 필요한 일을 해준 주디스 커스Judith Kurth, 낸시 슐뤼터Nancy Schluter, 앤 쇼Ann Shaw에게 감사한다. 이들의 열정적인 도움이 없었다면 작업은 무척 어려웠을 것이다. 색인을 만들어준 박소영과 신재식에게도 감사한다. 포트리스 출판사 Fortress Press의 책임편집자인 마이클 웨스트J. Michael West에게 감사한다. 그는 저작 과정을 헌신적으로 도왔을 뿐만 아니라 이 주제에 관한 내 관심에 진정으로 공감해주었다. 그의 도움이 없었다면 이 책을 출판하기는 쉽지 않았을 것이다. 가장 감사해야 할 사람은 아내 지Gy이다. 내가 캘리포니아에 있는 동안 관련 자료들은 물론, 자신이 읽은 아시아계-미국인이 쓴 저작물의 핵심을 요약해주기도 했다. 아내의 협조가 없었다면 이 작업을 마무리하지 못했을 것이다. 주변성에 관한 살아 있는 지혜를 가르쳐준 가장 위대한 선생은 두 아이, 수Sue와 조너선Jonathan일 것이다. 주변성에 관한 모든 책과 논문보다 아이들이 더 많은 것을 가르쳐주었다. 주변성의 살아 있는 사례인 두 아이에게 이 책을 바친다.

| 차례 |

주변성은 신학의 맥락이자 방법이요 내용이다

우리는 다른 문화와 인종 집단이 공존하는 다원주의 사회에 살고 있다. 최근 북미는 소수민족 집단의 인구학적 상황이 급격히 변하고 있다.[1] 소수민족의 인구가 전체 인구보다 더 빠른 비율로 성장하는 것이다. 소수민족은 새 밀레니엄에 미국 전체 인구의 3분의 1을 차지할 것이며, "21세기 말에는 미국에서 소수민족이 새로운 다수 인구 집단이 될 것이다. 즉 소수민족이 다수민족이 될 것이다."[2] 《미국의 르네상스, 21세기 전환기의 우리의 삶*American Renaissance: Our Life at the Turn of the Twenty-First Century*》을 쓴 미래학자 마빈 세트론*Marvin Cetron*은 미국이 점차 다문화되어 2030년에는 소수민족이 인구의 다수를 차지할 것이라고 예측한다.[3]

이 새로운 모자이크 사회는 신학을 할 때 인종·문화 다원주의와 더불어 전적으로 새로운 접근방식을 요한다. 예를 들어 경제적·정치적 불평등으로부터의 해방에만 집중하는 것은 신학적 과제로 충분치 않다. 다원주의 사회에서는 억압의 뿌리가 계급 갈등과 성*gender* 차별에만 있지 않고, 인종·문화의 오해에도 있기 때문이다. 그래서 이 책은 주변성에 근거한 새로운 신학을 제안하는데, 이때 주변성은 해석학적

패러다임으로 기능할 뿐 아니라 그리스도교 신앙의 본질로 가는 열쇠라 할 수 있다.[4]

주변성 신학theology of marginality은 신학에 대한 중심부centralist 접근에 대한 하나의 대안이다. 중심부 접근은 중심성의 맥락에 근거한 것인 반면, 주변부marginal 접근은 주변부적 맥락에서 나온 필연적인 결과물이다. 중심부 접근은 주변부 접근을 대체하지 않는다. 이들은 접근 방식이 다르기 때문에 경쟁하는 관계가 아니다. 또 주변성 신학은 중심부 신학의 규범에 근거하지 않기 때문에 분석적인 방식으로 제시되는 신학적 비판이나 논증은 적절하지 않다. 주변성 신학은 자신만의 유효한 규범을 지니므로, 그동안 신학 세계를 지배해왔던 중심부 신학의 저작들을 인용하는 것은 되도록 삼갔다. 주변성 신학이 그 자체만으로 진정한 의미에서 독창적이기 위해 이는 필수적이다. 나아가 비판적인 주석에도 관심이 없는데, 주변성에서 발생한 그리스도교 상징의 창조적 반영에 우선 강조점을 두었기 때문이다.

이 책이 미국 사회의 주변부 사람들을 대상으로 하기는 하지만, 그들을 대신해서 이 책을 쓴 것은 아니다. 어느 누구도 다른 누군가를 위해 신학을 쓸 수는 없기 때문이다. 내가 한국계-미국인이지만 모든 한국계-미국인을 위한 신학을 쓸 수도 없다. 내가 그들 각자를 대표하는 것은 아니기 때문이다. 동일한 맥락에서 모든 아시아계-미국인을 위한 신학을 쓸 수는 없다. 나는 수많은 아시아계-미국인 가운데 한 사람일 뿐이다. 즉 이 책은 나의 관점, 즉 한 아시아계-미국인의 관점에서 쓰였으며, 이는 수많은 아시아계-미국인의 관점 중 하나이다. 다시 말해 주변성 신학은 주변화된 사람이 신학을 이해할 수 있는 수많은 방법 가운데 하나이다.

어떤 신학도 개인적인 편견에서 자유로울 수 없다. 정치, 경제, 사회, 심리, 인종, 문화 배경이 개인의 신학적 경향을 결정한다. '엄밀한 과학'을 포함한 다른 모든 학문 분야에서처럼 신학도 개인적인 요소를 간과할 수 없다.[5] 객관적인 진리에 대해 순수하게 합리적이고 논리적으로 추상화하는 것은 불가능하다. 실재는 우리 삶의 구체적인 상황들과 관련되어야만 한다. 우리 삶의 경험을 다루지 않는 신학은 어떤 신학이라도 살아 있는 신학이 될 수 없다. 신학은 삶을 신앙적으로 성찰하는 것이기에 이론과 실천이 분리될 수 없는 것처럼 신학도 삶과 분리될 수 없다.

이 책에서 내가 구성하려고 시도한 신학은 내 삶의 경험에 관한 내 신앙적 성찰이다. 폴 니터가 말했듯이 "모든 신학은 자서전에 뿌리를 내리고 있다."[6] 내 신학은 북미에서 아시아인으로 살았던 삶에 뿌리내리고 있으며, 그것은 주변성이라는 말로 가장 잘 특징지을 수 있다. 나는 주변부 사람이다. 그래서 나는 주변적이며 자서전적인 신학을 쓴다. 나는 주변화된 존재의 관점에서 내 신앙을 보다 분명히 표현하고자 이 책을 썼다. 주변성에 대한 스스로의 이해를 돕고 북미에서의 내 주변적 지위에 대해 대처하고자 책을 썼지만, 이 작업이 다른 사람들의 성찰을 촉진할 수 있기를 희망한다. 주변성이라는 말은 관계적이고 역동적인 용어이기 때문에 단순히 민족적 소수자들의 경험으로 국한되지 않는다. 백인 미국인도 성, 계급, 경제, 종교에 따라 주변성을 경험한다. 따라서 이 연구는 모든 주변화된 사람에게 호소력을 가질 수 있다. 내가 모두를 대신해서 말할 수는 없지만, 주변성은 미국에서 계급이나 성, 인종·문화 차이에 상관없이 사람을 묶어주는 공동의 기반이 될 수 있다고 믿는다.

내 신학 작업의 일차 자료인 내 삶의 경험에는 내가 생각하는 방식까지도 포함된다. 동북아시아 문화에 뿌리를 두고 북미에서 신학 훈련을 받은 나는 백인 미국인과 다르게 생각한다. 내가 박사학위 논문의 초고를 제출했을 때, 지도교수가 나를 부르더니 이렇게 말했다. "내가 자네 학위 논문을 정확히 이해했는지 확실히 하기 위해서 세 번째 읽고 있네. 자네가 글 쓰는 방식은 우리[서구]와는 아주 달라. 반복하는 경향이 있지만, 단순히 반복하는 것이 아닌 방식으로 반복하네."[7]

다른 글쓰기 방식을 읽는 것은 그 자체로 다른 문화 경험을 배우는 것이다. 신학은 개인적이지만 사적인 소유물 이상인데, 신학이 우리를 다른 사람과 연결시켜주는 공통의 경험에서 나온 것이기 때문이다. 이런 상호관련성 때문에 나는 다른 사람과 분리되어 있지 않다. 내가 다른 사람의 일부인 것처럼 그들도 내 일부이며, 내가 타인의 경험을 공유하는 것처럼 그들도 내 경험을 공유한다. 나는 사람들이 모인 집단에 의해 양육되고 형성되었다. 나는 물 위를 퍼져 나가는 물결의 일부와 같다.

주변성에 대한 내 경험은 집단 속에 있는 자신을 볼 때 분명히 정의된다. 아시아계-미국인이라는 전체 그림 속에서 나를 볼 때, 나는 아시아계-미국인들의 경험에서 하나의 패턴을 인식할 수 있다. 그래서 1장에서 내 경험과 함께 아시아계-미국인이 경험한 역사를 소개한다. 아시아계-미국인이라는 말은 동북 아시아계-미국인을 의미하며, 주로 내가 밀접히 동일시하는 중국계-미국인, 한국계-미국인, 일본계-

미국인을 의미한다. 내 이야기는 '민들레'에 비유했다. 1장은 내 주변성 신학을 이해하기 위한 **맥락**의 역할이다.

주변성은 주변부 신학의 맥락일 뿐만 아니라 주변부 신학의 **방법**이기도 하다. 주변부 신학의 방법을 제시하기 위해, 나는 먼저 주변성의 의미를 인종·문화 결정요소를 사용해 정의했다. 2장은 주변성에 대해 포괄적으로 접근하기 위해 이 정의가 지닌 부정적·긍정적 측면을 살펴본다. 특히 주변성에 대한 부정적 측면을 정의하면서 고전적 정의를 제시한 로버트 E. 파크와 에버렛 스톤키스트의 저작을 평가했다.[8] 나는 그들의 정의를 주변부의 관점에서 평가했다. 또 그들의 생각이 보편적인 함축성을 지니고 있지 않기 때문에, 주변성에 대한 자기 부정적인 고전적 정의를 보완하기 위해서[9] 주변성에 대한 자기 긍정적인 현대적 정의를 제안했다.

3장은 주변성에 대한 부정적 측면과 긍정적 측면을 함께 결합해 새로운 주변성 개념을 정의한다. 새로운 주변부 사람은 두 세계나 그 이상의 세계 **안에 있으면서 그것을 넘어선**In-Beyond 사람이다. 또 주변성에 대한 포괄적인 정의에 근거해 특정한 사유방식을 발견하려고 시도했는데, 이런 사유방식은 진정한 다원주의 사회에서 신학을 하기 위한 해석학적 패러다임 역할을 할 수 있다. 즉 이 책에서 신학적 패러다임은 중심성에서 주변성으로 바뀌는데, 주변성이 신학적 해석의 기준이 된다.

주변성은 해석학적 원리일 뿐만 아니라 그리스도교 신앙의 **내용**이기도 하다. 이때 신학의 방법과 내용은 분리할 수 없는 하나다. 따라서 신학적 주제를 재해석하는 것은 기독교 신앙에 본래 내재되어 있는 주변성을 재발견하는 것에 다름 아니다. 기독교 역사에서 가장 중요한 신학적 주제 가운데 하나가 기독론이다. 4장은 예수-그리스도를 주변성 중의 극치margin of marginality로 논의한다. 나는 **기독론**Christology이라는 기술적 용어는 사용하지 않는데, 예수-그리스도에 대한 연구는 또한 '예수론Jesusology'이기 때문이다. **예수-그리스도**에 의도적으로 하이픈을 넣는데, 그는 항상 예수**이면서**and 그리스도이기 때문이다. 또 하이픈 사용이 적절한 까닭은 그가 탁월한 주변부 사람이었기 때문이다.[10]

하나님이 예수-그리스도 안에 있다면, 하나님의 백성 또한 주변부 사람이어야 한다. 5장은 하나님의 주변부 사람들에 관해 논의한다. 우리는 주변부 사람들이 되도록 부름을 받는다. 주변성이 창조세계의 본래 일부이고 창조세계는 주변성 때문에 지속되기 때문이다. 이스라엘과 그리스도교 역사는 주변성의 관점에서 다시 해석될 필요가 있다.

하나님의 주변부 백성의 교제는 교회나 그리스도의 몸으로 알려진다. 6장은 주변부 관점에서 주변성의 공동체로서 교회의 개념을 재발견하려고 한다. 오늘날 교회가 직면한 근본적인 문제 중 하나는 우리 사회에서 중심 자리를 찾고자 하는 교회의 경향이다. 교회는 세계의 주변부에 위치할 때 진정한 교회가 된다.

주변성을 극복하는 길은 주변부 사람과 중심부 사람들이 새로운 주변성이 되는 창조적인 변혁을 통해서다. 7장은 주변성을 극복하기 위해 주변성이 가지는 창조적인 힘에 대해 논의한다. 변화와 변혁은 주로 주변부에서 발생하는데, 그곳에 창조성이 넘치기 때문이다.

결론에서는 다원주의 사회를 위한 주변부 신학의 도전을 기술한다.

나는 그리스도교 신앙에 새로운 관점을 제공하고, 그리스도인의 삶에서 주변성을 창조적으로 만드는 방식을 제공하고자 한다. 주변성은 인간 삶의 다양한 차원에 관련되는데, 다원주의 사회에서 더욱 그렇다. 주변성은 정치, 사회, 경제 문제뿐만 아니라 인종, 문화, 심리 차원까지 다룬다. 이 책이 다원주의 세계에서 그리스도인이 의미와 활력을 찾는 데 도움이 되기를 희망한다.

제1장

나는 누구인가

: 신학의 자서전적 맥락

믿음으로 아브라함은 부르심을 받았을 때에

순종하여 장래의 유업으로 받을 땅에 나아갈새

갈 바를 알지 못하고 나아갔으며

믿음으로 그가 이방의 땅에 있는 것 같이

약속의 땅에 거류하여

…이는 그가 하나님이 계획하시고 지으실

터가 있는 성을 바랐음이라.

히브리서 11:8-10

신학은 자서전적이다

신학은 자서전적이다. 그렇지만 신학은 자서전이 아니다. 내 신학은 단순히 내 삶의 이야기가 아니다. 세상 속에서 내가 걸었던 신앙의 여정 이야기다. 내 신학은 하나님이 나를 어떻게 만들고, 기르고, 이끌고, 사랑하고, 나이 들게 하고, 생을 마무리하게 하시는지에 대한 이야기다. 내 신학은 내가 속한 공동체, 자연환경, 시간과 역사, 믿음으로 받아들인 존재의 궁극적 실재와의 관련 속에서 내가 누구인지 알아가는 내 이야기다. 내 신학은 하나님이 내 삶과 내 삶의 일부인 다른 사람들의 삶에서 어떻게 일하시는지 이해하려는 내 이야기다. 이것은 내 삶에 대한 신학적 성찰이며, 이 성찰은 시, 비유, 이야기로 말해진다. 신학은 확실히 자서전적이다. 왜냐하면 오직 나만이 내 신앙 이야기를 할 수 있기 때문이다. 그렇지만 자서전은 아니다. 내 이야기를 말하는 것 자체는 신학이 아니라 신학을 위한 하나의 토대라고 할 수 있는데, 그것은 정말 내 신학을 하기 위한 가장 중요한 맥락이다. 이것이 바로 내가 다른 사람을 위한 신학을 할 수 없는 이유이다. 신학이 맥락적인 것이라면, 분명 자서전적인 것에 뿌리를 두어야 한다.

나의 나 됨은 우리의 우리 됨

신학은 내 삶에서 시작되지만, 내 삶은 다른 사람의 삶과 관련되어 있다. 그래서 '나의 나 됨I am'은 언제나 '우리의 우리 됨We are'이다. 아시아, 특히 한국에서 '나'는 '우리'와 동의어이다. 예를 들어 내 부모는 우리 부모이고, 내 집은 우리 집이며, 내 개는 우리 개이고, 내 아이는 우리 아이다.[1] 내 정체성I am은 항상 '다원주의적'이다. 비록 그것이 나와 다른 사람들과의 결합을 의미하지는 않아도, 나의 나 됨이 다원주의적인 까닭은 그것이 관계적이기 때문이다. 그래서 내 삶의 이야기는 많은 다른 삶의 이야기이기도 하다. 아시아에서 우리의 우리 됨we-are은 나의 나 됨I-am보다 우선시되는데, 후자가 전자와 관련이 있기 때문이다. 다시 말해, 나의 나 됨은 우리 됨의 맥락에서 정의되고, 우리 됨은 나 됨보다 더 근본적으로 여겨진다.

그러나 미국에서 살면서 나는 나 됨I-am의 중요성에 대해 자각했다. 나 됨이 우리 됨보다 더 중요하다는 것이다. 아시아계-미국인으로서 나는 이 둘을 동등히 대한다. 나 됨은 우리 됨 때문에 가능하고, 우리 됨은 나 됨과 분리할 수 없다. 하나를 다른 것에 우선시하는 것은 불가능하다. 주변부 사람이 된다는 것은, 아시아인이면서 미국인인 양자 모두both/and가 되는 것이다. 즉 내 이야기는 우리 이야기가 없다면 완전하지 않다. 우리가 누구인가라는 맥락 안에서만 내가 누구인지를 알 수 있다. 미국에서 한 아시아인을 알게 되는 것은 다른 아시아인을 알지 못하면 불가능하다. 따라서 미국에서 내 삶의 이야기는 아시아계-미국인이 경험한 역사 속에서 찾을 수 있다.

아시아계−미국인의 경험

먼저 아시아 사람은 하나의 민족 집단이 아님을 이해해야 한다. 같은 아시아 대륙 출신 중에는 많은 민족 집단이 있다. 아시아 사람을 모두 단일한 민족 범주로 분류하는 것은 잘못이다. 중국인, 일본인, 한국인, 베트남인, 라오스인, 말레이시아인, 파키스탄인, 힌두인, 그 외 사람들은 아시아에서 서로 다른 인종 집단이다. 그들은 중국어, 일본어, 한국어, 베트남어, 바하사 말레이시아어, 힌디어 등등을 말한다. 인종, 문화, 종교에서 기원이 다르다. 하지만 아시아인으로서 공통된 감각도 가지고 있다. 이들 사이에는 유대감이 존재하는데, 공통의 대륙에 묶여 어쨌든 모두 아시아인으로 불리기 때문이다. 아시아의 민족 집단에서 중국인, 한국인, 일본인은 보다 공통된 문화·종교 유산을 공유하는데, 내가 이들 세 나라 사람을 가장 밀접히 동일시하는 것도 이 때문이다. 나는 (아시아계−)미국인의 경험을 대체로 중국인, 한국인, 일본인의 관점에서 소개하려고 한다.

하지만 아시아인은 미국에서 모두 동일한 경험을 하지 않으며, (미국으로 이주한) 1세대의 삶의 정황이 2세대, 3세대와 다름을 인식해야 한다. 각 집단의 지리적 위치도 이들의 미국에서의 경험에 영향을 준다. 내 주변부 경험을 이해할 때 내 이야기는 자서전적 접근으로서 일차 자료지만, 이 경험은 아시아인의 주변부 경험, 특히 중국계−미국인, 한국계−미국인, 일본계−미국인의 경험으로 뒷받침되고 반영된다. 나는 아시아계−미국인이 경험한 역사를 연구하면서 내 자신의 역사를 보았다. 우리는 모두 주변부 사람이었다. 미국에서 주변부의 위상은 필연적으로 고통과 거부, 차별과 억압을 내재한다. 아시아계-미국인 선조들은 모두 아시아계-미국인의 정체성에 대한 스승이며 개척자이자 뿌리다. 그들의 역사를 공부하면 할수록, 나는 더 깊이 그들의 역사 속으로 빠져들었다. 나는 나 자신이 이 땅에 정착한 초기 아시아인의 삶의 연장이라고 느낀다. 그들의 이야기는 내가 나 자신에 대해 알지 못했던 뭔가를 말해준다. 그들의 역사는 다른 방식으로 내 역사에서 반복되는 듯하다. 내 삶이 그들의 과거 삶에 반영되어 있기에, 나는 그들의 이야기에서 나 자신을 본다. 그들의 삶을 연구할수록 미국에서 아시아인으로서 내 자신이 처한 곤경을 더 잘 이해하게 되었다. 따라서 내 신학이 내 삶을 맥락으로 한다면, 아시아계-미국인의 역사를 소개하는 것은 필수적이라고 할 수 있다.

아시아 이민의 역사는 꽤 복잡하지만, 이 가운데 내 삶을 더 잘 이해하도록 도와준 경우들을 소개하고 싶다. 지배 집단은 소수 집단을 종종 정형화한다. 반대의 경우도 마찬가지다. 노스다코타 대학교University of North Dakota에서 가르칠 때, 그 지역 아시아인의 이미지는 미군과 결혼해 사는 한국인 부인들로 정형화되었다. 나는 이들과 다를 바 없이 여겨졌다. 사람들은 어디서나 나를 한국인 부인들처럼 대했다. 노스다코타 주 사람들에게 나는 교수가 아니라 아시아인 중 하나였다. 아시아계 선조들은 미국에서 이미지를 구축했고, 이것은 아시아계가 아닌 미국인들이 의식적으로든 무의식적으로든, 내가 누구든 상관없이, 내게 투사하는 전형적인 이미지였다.

아시아인은 대개 이민자라기보다 일시 체류자sojourners로 미국에 왔다. 사람들이 자주 내게 언제 한국으로 돌아가냐고 물은 것은 아마이 때문일 것이다. 하지만 내가 미국에서 직업을 가지고 있음을 그들도 알고 있었다. 그들은 미국에서 일자리를 구한 유럽 백인에게는 이런 질문을 하지 않는다. 아시아계 이민 역사를 공부하기 전에는 왜 사람들이 내가 아시아로 돌아가기를 기대하는지 몰랐다. 이제는 그런 기대가 아시아인에 대한 백인의 편견 때문만이 아니라, 초기 아시아인이 스스로 만들어낸 이미지 때문이라는 것도 분명히 알게 되었다. 아시아인의 여러 이미지 중, 조만간 자기 나라로 돌아갈 사람이라는 고정관념은 미국에 있는 아시아인을 여전히 아프게 하는 깊은 상처이다.

나는 모두에게 평등하고 정의롭다는 아메리칸 드림을 누리기 위해 미국에 온 사람이라고 스스로 생각한다. 미국에서 내 경험은 미국에 있는 아시아인의 경험이라는 폭풍우 치는 바다 속의 작은 물 한 방울과 같다. 이 작은 물방울 같은 경험을 민들레 비유로 풀어보고자 한다.[2] 넓고 아름다운 잔디밭 속 민들레와 같은 주변부 사람의 이야기다. 지배 집단에 속하지 않은 사람의 부조리한 우화이다. 이 비유가 바로 내 신학적 관점의 일차적인 맥락이다.

민들레 이야기

"벌써 봄이네." 나는 앞문을 열며 혼잣말을 했다. 이미 봄이 오고 있는 것이 느껴졌다. 추운 겨울은 가고 밖에는 우주적 부활이 시작되고 있었다. 바람막이 문을 통해서 밖에서 벌어지는 일들을 바라보았다. 만물이 다시 생명을 피우기 시작했다. 앞마당의 잔디밭은 초록색으로 바뀌는 중이었다. '정말 끝내주는 잔디밭이야!'라고 속으로 생각했다.

　그때 나는 앞마당 잔디밭 멀리 구석에 핀 노란색 꽃을 발견했다. 자동반사적으로 바람막이 문을 박차고 나섰다. 문을 벌컥 열고 맨발로 마당에 돌진해 민들레를 뽑았다. 완전히 뽑으려고 당겼지만 뿌리 일부분이 남았다. 손에 잡힌 민들레를 응시했다. 민들레는 떠오르는 태양처럼 황금빛 노란색이었다. '내가 왜 민들레를 싫어하지?' 스스로에게 질문했다. 민들레의 미소에는 냉소가 어려 있었다. '네가 나를 싫어하는 건 내가 너를 뜻하기 때문이야.' 나는 슬퍼졌고 더 이상 질문할 용기가 없어졌다. 마당 잔디밭에 앉아서 외로운 민들레를 멍하니 응시했다. (내 생각은) 서서히 한국에서 보낸 어린 시절로 되돌아갔다.

　나는 북한의 수도인 평양에서 북쪽으로 90킬로미터 떨어진 조그만 농촌 마을에서 살았다. 봄이 오면 처음 보는 것이 사방 천지에 활짝 핀 민들레다. 나는 그 밝은 노란색 꽃을 좋아했고, 하나씩 꺾어 다발을 만들어 집으로 가져와 물을 채운 잔에 꽂아 두었다. 노란 꽃들 덕분에 어두운 방이 환해졌다.

　이른 여름, 다른 식물들이 푸른 잎을 만들어낼 때 민들레는 이미 씨를 맺는다. 황금빛 꽃이 푸른 들판 한가운데서 목화처럼 하얗게 변한다. 하굣길에 이따금씩 하나를 꺾어 입에 대고는 힘껏 불어 날리기도 했다. 그러면 하얀 민들레 씨들이 공중으로 날아올랐다가 낙하산처럼 내려오곤 했다. 대부분의 씨는 가까이에 떨어졌지만 몇몇은 바람을 타고 하늘 높이 날아올랐다.

　그들 가운데 용감한 씨앗 하나가 다른 씨앗보다 더 멀리 날아갔다. 최대한 멀리 가고자 용기를 낸 씨앗은 더 살기 좋은 장소를 찾을 수 있다는 믿음이 있었을 것이다. 하늘 높이 솟아오른 씨앗은 구름처럼 떠다니다가 산을 넘고 강과 바다를 건너 마침내 북미라는 거대한 대륙에 도착했다.

민들레 씨앗은 어느 집 아름다운 앞마당 잔디밭에 도착했지만, 그곳은 확실히 낯선 곳이었다. 민들레 씨는 그곳에 떨어지는 것이 두려웠지만 선택의 여지가 없었다. 바람은 잦아들었고 더 이상 대기 중에 머무를 수 없었다. 민들레 씨는 푸른 잔디들이 그의 출현에 호기심을 보인다는 것을 알았다. 새로운 것이 나타나자 흥분한 것이다. 민들레 씨는 이들의 환영을 받고 기뻐했다.

그런데 민들레 씨가 비옥한 흙으로 자신을 덮으며 정착하려고 할 때 잔디들이 말했다. "이곳은 네가 정착할 곳이 아니야. 너도 알겠지만 이곳은 우리만을 위한 땅이야." 민들레 씨는 그들이 농담을 한다고 생각했다. 잔디들이 자신을 환영하던 것처럼 자신의 정착도 환영할 것이라고 생각했다. 잔디들은 말했다. "사실을 말해줄게. 너는 야생식물이 많이 자라는 길가에 속해 있어." "하지만 민들레는 모두 자신이 선택한 곳에 살 권리가 있어. (너희 말은) 이해할 수 없어." "봄이 되면 우리가 한 말이 무슨 뜻인지 알게 될 거야." 잔디들의 마지막 경고였다. 잔디들을 상관하지 않고 민들레 씨는 마당에 뿌리를 내리고 낯선 땅에서 추운 겨울을 준비했다.

추운 겨울은 그리 오래가지 않았다. 얼마 지나지 않아 따뜻한 햇살이 칙칙한 눈을 녹이기 시작했고 민들레가 뿌리내린 마당에도 봄이 왔다. 마당의 잔디와 나무들이 아직 잠들어 있는 동안, 민들레는 땅속으로 뿌리를 깊이 내리고 다른 식물들보다 먼저 새싹을 틔웠다. 민들레는 다른 것들보다 더 열심히 오랫동안 일했는데, 새로운 땅에서 자신의 존재를 증명해야 했기 때문이다. 잔디들이 땅 위로 나오기 시작할 때 민들레는 이미 그들 위에 우뚝 서 있었다. 다른 식물이 싹을 틔울 때, 민들레는 떠오르는 태양을 닮은 밝은 황금빛의 둥그런 꽃을 피웠다. 민들레는 온 마당에 홀로 피어 있는 자신이 너무나 자랑스러웠다. 그렇게 함으로써 마당을 환하게 해 주인을 기쁘게 한다고 생각했다.

그러나 주인은 마당으로 나와서 민들레꽃을 보고 고마워하기는커녕 아주 싫어했다. "작년에 민들레를 모두 뽑았는데 하나가 또 새로 나왔네." 주인은 마당을 가로질러 구석까지 걸어와 민들레를 뽑아냈다. 주인은 완전히 뽑아내려고 했지만, 뿌리가 깊이 박혀 있어 절반만 뽑혀 나왔다. 주인은 실망했지만 포기했다. 더 깊이 땅을 파는 대신 민들레를 길가에 던졌다. 잔디가 말했다. "우리가 작년 가을에 말했잖아. 너는 여기에 속해 있지 않다고. 썩 꺼져!" 민들레는 아무 말도 할 수 없었다. 뿌리의 절반이 이미 뽑혀서 어디에도 갈 수 없었다.

이런 일이 있어도 민들레는 자신을 이 땅에 정착하게 하신 하나님에 대한 믿음을 잃지 않았다. 민들레는 스스로에게 '이전보다 더 열심히 노력해야지'라고 다짐했다. 민들레는 쉬지 않고 일을 해서 이전과 같은 크기로 다시 뿌리를 내리고 땅 위로 올라왔다. 민들레는 다시 한번 아름다운 꽃을 피우기 위해 최선을 다했다. 민들레는 지난 번 꽃을 좋아하지 않았던 주인을 생각하면서 이번에는 더 좋은 꽃을 피웠다. 주인이 더 크고 밝게 핀 자신의 꽃을 좋아할 것이라고 확신했다. 하지만 주인은 이전보다 더 화를 냈다. "민들레를 다시 보다니 정말 지겨워." 주인은 민들레를 잡아당겼지만, 이번에도 뿌리를 완전히 뽑지는 못했다. 다시 뿌리가 잘렸다. 민들레는 더 큰 상처를 받았지만 믿음을 버리지 않았다. 더 깊이 더 깊이 뿌리를 내렸다. 고통이 크면 클수록 더 깊이 땅속으로 파고 들어갔다. 그의 믿음은 뿌리로 표현되었다. 생존의 어려움에 직면할 때마다 민들레의 믿음은 점점 강해졌다. 하나님이 민들레를 이 땅에서 살도록 부르셨다는 믿음은 자신의 목표를 추구하는 데 불굴의 용기를 주었다. 어떤 것도 민들레의 목적을 좌절시킬 수 없었다.

민들레가 뿌리내린 땅에 또다시 봄이 왔다. 겨울 동안 민들레는 뿌리를 튼튼히 만드는 데 최선을 다했다. 이번에도 튼튼한 뿌리가 되었고 마당에서 가장 화려한 꽃을 피울 수 있었다. 민들레는 이번에는 집주인이 기뻐하리라 생각했다. 그러나 주인은 다시 민들레를 뽑아냈다. 그러면서 "푸른 잔디밭에서 노란색을 보는 것은 정말 싫어"라고 말했다. 마침내 민들레는 주인이 자신을 미워하는 것이 노란색 때문임을 알게 되었다. 그래서 민들레는 자신의 노란색을 보이지 않기로 마음먹었다. 스스로에게 "잔디의 푸른색으로 동화되어야 해"라고 말했다. 자신도 살고 주인도 기쁘게 하기 위해 민들레는 꽃을 피우지 않았다. 마당의 다른 식물들처럼 민들레도 푸른색이 되었다. 이렇게 해서 민들레는 뽑히지 않고 한 해를 살아남을 수 있었다.

민들레는 살아남았지만 전혀 기쁘지 않았다. 자신의 존재 의의를 잃어버렸기 때문이다. 민들레는 스스로 자신의 모습을 잔디처럼 바꾸려고 했지만 그것은 불가능했다. 아무리 잔디처럼 되고 싶어 해도 그렇게 될 수는 없었다. 민들레는 자신이 다른 것들과는 다르고 자기 본성을 속일 수는 없음을 깨달았다. '잔디처럼 되려고 했던 것은 어리석

은 일이었어. 잔디는 나를 그들 무리로 받아들이지 않을 거야.'

겨울 내내 고민에 고민을 거듭한 민들레는 자신의 본성대로 노란 꽃을 피우기로 결심했다. 민들레는 '꽃이 없으면 난 살아갈 가치가 없어'라고 생각했다. 그래서 봄이 다시 오자마자 길고 잘생긴 줄기를 힘차게 하늘로 뻗으면서 노란 황금빛 꽃을 피웠다. "비록 몇 주밖에 살 수 없을지라도, 수백 개의 하얀 씨를 만들어 널리 퍼뜨릴 거야." 민들레는 새로운 꿈을 품었다. 그러나 민들레의 새 꿈도 끝이 났는데, 이번에는 한 남자가 다가와 민들레를 뽑아버렸다. 그는 아시아계-미국인 황인종이었다.

그때 나는 "아빠, 아빠" 하고 부르는 익숙한 소리에 깨었다. 그것은 우리 아이의 목소리였다. 나는 어느새 잠들어 꿈을 꾸고 있었던 것이다. 현실로 돌아온 나는 손에 쥐고 있던 노란 꽃을 보았는데, 이전과는 달리 새롭게 보였다. 민들레꽃이 더 이상 추하게 여겨지지 않았다. "정말 아름다운 꽃이네!" 하면서 스스로 탄성을 질렀다. 민들레꽃을 던져버리는 대신 집안으로 가져와 신선한 물을 채우고 컵에 꽂았다. 나는 방을 환하게 하기 위해 컵을 식탁 위에 올려놓았다. 황금빛 태양처럼 빛나는 민들레꽃은 오랫동안 우리 집을 환하게 밝혔다. 며칠 후 꽃은 하얀 색으로 바뀌었다. 나는 꽃을 밖으로 가지고 나가 온 힘을 다해 불었다. 하얀 민들레 씨들은 높이 날아올랐다가 풍성한 푸른 잔디밭으로 낙하산처럼 내려앉았다. 나는 그 모습을 바라보며 말했다. "민들레 씨들이 살도록 놔둬야지. 원하는 곳이라면 어디든지 살 수 있게 해줘야지. 이곳은 하나님의 세상이고 민들레도 하나님이 만드신 것이니까."

중국계-미국인의 경험

미국으로 처음 건너온 아시아인 집단은 중국인이다. 백인 미국인들이 그들을 모집했는데, 철도를 건설하거나 공장에서 일하거나 습지를 개척하거나 집에서 하인으로 부릴 노동력이 필요했기 때문이다. 중국인 역시 일자리가 필요했다. 19세기 중반 중국은 혼란에 빠져 있었고 수많은 사람이 기근으로 고통받고 있었다. 당시 중국을 통치하던 청나라는 농부들에게 높은 세금을 부과하며 착취하는 부패한 관료들에게 넘어가 있었다. 1839년에서 1842년 사이, 영국은 아편전쟁을 통해 중국에 개방을 요구했다. 미국은 이를 기회로 값싼 중국인 노동자를 자국으로 데려왔다. 매력적인 광고들이 중국인을 불러 모았다. 중국에 있던 미국인 목사가 이 광고를 우연히 발견했다.

미국인은 아주 부자입니다. 미국인은 중국인이 미국으로 오기를 바라며 아주 기쁘게 환영합니다. 미국에서 여러분은 좋은 급료를 받고, 큰 집과 좋은 음식과 옷을 얻을 것입니다. 여러분은 언제든지 친구들에게 편지를 쓸 수 있고 돈도 보낼 수 있습니다. 우리는 그것들이 안전하게 전달되도록 책임질 것입니다.⋯지금 미국에는 대단히 많은 중국인들이 있어서 그곳에 가도 낯설게 느끼지 않을 겁니다. 미국에는 중국인이 모시는 신이 있고 우리 사무실의 대리인들도 있습니다. 결코 두려워하지 마세요. 여러분은 운이 좋은 겁니다. 홍콩으로 오거나 광동에 있는 사무실에서 사인을 하면 자세히 알려드리겠습니다. 미국에는 돈이 아주 많이 남아돌고 있습니다.³

많은 중국인이 이 광고에 응했는데 일자리가 필요했기 때문이었다.

미국에서 아시아인의 역사는 1848년에 시작되는데, 젊은 중국인들이 캘리포니아와 오리건, 다른 서부 지역의 금광에 필요한 노동력을 채우면서였다. 1868년 미국과 중국은 정식으로 노동자를 모집하는 버링게임 수호조약Burlingame Treaty을 맺는데, 이 조약은 미국이 중국인 노동자를 필요로 하는 기간에만 유효했다.⁴ 몇 년 사이에 수천 명의 중국인들이 캘리포니아에 도착해, 1860년까지 34,000명 이상의 중국인이 미국 서부 해안에 살게 되었다. 20년 후에는 12만 명 이상의 중국인이 건너왔다. 캘리포니아로 처음 이동해 온 중국인 '체류자들'은 금산金山에서 빨리 재산을 모아 중국에 있는 가족들에게 돌아갈 꿈을 꾸었다. 군터 바르트는 결국에는 이주자들이 되어버린 이들 중국인을 본질적으로 '체류자들'로 규정했다.⁵

왜 이들 체류자가 이주자가 되었을까? 첫째, 그들은 거의 꿈을 실현할 수 없었기 때문이다. 돈을 빨리 모으는 일은 일어나지 않았다. 둘째, 그들은 미국에서 생활비가 아주 많이 든다는 사실을 알지 못했다. 대부분의 중국인들은 40달러짜리 고국행 배표를 살 수 있을 만큼 저축하지 못했다. 고국행 배표를 사기 위해 빚을 졌고 빚을 갚아야 했다. 정직하지 못한 고용주들은 중국인이 계약서를 읽을 수 없다는 점을 이용했다. 홍콩이나 샌프란시스코의 대행사를 통해 고국행 배표를 받은 이들은 높은 이자율 때문에 100달러 이상을 지불해야 했다.⁶ 그래서 미국에 남아 있는 것 외에는 다른 선택의 여지가 없었다. 이렇게 해서 체류자는 이주자가 되었다. 스탠퍼드 라이먼은 2차 세계대전 이전에 미국으로 온 중국인들은 체류자로 간주되었다는 군터 바르트의 결

론에 동의한다.[7]

이 이야기는 내 인생을 연상시킨다. 나는 공부하기 위해 체류자로 왔지만 결국 이주자가 되었다. 미국에 남으려는 의도는 없었지만 예상대로 되지 않았다. 공부를 마친 후 직업을 갖게 되었고, 결국 정착했다.

대부분의 중국 남자들은 중국에서 가정을 이뤘지만 홀로 미국에 왔다.[8] 1890년에 102,620명의 중국인 남자가 미국에서 일을 했지만, 중국 여성은 단지 3,868명뿐이었다.[9] 대략 남자 26명당 여자 1명 비율이다. 이는 결혼과 가족생활이 핵심인 중국인 공동체의 사회 구조에 재앙과도 같은 결과를 가져왔다. 중국인 성비율의 불균형은 차이나타운에 매춘과 축첩 등의 문제를 만들어냈고, 비밀조직에 의한 도박과 마약 판매가 성행했다. 1882~1943년 기간, 중국인은 미국으로 가족들을 데려올 수도, 중국에 있는 가족을 방문할 수도 없었다. 중국인 남성에 비해 중국인 여성이 적기 때문에 중국인 숫자는 의도적으로 통제되었다. "중국인이 미국으로 이주하기 시작한 지 40년이 지난 1890년, 미국에서 태어난 중국인은 미국에 있는 중국인 전체 인구의 2.7퍼센트에 불과하다."[10] 중국인의 이주 역사에 내재된 비인간적 폭력이 미국에서 고정화된 아시아인의 이미지를 형성하는 일차적인 원인이라고 할 수 있다.

이런 고정 관념은 중국계-미국인의 역사적 관점에 영향을 끼친다. 미국 어린이들은 교과서에서 초기 중국계 이민자들이 미국을 세우는 데 공헌했다고 읽지 않는다. 중국인 하면, 중국인이 운영하는 세탁소나 식당이 저절로 떠오른다. 하지만 이런 직업들은 우연히 '중국적'인 것이 되었다. 캘리포니아에서 황금을 찾는 사람들은 남자들이었다. 남자들은 자신들을 위해 세탁하고 요리하고 청소할 사람이 필요했다. 광산과 공장에서 일하는 중국인을 위해 이 일을 떠맡은 다른 중국인들이 있었던 것이다. 그들은 탐광자들prospectors과 노동자들을 위해 세탁소를 시작하고 식당을 열었다. 1920년까지 중국 고용인의 절반 이상이 세탁소나 식당에서 일했다. 세탁소가 식당보다 더 많았는데, 세탁소를 시작하는 데 더 적은 자본이 들고 영어를 사용할 필요가 덜했기 때문이다.[11] 백인 미국인이 하고 싶어 하지 않는 일을 중국인들이 채워주었다.

중국인들은 철도도 건설했다. 1865년 센트럴 퍼시픽 레일로드는 중국인을 고용하기 시작했다. 철도 노동력의 90퍼센트 이상을 차지하는 12,000명 이상의 중국인들이 동쪽과 서쪽에서 각각 출발한 유니온 퍼시픽 철도와 센트럴 퍼시픽 철도를 연결하는 대륙횡단철도를 건설했다. 철도 건설 과정에서 많은 중국인이 죽었다. 한 신문은 "중국인 노동자들이 추락한 곳에 놓인 철로 변의 얕은 무덤들에서 2만 파운드의 뼈가 수습되었다"[12]고 주장한다. 중국인은 미국을 건설하는 데 자신들의 목숨을 희생했지만 미국 사회나 역사에서 거의 인정받지 못한다.

중국인은 힘들고 정직하게 일하면서도 문화가 다르다는 이유로 가혹한 대우와 폭력을 당했다. 중국인은 다르게 요리하고, 다르게 옷을 입고, 다른 음식을 먹고, 다르게 행동했다. 한 미국인 기자는 샌프란시스코에 배가 도착하는 장면을 이렇게 기록했다.

샌프란시스코 항의 주부두가 중국 남자들로 가득하다. 모든 층의 빈 공간을 중국 남자들이 차지하고 있다. … 아시아에서 온 푸른 옷을 걸친 사람들의 살아 있는 흐름이 지금 글을 쓰고 있는 이 순간에도 뱃전 밖으로 나온 판자를 타고 쏟아져 내려오고 있다. 그들의 어깨에는 긴 대나무 막대기가 걸쳐져 있고 그 막대기에는 침구와 돗자리와 옷과, 이름도 용도로 알 수 없는 물건들의 보따리가 달려 있다. 모든 것이 준비된 상태다![13]

중국인은 괴롭힘과 공격을 받았다. 백인 노동자들은 중국인을 종종 '깜둥이nagurs'라고 불렀고, 한 잡지 만화는 중국인을 "변발한 채 처진 눈에 어두운 피부와 두꺼운 입술을 지닌 피를 빨아먹는 뱀파이어"로 묘사했다.[14] 그들이 길게 땋아 내린 변발은 잘렸다. 백인 미국인 갱단은 차이나타운을 불태우고 약탈하고 거주민을 살해했다. 1871년에 로스앤젤레스에서는 백인 갱단이 하룻밤 사이에 20여 명의 중국인을 때리고 목매달아 죽였다.[15] 중국인은 열등해서 문화적으로나 생물학적으로 동화될 수 없다고 여겨졌다.

경쟁을 두려워한 중국인들은 백인 노동자보다 더 낮은 임금을 받고 더 오랫동안 열심히 일했다. 이는 결과적으로 미국 노동자의 생활수준을 계속 낮추었다. 노동조합은 중국인을 비판했다. 1877년에 〈천이백 명 더Twelve Hundred More〉라는 노래가 발표돼 인기를 얻었는데, 당시 분위기와 백인 노동자의 감정을 전달해준다.

오, 머리를 길게 딴 빌어먹을 민족! …
천이백 명의 정직한 노동자들이
오늘 실직했네.

이 중국인들이 샌프란시스코 항구에 내리면서 …

중국인들을 몰아내자![16]

아일랜드 이민자로 노동자 당을 세운 데니스 커니는 중국 노동자의 수입을 비난하면서 일련의 해결책을 내세웠다. 그는 미국의 이름으로 "기름기 많은 얼굴의 중국인 노동자들을 모두 미국에서 몰아내야 한다. 이 음험한 괴물들의 목을 졸라야만 한다"라고 협박했다. "그 심장이 뛰는 것을 멈출 때까지 목을 조르고 바다에 던져야 한다"고도 외쳤다.[17]

1882년 강력한 노동조합의 압력 하에 중국인의 이민과 귀화를 줄이기 위한 중국인배척법the Chinese Exclusion Act이 통과되었다. 6년 후에는 중국인 노동자들이 미국에 친척이 있거나 1,000달러 이상의 땅을 소유하고 있지 않다면, 중국을 방문한 후에 미국으로 다시 들어오지 못하게 금지하는 스콧트법the Scott Act이 통과되었다. 1892년 2차 중국인배척법, 1902년 효력이 무기한으로 연장된 3차 중국인배척법이 통과되었다. 1920년 미국의 중국인 인구는 86,000명으로, 1890년 중국인 숫자보다 4만 명이나 줄어든 숫자다. 중국인에 대한 배척법과 비인간적인 처우는 중국인의 인격에 심리적으로 해를 끼쳤다. 중국인은 집단적으로 왜소해져 차이나타운으로 후퇴한 채 틀어박히게 되었다.

2차 세계대전과 더불어 중국계-미국인의 새로운 세대가 미국으로 들어왔다. 1941년 일본이 진주만을 폭격할 때 중국계-미국인과 다른 미국인 사이의 관계가 바뀌었다. 이들 아시아인들은 갑자기 일본에 대항하는 미국의 동맹군이 되었다. 1943년에 중국인배척법이 폐지되고 매년 105명씩 중국인 이민자가 허용되었으며, 미국으로 귀화도 가능하게 되었다. 또 전쟁신부법the War Brides Act은 1945년까지 미군 아내인 중국 여성들의 입국을 허용했다. 1947년 대법원은 국가에서 시행하던 외국인토지소유금지법을 파기했다. 1952년에는 이민자는 어떤 국적을 지녔든 미국 시민권을 얻을 수 있게 되었다. 1970년대에야 중국인의 성비가 균형이 맞춰져 정상적인 가정을 꾸리기 시작했다. 교육은 중국인에게 가장 중요한 덕목이 되어 자녀의 출세와 동화와 민족적 자부심의 수단이 되었다. 교육을 통해 중국계-미국인들은 공학, 의료, 법 등의 분야에서 자리를 잡으면서 중산층의 견고한 구성원이 되었다. 오늘날 중국계-미국인들이 명문 교육기관에서 받은 철학박사 학위는 1인당 비율로 볼 때 백인보다 높다. 중국인 가운데 많은 성공담이 있지만 다른 민족 집단으로부터 차별은 여전하다. 그들은 한 세기 전에 오해와 편견으로 만들어진 전형적인 이미지를 극복하고자 더 열심히 오랫동안 일하고 있다. 차별을 극복하는 것은 모든 아시아계-미국인과 백인 미국인이 풀어야 할 과제이다.

일본계-미국인의 경험

미국에서 일본인도 중국인과 비슷한 경로를 따랐다. 이민 초기에는 중국인보다 고통이 덜했지만 후에는 더 많은 굴욕을 당했다. 일본의 이민은 국가 위기에서 비롯되었다. 1833년 7월 8일, 미국의 페리 제독이 동경만에 도착하면서 쇼군 도쿠가와의 쇄국정책은 하향세로 돌아섰다.[18] 약 30년 후 일본은 메이지 유신으로 서구와의 무역을 시작하는데, 이를 계기로 1868년 148명의 일본인 계약 노동자들이 하와이의 사탕수수 농장을 밟게 된다. 1882년 중국인배척법을 제정한 미국은 하와이와 캘리포니아 농장에서 중국인을 대체할 다른 노동력을 필요로 했다. 최초의 일본인 노동자들은 도시 출신들로 농장에서 일하는 데 익숙지 못했다. 하와이의 고용주들이 이를 불평하자 일본 정부는 즉각 개입해 일부 노동자를 소환한다. 하지만 1886년에 일본인의 미국 이민이 최고조에 달했는데, 이는 일본 경제가 악화되었기 때문이다. 미국에 온 대부분의 일본인은 돈을 벌어 고국으로 돌아갈 꿈에 부푼 젊은 남성이었다. 1870년대 200명 미만이던 미국 내 일본인은, 1880년대 2,000명이 되어 미국 본토로 이동했으며, 1890년대는 세 배가 되었다. 1910년 미국에는 10만 명 이상의 일본인이 있었다.[19] 일본인 노동자들은 중국인과는 대조적으로 농업에 숙련된 인력이었다. 약 40퍼센트가 미국 본토의 농장 노동자로 일했고, 나머지는 철도, 광산, 제재소, 통조림 공장 등에 고용되었다. 이들의 성공에 대한 결의는 노리코 오마의 언급에 잘 나타나 있다.

이 나라에 온 최초의 이민자들은 경제적 이익을 위해 왔다. 그들은 이 꿈을 가지고 와서 성공을 위해 매우 열심히 일했다. 밖에 나가서 죽든지, 성공해서 돌아오는 것이 일본의 문화이기 때문에 실패자로 돌아온다는 것은 있을 수 없는 일이었다. 전쟁에 나갈 때도 죽어서 돌아오거나 승리해서 오거나 둘 중 하나였다.[20]

일본인은 부지런하고 정직하고 믿을 만한 노동자로 입증되었다. 많은 일본인이 농부가 되기를 열망했다. 이들은 백인 농부가 무시하는 습지대를 개간해 농지를 얻었다. 하지만 토지 확보의 성공은 백인 농부들에게 위협이 되어 캘리포니아에서 일본인은 중국인만큼이나 증오의 대상이 되었다. 1900년 백인 미국인은 중국인배척법에 일본인도 포함시킬 것을 요구했다. 일본인에 대한 공격은 중국인에 대한 것처럼 인종차별주의에 근거한 것이었다. 일본인도 중국인처럼 문화적으로나 생물학적으로 미국에 동화될 수 없었다. 1913년 외국인토지소유금지법Alien Land Law은 캘리포니아에서 외국인의 토지 소유를 금지했으며, (당시) 일본인은 미국 시민권을 획득할 자격이 없었다.[21] 일본인 이민자들은 자신들의 땅을 지키기 위해 미국에서 태어나 시민권을 가진 자녀들에게 소유권을 넘겼다. 1930년까지 일본계-미국인의 절반가량이 2세들이었다. 이후 10년 동안 캘리포니아에서 상업용 곡물의 3분의 1이 일본인에 의해 생산되었다. 외국인토지소유금지법은 미국 서해안 지역에서 반일운동의 상징이 되었다.

반일감정은 교육으로 스며들었다. 1906년 샌프란시스코 교육위원회는 중국계, 한국계, 일본계 학생들은 차이나타운의 클레이 거리에 있는 동양학교Oriental school에만 다녀야 한다고 결정했다. 교육위원회는 지방법이 이 분리를 지지한다고 주장했다. 일본 정부는 즉시 워싱턴에 공식 항의했다. 그 결과 미국은 일본과 그 유명한 '신사협정Gentlemen's Agreement'을 맺는다. 양쪽 모두의 체면을 살리기 위해 캘리포니아는 분리안을 철회했고, 일본은 미국 내 친척들을 통한 이민을 제한하는 데 동의했다. 이 협정 이후로는 '사진 신부picture brides'로 알려진 여성들만이 미국으로 올 수 있었다. 백인 미국인은 사진 신부를 빌미로도 일본인을 괴롭혔는데, 일본인 인구가 늘어날까 두려워했기 때문이다. 신대륙의 용광로 개념에 일본인은 인종·문화 차원에서 동화될 수 없다고 여겨졌기에, 일본인의 인구 증가는 미국에 대한 위협일 뿐이었다. 사진 신부와 관련해 미국인의 외국인 혐오증은 이렇게 표현되었다.

지금 분명히 드러나는 일본의 의도는, 하나의 개체로서 미국이라는 위대한 용광로에 흡수되거나 동화되는 대신, 미카도(the Mikado, 일본 황제의 고대 명칭)의 충성스러운 백성이라는 밀집된 단일체로서 가능한 모든 방법으로 황제의 이익을 위해 이 땅에서 자기 민족을 위한 발판을 다지는 것이다.[22]

어쨌든 사진 신부는 일본인 남성과 여성의 성비 불균형을 바로잡는 데 한동안 도움을 주었다.[23] 1924년 아시아인배척법Asian Exclusion Act에 일본인이 포함되면서 양국의 신사협정은 파기되었고, 아시아인의 이민은 완전히 단절되었다.

미국에서 일본인의 가장 비극적인 경험은 1941년 12월 7일 일본이 하와이의 진주만을 폭격하면서 시작되었다. 단 며칠 만에 FBI는 2,000명의 일본인 2세 지도자를 체포하고 그들 집을 수색했다. 일본인들은 직장에서 쫓겨났고 전문 자격증은 취소되었다. 일본인은 사회에서 추방되었다. 식료품 가게는 일본인에게 물건을 팔지 않고, 은행은 일본인의 수표를 거절했으며, 주유소에서는 기름을 팔지 않았고, 병원에서는 일본계-미국인을 받아주지 않았다. 드위트 장군의 "일본 놈Jap은 일본 놈일 뿐이며, 미국 시민이든 아니든 상관없다"는 공개적인 선언[24]과 연방수사국FBI의 가혹한 수색에도 불구하고, 2차 세계대전 동안 방해 공작으로 유죄 선고를 받은 일본계-미국인은 전혀 없다.

1942년 2월 19일 프랭클린 루스벨트 대통령은 미국의 군사적 노력에 위협이 된다고 간주되는 사람을 격리하기 위해 군사방어지역을 세우는 행정명령 9006에 서명했다. 이 명령에 이탈리아계-미국인과 독일계-미국인은 포함되지 않았다. 야간통행 금지, 연방군의 사용, 격리수용소에 대한 권한을 승인하는 이 명령으로 약 117,000명의 일본계-미국인들이 자기 집을 떠나 억류되었다. 이중 70,000명은 일본인 2세들로 미국 시민이었다. 미국 정부는 이 시민들에게 정보 제공을 거부하고 48시간 이내에 공동체를 떠나라고 통보했으며, 격리수용소로 이동하기 위한 15개의 특별 장소 중 어느 한 곳에 보고하도록 명령하면서 지닐 수 있는 것만 가져가게 허용했다. 결과적으로 일본인은 제값을 받지 못하고 재산을 처분해야 했는데, 이들의 억류를 강력히 지지했던 캘리포니아의 농부들은 일본인이 소유했던 비옥하고 광대한 토지를 재빨리 헐값에 구입했다.

일본인들이 실제로 감옥이나 다름없는 격리수용소에 도착했을 때, 그들의 앞날도 감옥만큼이나 암담했다. 그들이 거주하는 막사는 여섯 개의 방으로 나뉘었다. 방 하나에 한 가족씩 배정되었고 난로와 전구하나, 다다미 침대가 제공되었다. 막사 안의 가족들 모두가 화장실과 목욕실을 함께 썼고, 수용소마다 공동 세탁실과 식당이 있었다. 도로는 포장도 되어 있지 않았다. 수용소는 가시철조망 울타리에 둘러싸여 탐조등과 무장한 보초병이 지키고 있었다.

이 시기에 억류된 사람들의 가족생활은 붕괴되었다. 일본인 2세가 기술한 붕괴과정은 이와 같다.

3년간 대규모 강당에서 생활한 이후 우리 가족은 더 이상 하나의 통합 단위가 아니었다. 우리가 1941년 12월 이전까지 알고 있었던 가족에 대한 존엄성이나 느낌을 모두 상실했다. … 우리는 집에서 식사하는 것을 그만두었을 뿐만 아니라, 안에서 먹을 집 자체가 더 이상 존재하지 않았다. 우리가 머무른 칸막이로 된 작은 방은 '생활'이라 부를 수 있는 뭔가를 하기에는 너무 작았다. 엄마는 그곳에서 식사를 준비할 수 없었다. 그곳에서 사생활을 찾는 것은 불가능했다. 우리는 그곳에서 잠만 자고 깨어 있는 대부분의 시간을 다른 곳에서 보내야 했다.[25]

격리 기간 동안 일본인 2세들은 자신들도 충성스러운 미국인으로서 기꺼이 미국을 위해 싸우기 원한다는 것을 미국 대중에게 입증하기 위해 미군에 자원했다. 1943년에는 일본계-미국인을 위한 특별 연대가 편성되었다. 약 26,000명의 일본인 2세가 입대했는데, 그들 중 많은 숫자가 442전투연대에 속했다. 이 연대는 영웅적인 행위로 미군 역사상 가장 많은 훈장을 받은 부대 중 하나이다. 그들은 백인이 아닌 사람도 똑같이 소중한 시민임을 증명했다.

1944년 12월 17일 격리수용소는 폐쇄되었고, 일본계-미국인들은 전국으로 이동할 수 있게 되었다. 왜 일본계-미국인들은 억류에 저항하지 않았을까? 왜 그들은 고분고분하게 알 수 없는 운명을 향해 버스와 기차에 탔을까? 자신들을 주변부 사람으로 여겼기 때문이 아닐까? 백인들의 인종차별주의와 외국인 공포증이 그들의 자신감을 빼앗은 게 아닐까? 그렇다면 인종차별주의는 미국에 불행한 유산을 만든 셈이다. 미국 정부에 대한 아시아인들의 불신을 심었기 때문이다.

억류는 보상받을 수도 치유할 수도 없는 심리적 외상을 초래했다. 한 일본인 2세는 거의 30년 후 만자나르 격리수용소를 방문해 이렇게 말했다.

나는 수치심과 죄책감, 무가치하다는 느낌에서 가까스로 벗어났다. 이번 방문과 순례는 바늘처럼 남아 있고, 아마도 영원히 남게 될 그 흔적을 이해하게 도와주었다. 격리된 처음 몇 달 동안 내가 느낀 공허한 아픔은 시간이 흐르면서 나라는 사람에 대한 아주 작은 의심 조각으로 줄어들었다. 너무 작아져서 나는 그것이 거기에 있다는 것도 잊었다. 얼마 후 내게 그것을 상기시킨 일이 있었다. 1972년 여름 일본 경제가 미국 산업에 가하는 압력과 뉴욕시 노동조합이 성조기 위에 '메이드 인 저팬MADE IN JAPAN'을 대각선으로 쓴 포스터를 어떻게 인쇄했는지 읽고 있을 때, 바로 그 바늘이 나를 세게 찔렀다. 1945년부터 들어온 엄마의 여리고 지친 목소리는 "또 시작이구나"라고 말했다. … 만자나르는 내 신경계에 엄마의 목소리와 함께 바늘로 항상 살아 있을 것이다.[26]

억류의 기억은 여전히 수치심과 분노를 일으키지만, 이를 기억하는 것은 중요하다. 우리는 동일한 실책이 다시 반복되도록 해서는 안 된다. 전쟁 후 1948년에 해리 트루먼 대통령은 강제 격리수용으로 인해 일본계-미국인들이 겪은 물질적 손실을 보상하기 위한 억류배상법에 서명했다. 일본계-미국인들은 1억 3,200만 달러를 요구했고, 정부는 (일본계-미국인의 손실을 10퍼센트로 환산해) 3,800만 달러를 지불했다. 마침내 1952년 맥카렌-월터법은 미국 이민법과 귀화법을 개정해 미국 시민권을 얻기 위한 민족 자격을 폐지했다. 민족적 배경 때문에 시민권을 얻을 수 없었던 1세대 일본계-미국인과 다른 아시아 이민자들에게 매우 중요한 사건이다.

2차 세계대전 후, 미국에 새로운 일본 세대가 등장한다. 일본 공동체의 중심과 권위가 1세대에서 2~3세대로 이동한 것이다. 3세의 등장은 일본계-미국인에게 새로운 희망을 제공했다. 그들은 2세와 달리 자부심을 가지고 민족적 유산을 재발견하는 데 관심을 기울였으며 높은 수준의 교육적, 직업적 성취를 이루었다. 오늘날 평균적인 일본계-미국인은 전미 평균보다 더 나은 교육을 받고 더 높은 수입을 얻고 있는데, 범죄행위나 청소년 비행 비율은 낮다. 그들은 심지어 격리 기간 동안 잃었던 농지들도 회복했다. 오늘날 로스앤젤레스 카운티에서 샐러리의 99퍼센트와 딸기 95퍼센트가 일본인에 의해 생산된다.[27] 이들은 공학, 경영, 사회복지, 법, 의학 등의 분야에서 성공했으며 미국의 발전에 탁월한 공헌을 했다. 물론 그럼에도 불구하고 일본계-미국인들은 다른 아시아인들처럼 여전히 '외국인'이다. 그들이 미국인으로 받아들여지는 데 얼마나 오랜 시간이 걸릴지 알 수 없다. 비아시아계-미국인들이 아시아계-미국인들을 인식하게 될 때까지, 그들은 주변부 사람으로 남을 것이다.

한국계 ─미국인의 경험

한국계─미국인도 다른 두 민족과 비슷하다. 비슷한 형태의 고통과 거부감과 수치심을 공유하고 있다. 그러나 한국인은 강한 정치적 관심과 개신교와의 종교적 관계에서 다른 아시아인과는 구별된다.

미국에 처음 온 한국인들은 학생과 정치적 망명자들이었다. 그들이 미국에 온 것은 1883년으로, 한국을 서구에 개방한 한미수호통상조약(슈펠트 조약) 1년 뒤이다. 1887년까지 64명의 한국인이 미국으로 왔는데, 대부분이 개신교 선교사들의 격려로 공부를 하기 위해서였다. 여기에는 일제 강점으로부터 한국의 독립을 위해 싸운 다수의 지도자들이 포함되어 있다.[28]

보다 큰 규모의 한국인이 미국 영토로 이주하기 시작한 것은 1903년이다. 하와이의 사탕수수 농장주와 미국 선교사 알렌Horace D. Allen에 의해 시작된 일이다. 알렌은 하와이의 사탕수수농장협의회와 만나 한국인 노동자를 하와이로 데려가는 일을 추진하게 되었다. 한국은 심각한 가뭄과 홍수, 전염병과 일본의 식민 통치로 고통 속에 있었다. 알렌 선교사가 중재한 일이므로 하와이에 온 사람들은 대개 그리스도인이었다. 1902년 12월 2일 첫 배가 인천항을 떠났다. 1903년에는 15척, 1904년에는 33척의 배가 떠났다. 1905년까지 7,000명 이상의 한국인 이민자들이 하와이로 왔다.[29] 그해 일본은 한국인이 미국으로 이주하는 것은 한국에 대한 일본의 정치적 통제에 위협이 된다고 판단해 이주를 중단시켰다. 1907년 미국이 일본과 맺은 신사협정은[30] 한국을 일본의 보호국으로 포함시켰지만, 학생들은 예외였다. 즉 소수의 한국

학자들은 일본의 정치적 통제에서 벗어날 수 있었다.

미국의 다른 아시아인들처럼, 하와이에 있던 한국인들은 대개 남자들이었고, 항구 출신의 그리스도인이었다. 하인, 고용살이, 광부, 경찰 같은 다양한 직업 배경을 가진 사람들이 하와이 사탕수수밭으로 왔다.[31] 1,000명이 한국으로 돌아갔지만 절반 이상이 하와이에 남았고 2,000명은 서부 해안으로 이동했다. 첫 번째 배에 탄 101명의 첫 이주민 가운데 거의 절반이 인천영동교회 존스 목사의 교인이었다.

한국인 노동자들은 농장에서 하루 69센트의 급료를 받고 일주일에 60시간 일했다. 먼저 뱃삯으로 빌렸던 돈을 갚고 가능한 한 최대로 저축했으며, 철도나 농장, 어장과 광산에서 일하기 위해 하와이를 떠나 미국 본토로 갔다. 미국에서 한국인은 중국인이나 일본인에 비해 상대적으로 작은 집단이었기 때문에, 미국의 노동력에서 특별한 위치를 차지하지는 않았다.

그래도 한국인도 미국에서 다른 아시아인처럼 수치와 괴롭힘, 치욕과 고통을 당했다. 한국인에게 이점이 있다면 작은 민족 집단으로서 애국단체와 종교기관을 통해 공동체 의식과 상호부조를 유지했다는 점이다. 이들이 강력한 애국심을 드러낸 사례가 1908년에 있었다. 대한제국의 외무고문관으로 일하고 있던 친일파 미국인 더럼 스티븐스 Durham White Stevens에 반대하는 시위가 샌프란시스코에서 조직된 것이다. 스티븐스는 한국에 대한 일본 정책을 설명하기 위해 미국으로 파견돼 강연도 했는데, 후에 그 내용이 〈샌프란시스코 크로니클San Francisco Chronicle〉지에 실렸다. 한국인 애국지사들은 한국 정책에 대한 진술을 철회하도록 요구했지만 그는 거절했다. 얼마 지나지 않아 스티븐스는 샌프란시스코의 일본 영사와 함께 있다가 한국인에게 저격당했다. 그 한국인은 다음과 같이 말했다.

나는 한국의 평양에서 1875년 3월 30일에 태어났고, 어려서 세례를 받고 그리스도인이 되었다. 조국이 일본 침략자의 손에 넘어가는 것을 보았을 때 슬픔으로 가득 찼지만 도움이 될 만한 일은 할 수 없었다. 나는 조국을 돕기 위해 뭔가 배울 수 있기를 희망하며 이민자로 지원해 하와이에 왔다. 한국의 역적 스티븐스는 배신자로서 죽어 마땅하다. 그의 속임수 때문에 일본이 한국을 강제 점령했기 때문이다. 나는 우리 민족을 위해 그 역적을 죽이고 싶었다. 삶이란 무엇인가? 그것은 단지 죽기 위한 것이어서는 안 되며, 우리는 어떻게 죽을지를 알아야 한다. 역적에게 총을 쏘았기 때문에 죽는 것은 영광이다. 우리 민족을 위해 한 일이기 때문이다.[32]

스티븐스의 저격은 미국에서 일어난 한국 민족주의의 첫 번째 시위였다. 이 사건은 한국인 공동체에 깊은 영향을 주었다. 정치적 행동이 활발히 일어났으며, 일본으로부터 한국의 독립을 위한 상당한 민족적 자원이 확보되었다. 한동안 일본은 한국 학생들의 비자 요구를 엄격하게 처리했다.[33] 이주자들은 한국이 2차 세계대전 말 일본으로부터 독립을 얻을 때까지 한국의 독립 문제에 관심을 놓지 않았다.

정치적 참여 외에도, 한국 이주자들은 종교기관을 통해 공동체를 건설했다. 첫 번째 한국인 교회 예배가 그들이 미국에 도착한 지 겨우 6개월 만인 1903년 7월 4일, 하와이의 모콜리아 농장에서 열렸다. 곧 이어 한국 이주자들은 감리교, 장로교, 감독교회, 기타 교단 교회를 하와이, 샌프란시스코, 로스앤젤레스 등에 세웠다.[34] 10년 후 한국인은 2,800명의 교인으로 불어나 하와이에 31개가 넘는 교회와 교회학교를 세웠다. 하와이에 있는 거의 모든 선교기관들은 어린이를 위한 주일학교와 한국어 교실을 운영했다. 1920년대에 시카고와 뉴욕 등 주요 도시에 한국 교회가 세워졌다. 교회는 미국에서 한국인의 공동체 생활의 중심이 되었다. 오늘날 미국 전역에 2,000개 이상의 한국인 교회가 있다. 한국인 350명당 한 개의 교회가 있다는 뜻이다. 한국계-미국인 교인 사이에 유행하는 말이 있다. "일본인은 둘이 만나면 회사를 세우고, 중국인은 둘이 만나면 중국 식당을 열고, 한국인은 둘이 만나면 교회를 세운다."[35] 한국인 교회는 미국에서 빠르게 성장했다. 시카고 지역의 아시아계-미국인 연구에 따르면, 중국계-미국인의 약 32퍼센트와 일본계-미국인의 28퍼센트가 교회 생활에 참여하는 데 반해, 한국계-미국인은 71퍼센트가 교회와 밀접히 관계되어 있다.[36] 성장하는 교회의 수요에 맞추어 신학대학에 진학하는 한국 학생들의 숫자도 늘고 있다.[37] 한국인 교회는 아마 지속적으로 성장할 것이며 다른 회중의 삶에 영향을 줄 것이다.

2차 세계대전 후 미국에서 한국인의 인구통계는 급격히 변했다. 한국은 남과 북으로 나뉘어 독립국가가 되었다. 1947~1975년 기간에 28,000명의 한국 여성이 미군과 함께 미국으로 왔고, 유학생의 숫자가 증가했으며, 전쟁고아들이 입양되었다. 1965년에 변경된 이민법의 결과로 엄격한 인원수 할당이 폐지되어 전문가나 학생들의 이민기회도 늘어났다. 이후 미국에 온 대다수는 20세에서 45세 사이로 다른 소수민족 이주자들보다 고등교육을 받은 사람들이었다. 학생으로 미국에 온 사람들 중 많은 이들이 (나를 포함해서) 학업이 끝나고 영주권자가 되기로 결정했다. 이렇게 한국인의 숫자가 급속도로 늘어나자 1980년 한국인은 미국에 있는 아시아인 중 네 번째로 큰 인구집단을 형성했다. 2000년이 되면 한국인은 100만 명을 초과할 것이다.[38] 이런 현상적인 성장은 주로 1965년에 개정된 이민법 때문이다. 오늘날 미국에 거주하는 한국인의 약 90퍼센트가 1965년 이후에 온 이민자들이다.

한국인의 72퍼센트가 한국에서 전문직이나 관리자 수준의 직업을 갖고 있었지만, 미국에서 그들의 자질에 상응하는 자리를 찾기는 어려웠다. 그들은 자영업자가 되어 햄버거 노점, 이발소, 식료품점, 급식, 식당, 관리 회사 등 서비스 지향적인 사업을 시작했다. 중국인과 일본인처럼, 한국인도 로스앤젤레스와 시카고, 뉴욕과 다른 대도시에 코리아타운으로 알려진 자신들의 공동체를 만들었다. 그들의 우선순위는 자녀들의 교육이었다. 북미로 온 대부분의 한국인은 자녀 교육 때문에 이주한 것이다.

주변성의 여러 모습들

이주가 늦고 상대적으로 자신들의 정치 활동과 종교 생활에 관심이 컸던 한국계-미국인도 다른 아시아계-미국인이 경험한 것과 마찬가지로 차별과 거부를 당해야 했다. 백인 미국인에게 아시아인은 그저 아시아인일 뿐이다. 내가 정확히 어떤 민족인지 알아주지 않는 상황은 고통에 가깝다. 예를 들어 내가 오하이오 주 톨레도에 있는 연합감리교회에서 목회를 하고 있을 때, 쇼핑몰에서 열 살짜리 남자아이와 마주치게 되었다. 아이는 거리낌 없이 "헤이, 중국 사람!" 하고 소리치며 많은 사람들 앞에서 손가락으로 나를 가리켰다. 어린아이에게 공개적으로 수치를 당한 것이다. 나는 어떻게 대응해야 할지 몰랐다. 내가 목회하는 교회의 교인 중 누가 이 상황을 볼까도 걱정이 되었다. 나는 용기를 내서 대답했다. "나는 중국인이 아니라 한국 사람이야." 아이는 이렇게 대답했다. "상관없어. 나한테 당신은 중국 사람이야." 이 소년처럼 미국인들은 아시아의 특정 민족 집단에 둔감하다. 동양계-미국인에 대한 이런 획일적인 태도는 인종·문화 편견이 바탕에 깔려 있기 때문이다.

또 다른 사례로 중국인 소녀 메이 칭은 교묘한 차별에 대해 이렇게 말했다. "가게에 가서 뭔가를 사려고 하면 사람들이 무시해요. 고기의 부위나 다른 것에 대해 질문할 때도 바보 취급당하죠."[39] 아시아계-미국인은 이런 차별이 전문직의 승진 사다리를 오르는 데 장애가 된다는 것을 알고 있다.

인종·문화 편견에 근거한 괴롭힘이나 차별, 수치나 거절은 아시아인의 경험만이 아니라, 미국의 다른 소수민족도 마찬가지다. 히스패닉계는 백인 미국인과 인종·문화 면으로 보다 긴밀히 연관되어 있지만 역시 심각한 인종차별을 받고 있다. 또 흑인이 아닌 사람은 아프리카계-미국인이 수 세대 동안 견뎌야 했던 비인간화, 거부와 모욕 같은 인종차별 범죄를 이해하기 어려울 것이다. 1960년대 시작된 본격적인 흑인인권운동에도 불구하고, 인종차별은 오늘날 널리 행해진다. 1992년 4월 논란의 여지가 있는 로드니 킹 사건의 배심원 평결로 야기된 로스앤젤레스 폭동은 미국 사회 깊이 자리 잡은 인종차별의 징후를 보인다. 1969년 커너위원회Kerner Commission는 "미국은 분리된 채, 동등하지 않은 두 사회, 즉 흑인 사회와 백인 사회로 움직이고 있다"라고 말하며 이를 확증했다.[40]

게다가 미국에서 가장 무시당하는 민족 집단 중 하나가 미국 원주민이다. 나는 수년간 노스다코타 주에서 그들과 관계하면서 여전히 상당한 억압 속에 있으면서도 인내와 관용을 보이는 그들에게 존경심을 느꼈다. 외부인에게 신성한 땅을 빼앗기고 거의 멸종될 정도로 대량학살을 당했지만 호의적인 정신으로 이 모든 것을 견뎌냈다. 그들이야말로 북미의 진정한 주변부 사람들이다.

미국 사회에는 중심 집단에게 거부되고 수치를 당하며 억압당한 많은 민족 집단이 있다. 이런 주변성의 경험에서 인종·문화 차이를 모아 상호 이해의 공동 기반을 찾고, 북미가 과거에 참으로 의미했던 것, 즉 모든 사람이 행복을 추구할 수 있도록 자유로운 이주민의 나라로 변화할 수 있도록 도울 수 있을 것이다.

제2장

두 세계 사이와
두 세계 모두
: 주변성의 정의

내가 만약 다른 색깔을 감사할 수 없다면

나는 색맹이 되기 원한다.

이 장은 주변성에 대한 부정적인 관점과 긍정적인 관점을 논의한다. 다음 장에서 고전적인 주변성의 의미를 수정하는 새로운 주변성의 의미를 정의하기 위해 토대를 놓는 것이다. 더불어 이런 새로운 정의가 신학 작업에 어떤 의미를 함축하는지 보일 것이다. 앞 장에서 아시아계-미국인의 경험, 특히 중국계-미국인, 일본계-미국인, 한국계-미국인의 경험을 이야기했는데, 이는 내가 주변성의 정의를 내릴 때 사용할 일차적인 자료이기도 하다. 정의한다는 것은 일종의 범주화 과정이다. 인류 지식의 대부분은 사회적 관습에 의해 미리 만들어진 범주 안에서 전달된다. 주변성에 대한 우리의 지식도 예외가 아니다. 나는 지배 집단에 의해 미리 만들어진 추상적인 범주를 사용하는 대신, 주변부 사람들이 잘 이해하는 이야기를 사용할 것이다. 이들 이야기는 주변성을 정의하고 적용하는 작업에서 중요한 계기가 될 것이다.

주변으로부터 사고하기

내가 사는 곳에 작은 공원이 있는데 많은 사람들이 좁은 길을 따라 산책하곤 한다. 아름다운 가을날 오후, 나는 산책로 옆에 있는 연못에 멈춰 섰다. 연못의 잔잔한 물은 아름다운 가을 단풍을 비추고 있었다. 오래된 나무 그루터기 위에 앉아서 평화로운 연못을 바라보았다. 갑자기 연못의 중심에서 커다란 물고기가 뛰어올라 큰 물소리를 내며 사방으로 힘찬 물결을 퍼뜨렸다. 물결은 내가 앉아 있던 연못 가장

자리까지 퍼졌다. 아름다운 동심원의 물결이 끊임없이 연못가를 향해 퍼졌다. 그런데 물결이 연못의 가장자리에 도달하자 다시 물결이 나왔던 중심을 향해 되돌아가기 시작했다. 물결이 다시 되돌아가는 움직임은, 물리학 입문을 배웠기에 예측 가능한 것이었지만, 내겐 놀라운 발견이었다. 항상 보아왔던 것일 텐데 그동안 주의를 기울이지 않았던 것이다. 나는 왜 물결이 중심으로 되돌아가는 데는 주의를 기울이지 않고 주변으로 퍼지는 데만 주목했던 것일까? 왜 중심부에서 일어나거나 중심부로부터 벌어지는 일에만 관심을 가졌던 걸까? 왜 주변부에서 일어나거나 주변부로부터 발생하는 일은 간과했을까?

작은 연못에서 이런 질문들에 대해 곰곰이 생각하면서 나는 나 자신이 중심성centrality의 희생자임을 깨달았다. 나는 중심으로부터 보고 생각해야 한다고 배웠다. 그래서 물결이 중심에서 퍼져나간다는 것만 알고 있었다. 하지만 물결이 연못의 가장자리에서 되돌아가는 것을 알고 나서는 주변으로부터 보고 생각하는 것도 배우기 시작했다. 중심center에서 나온 것은 무엇이든 가장자리 주변margin 때문에 결국 중심으로 돌아간다. 중심에서가 아니라 주변으로부터 생각하면서 나는 새로운 관점을 갖게 되었다.

연못을 주의 깊게 관찰하며 알게 된 이 일은 주변성과 주변부 사람에 대해 정의하는 데 큰 도움이 되었다. 즉 주변성은 오직 중심성과의 관계에서 정의된다. 주변이 없다면 중심이 없는 것처럼, 중심이 없다면 주변도 없다. 이들은 서로 관련되고 함께 존재한다. 주변을 언급하는 것은 중심을 인정하는 것이며, 반대의 경우도 마찬가지다. 이런 상호 의존적인 관계 속에서 어느 것이 다른 것보다 먼저라고 말하는 것은 불가능하다. 그런데 우리가 자신을 중심에서 '생각하면' 주변은 부차적이 된다. 자신을 주변에서 '생각하면' 주변이 근본적이 된다.

　원래 우리는 중심부의 관점에서 생각하도록 배웠다. 그래서 중심이 주변을 규정한다고 생각한다. 비가 내려 연못에 물이 불어나면 가장자리가 넓어지고 건기에는 가장자리가 줄어든다. 그러나 중심은 변하지 않는 것처럼 **보이며** 변화의 움직임은 항상 중심에서 일어난다. 주변은 수용적인 것처럼 **보이며** 중심에서 일어나는 일에 단순히 반응하는 것처럼 보인다. 중심은 고정되어 있는 활동의 근원이다. 그래서 중심은 매력적이고 더 좋은 장소처럼 보인다. 예컨대 타자를 치려고 여백을 정할 때도 무의식적으로 자신을 중심에 위치시키고 바깥 둘레를 정한다. 집을 지을 때도 건물을 대지의 한가운데에 놓거나, 의자를 배치할 때도 방 한가운데에 두려는 경향이 있다. 즉 우리는 자신을 모든 것의 중심에 놓기를 원한다. 중심에 위치하려는 경향은 인간의 본래적인 충동처럼 보인다. 문명의 역사에서 중심은 세상의 다른 어떤 것보다 인간에게 더 매력적이었는데, 권력과 부와 명예의 자리로 이해되었기 때문이다. 이 성향은 문명을 건설하는 데 강력한 동기가 된 한편, 불공평을 야기하는 파괴적 힘이기도 했다. 예수나 노자나 석가모니 같은 종교 창시자들이 중심성이라는 우상으로부터 인간을 자유롭게 하는 방법을 제시하는 동안에도, 중심에 있으려는 인간의 경향은 지속되었다.

　이 책은 중심성과 '다른' 측면, 즉 주변성의 측면에서 우리 자신을 어떻게 보고 생각할지 설명한다. 주변성의 관점에서 사물을 관찰하고 그리스도교 신앙을 이해할 때 주변이라는 개념이 어떤 역할을 하는지 알아보는 것이다. 이를 위해 주변성에 대해 자세히 살펴볼 필요가 있다.

주변성과 중심성은 서로를 포함하며 밀접히 연관되어 있어서 어느하나를 다른 하나보다 강조하면 균형을 잃게 된다. 그렇다면 중심성보다 주변성을 강조하는 것도 중심성 강조만큼이나 잘못이 아닐까? 그렇지 않다. 주변성을 강조하는 것은 그동안 주변성이 간과되었기 때문이다. 중심성보다 주변성을 강조함으로써 둘 사이의 균형을 회복시킬 수 있다. 조화를 만드는 균형은 새로운 중심, 즉 진정한 중심을 추구하는데, 이 중심이야말로 사람을 억압하지 않고 자유롭게 한다. 이런 점에서 신학에서 주변성을 강조하는 것은 잘못이 아니라 올바른 접근이다.

연못 이야기로 돌아가자. 저녁이 되면서 여기저기에서 작은 물고기들이 뛰어오르는 것이 보였다. 또 나뭇잎들이 연못으로 떨어지면서 잔물결이 더 많이 생겨나는 것도 보였다. 잔물결은 여러 중심과 주변을 만들어내며 서로 교차하거나 합류했다. 물결 안에서 또 다른 물결들이 생겨나고 있었다. 연못 속의 물결처럼 우리의 삶도 많은 중심과 주변으로 가득 차 있다. 중심은 주변 안에서 만들어지며, 주변 역시 중심 속에서 만들어진다.

가난하고 억압받는 남자는 집에서는 중심이지만 사회 속에서는 주변부 사람이다. 지배 집단에 속한 여성이 집에서는 주변부 구성원이 될 수 있다. 주변부 사람이 된다는 느낌은 개인에 따라 상대적이다. 자신은 주변부에 있다고 스스로 생각해도 남은 그를 중심에 있다고 여길 수도 있다. 예를 들어 대통령자문위원회에 속한 사람은 대통령에게 미치는 영향력에서 핵심 집단의 주변에 있다고 여길 수 있지만 일반 시민보다는 훨씬 정치권력의 중심에 있다. 소수민족 지도자도 보다 큰 미국 사회에서는 주변부 사람이지만 자신들이 속한 소수민족 집단 내에서는 중심에 있다고 할 수 있다. 중심성과 주변성 사이에 분명한 선을 긋기는 어렵다. 주체와 객체에 따라 달라지고, 자신의 위상을 정의하는 맥락에도 관련된다. 어떤 시각에서 보느냐에 따라 중심과 주변이 달라지며 여러 개의 중심과 주변이 동시에 존재할 수 있다는 상대성을 이해하는 것이 중요하다.

나는 연못에서 또 다른 것을 배웠다. 물결을 만들어낸 물고기나 나뭇잎은 주변성뿐만 아니라 중심성까지도 결정한다. 이들이 야기한 수많은 물결들이 새로운 중심을 만들어냈기 때문이다. 연못의 구성원들이 각자 다양한 물결을 일으키는 것처럼, 우리도 사회 속에서 물결을 만들 수 있는 결정요소를 가지고 있다. 주변부 사람들은 대개 종속 집단에 속하지만 중심에 있는 사람들은 지배 집단에 속한다. 주변부 사람은 억압받는 사람, 힘없는 사람, 내팽개쳐진 사람이다. 소수민족, 여성, 무직자, 극빈자, 문맹자, 떠돌이, 장애인, 에이즈 감염자, 게이, 레즈비언 등일 것이다. 지배기관의 일부가 아닌 사람들이 주변부 사람으로 간주된다. 인종 면에서 백인 미국인은 지배 집단에 속하고 유색인종은 종속 집단에 속한다. 그러나 경제 면에서 모든 백인이 지배 집단에 속한 것은 아니다. 가난하고 직업이 없다면 백인이라도 주변부 사람으로 여길 것이다. 또 백인 여성이고 고도의 전문가 집단에 속해 있어도 성적 억압을 심각하게 받고 있다면 주변부 사람으로 생각할 수 있다. 또 법률회사에서 일해도 법률 분야의 전문교육을 받지 않았다면 주변부 사람으로 느껴질 것이다. 신학대학교에서 가르치는 내 친구는 정식으로 신학 교육을 받지 않았기 때문에 여전히 주변부 사람으로 느낀다고 한다. 주변성은 다양한 결정요소들에 의해 다양하게 이해된다. 특정 결정요소는 다른 요인들보다 주변부 경험의 강도나 의미에 더 큰 영향을 미치는 것처럼 보이는데, 인종, 성, 경제상황, 정치적 견해, 교육, 직업, 나이 등이다. 또 결정요소들은 상호의존적이어서 서로에 영향을 미친다. 예를 들어 인종이 주변성의 결정요소라면, 경제, 교육, 정치적 위상에도 영향을 미친다. 경제적 안정이 주변성의 결정요소라면, 삶의 다른 부분에도 영향을 준다. 많은 중심과 주변이 서로 연결되고 연관된 것처럼, 주변성을 결정하는 요소들도 서로 얽혀 있다.

모든 종류의 주변성에 대해 논의하는 것은 불가능하다. 하지만 주변부 경험은 형태나 강도에 상관없이 공통점이 한 가지 있는데, 바로 존재의 가장자리에 있다는 것이 무엇을 의미하는지 알게 된다는 점이다. 존재의 가장자리에 있다는 것에서부터 주변성에 대해 탐구해보자.

인종, 문화, 주변성

민족성은 미국에서 나의 주변성을 결정하는 가장 중요한 요인이다. 내 민족성은 나의 인종 기원과 문화 선호를 포함하고 있다.[1] 아시아계-미국인으로서 다른 모든 결정요소는 내 인종 기원과 문화 차이에 비해 상대적으로 덜 중요하다. 즉 남성이라는 내 성은 나를 주변화시키지 않고, 교수라는 직업도 나를 주변부적 위상으로 결정하지 않는다. 또 북미에서 평균 수준의 수입이 있는 시민으로서 경제적 결핍으로 주변화되지도 않는다. 자기 신학을 제대로 표현하기 위해서는 자신이 누구인가에 충실해야 한다. 신학은 자서전적이기에 나는 내 삶의 실천praxis과 맥락을 성찰한다.

성, 소득, 직업, 교육 면에서 주변부에 있지 않다고 이들 영역에서 내가 주변성을 경험하지 않았다는 뜻은 아니다. 주변성의 결정요소들은 서로 연결되어 있기에 한 요소를 다른 요소로부터 분리하기 어렵다. 예를 들어 성이 한 여성의 주변성을 결정한다면, 여성의 주변적 위상을 결정하는 가장 중요한 요소가 성이긴 하지만 경제적 상황이나 인종 같은 다른 결정요소도 성의 영향을 받는다. 하지만 다른 인종 기원을 가진 여성과의 관계에서는 새로운 형태의 주변성이 만들어질 것이다. 이 여성이 소수민족이라면, 성뿐만이 아니라 민족성도 주변성을 결정한다.[2] 소수민족 남성인 내게 성은 주변성을 결정하는 요소가 아니다. 내게는 민족성이 미국에서 나를 주변부에 위치시키는 가장 중요한 결정요소인 것이다. 나는 소수민족이기 때문에 정치, 경제, 사회, 교육, 기타 영역에서 주변성을 경험했다. 그 결과 내 주변성은 인종 기원과 문화 차이를 포함한 민족성에 기초한 것이지만, 주변성의 다른 결정요소로부터 자유롭지 못하다.

민족성ethnicity과 인종race 사이에 분명한 구별이 있기는 하지만, 아시아계-미국인들의 경험에 따르면 이들은 종종 바뀌기도 있다. 하나의 민족 집단이란 주로 문화·국가 특징에 기초해서 다른 집단과 자신을 사회적으로 구별한다.[3] 매닝 매러블에 따르면, 인종은 전적으로 다른 역학이며 약탈과 권력, 특권 구조에 뿌리내리고 있다. "인종은 500년 전에 유럽 자본주의가 서반구로 확장되기 시작할 때 다양한 하위 집단의 사람들에게 의도적으로 부과한 것으로, 인위적이고 사회적인 구성물이다."[4] 16-17세기 유럽에서 처음 인종이라는 말을 사용할 때만해도 이는 친족 연관성이나 자손을 강조하기 위해 공통된 조상의 후손들을 가리키는 말이었다. 인종이라는 용어는 18세기 후반에 이르러서야 특정한 신체적 특징으로 인간을 구별하는 범주를 의미하게 되었다.[5] 미국에서 인종은 하나의 이데올로기로, 피부색이나 신체 구조, 얼굴의 특징 같은 신체적이거나 생물학적 특성에 근거해 사람을 구분한다. 변할 수 없는 신체적인 특징을 사용해 사람들을 열등하거나 우월하다고 평가했던 것이다.[6] 생물학적 신체적 특징 때문에 종속적인 집단으로 살아가는 아시아계-미국인, 아프리카계-미국인, 원주민계-미국인, 히스패닉계-미국인 등 소수민족에게 민족성과 인종은 분리되지 않는다. 아프리카계-미국인이 곧 흑인을 의미하는 것처럼 아시아계-미국인은 황인이라는 뜻이다. 중심성의 관점에서 보면 민족성과 인종을 분명히 구별하는 것이 이치에 맞겠지만, 주변성의 관점에서 볼 때는 그렇지 않다. 문화가 민족성을 포함하는 것처럼 인종은 민족성을 포함한다. 인종·문화 특징은 주변부 사람들의 민족성 안에 포함되어 있다.

내 주변성의 주된 원인이 인종·문화에 관련되어 있기에, 이들에 관해 좀 더 논의해보려고 한다. 인종·문화는 주변성이 무엇인지 결정하려고 한 초기 사회학자들이 사용한 기준이다. 주변성은 사람들의 집단 사이에서 인종·문화로 인해 갈등이 발생했을 때 분명히 드러나는 하나의 개념으로 인식되었다. 그래서 인종·문화 결정요소들이 주변성을 정의할 때 가장 중요한 역할을 했다. 또 인종차별주의와 문화 편견은 여러 인종으로 구성된 다문화 사회의 신학에서 중요하게 다뤄진다.

인종과 문화는 불가분의 관계로서 서로를 포함하고 있다. 그런데 문화 결정요소는 변경될 수 있지만, 인종 결정요소는 그럴 수 없다. 문화는 바뀔 수 있지만 인종은 바꿀 수 없기 때문이다. "백인이 아닌 이주자들은 (미국식 생활방식을 채택함으로써) 아주 높은 수준까지 문화적으로 그들에게 동화될 수 있지만, (동등한 삶의 기회를 갖는) 구조적인 동화는 변경 불가능한 독립 변수인 '인종'이 백인앵글로색슨개신교도 WASP와 결혼 등으로 인지적 변화를 불러오지 않으면 실제로 불가능하다."[7] 아시아계-미국인 2-3세대들은 미국식 생활방식을 채택해 문화적으로는 쉽게 동화되지만, 인종 때문에 백인 미국인들과 대등하게 미국 사회에 동화되기는 어렵다. 나는 아프리카계-미국인, 원주민계-미국인, 히스패닉계-미국인들과 마찬가지로, 인종이 아시아계-미국인의 주변성을 결정하는 가장 근본적인 결정요소라고 믿는다. 문화 편견 또한 인종 문제에 직접 연관되어 있다. 따라서 미국에서 주변화되는 과정을 이해하기 위한 수단으로 인종관계 주기race-relations cycle를 살펴볼 필요가 있다.

주변화 과정

주변성이라는 용어는 사회과학자로부터 물려받은 것이므로, 주변화 과정이 어떻게 진행되는지 역시 그들에게 배울 수 있다. 인종관계론에 대한 광범위한 연구를 토대로 주변화 과정을 이해하는 데 선구적인 역할을 한 로버트 E. 파크는 인종관계 주기 이론으로 미국에서 인종 동화에 관한 연구에 중요한 위치를 차지하고 있다.[8] 파크는 주변화의 원인이 '동화의 실패'라고 보았는데, 미국에서 다른 인종들이 동화하는 데 어려움을 겪는 이유를 이해하는 데 도움이 된다.

미국에서의 인종 집단의 동화 과정은 20세기 초반에 이스라엘 장월이 제시한 용광로 이미지로 묘사된다.[9] 이 시기는 주로 동유럽과 남유럽에서 쏟아져 들어온 수백만 명의 이주자들의 통합이 이루어진 때다. 장월은 용광로라는 자신의 개념을 이렇게 설명했다.

저기 거대한 용광로가 있다. 귀 기울여보라! 포효하는 소리와 거품이 부글부글하는 소리를 듣지 못하는가? 용광로의 입구가 열려 있다. 세상의 끝에서 온 천여 명의 사람들이 그들의 인간 화물을 쏟아 부어넣은 가마를. 아, 얼마나 격렬하게 펄펄 끓어오르는가! 켈트족, 라틴족, 슬라브족, 튜턴족, 그리스인, 시리아인, 흑인과 황인 … 동양과 서양, 남과 북, 야자나무와 소나무, 극지와 적도, 초승달(이슬람의 상징)과 십자가. 위대한 연금술사가 정화의 불꽃으로 그것들을 녹이고 융합한다! 여기서 그들은 인간의 왕국과 하나님나라를 건설하기 위해 모두 하나가 될 것이다. … 평화, 평화가 이 위대한 대륙을 가득 채울 아직 태어나지 많은 수백만 명의 사람들 모두에게 있을지어다.[10]

초기 사회학자들에게 용광로라는 미국의 비전은 진지하게 받아들

여겼다. 파크의 용광로 이론은 사회학적 도그마가 되었다. 그에 따르면 인종관계 주기는 경쟁, 갈등, 순응에 이어 마지막으로 거대한 용광로에서 동화하는 단계로 구분된다.[11] 파크는 이 네 단계에 접촉 또는 만남, 갈등이 포함된 경쟁, 갈등이 사라진 것으로 보이는 순응, 거대한 용광로에서 인종간의 융합이 발생하는 동화라고 이름을 붙였다. 마지막 단계에서 인종·문화 차이로 인한 주변성은 사라진다는 것이다. 즉 주변성은 단지 일시적인 상태로, 동화 과정 사이에 끼어 있는In-Between 단계일 뿐이다. 완전한 동화가 일어나지 않으면 주변성은 지속되는 것이다. 그러나 최근의 연구 비평은 주변성이 지속되는 것은 완전한 동화가 불가능함을 나타내는 것이라고 본다.[12]

용광로 개념은 하나의 환상으로 지배 집단의 마음속에서 영원히 계속되는 진화론적 편견에 근거한 이상일 뿐이다. 오늘날 대부분의 학자는 파크의 인종관계 주기 이론에 동의하지 않으며, 모든 인종과 문화의 궁극적인 동화는 가능하지도, 바람직하지도 않다고 주장한다.[13] 민족 집단, 특히 원주민계-미국인, 아프리카계-미국인, 아시아계-미국인에 대한 실증적인 연구에서, 완전한 동화는 일어나지 않는다는 것이 입증되었다.[14] 완전한 진화를 주장하는 초기 이론들 때문에 북미의 소수민족과 아시아인은 인종차별주의와 문화 편견의 희생자가 되어왔다. 대학살 이후 원주민계-미국인들을 보호구역으로 추방한 것은 극단적인 한 사례가 될 것이다. 1960년대 이후 인권과 평등 고용에서 주목할 만한 진전이 있었지만, 교육과 고용과 주거 환경에서 소수민족을 백인 사회로부터 분리하려는 경향이 광범위하게 지속되고 있다. 로드니 킹 사건을 계기로 일어난 로스앤젤레스 폭동은 우리 시대

에 인종 간 분열이 강렬해지고 인종 편견이 증가했다는 징후로 여겨진다.[15]

파크의 동화이론이 실패한 것은 불완전한 자료 때문이 아니라, 용광로 개념이라는 이론적 모델에 의존했기 때문이다. 그는 인종차별주의를 진지하게 다루지 않았다.[16] 로이 사노가 지적했듯이, 백인과 유색인종 사이에는 삶의 중요한 순간에 각기 다른 두 가지 범주 시스템이 작동한다.[17] 또 어떤 단일한 이론도 일반화될 수 없다. 인종관계에서 각각의 상황은 고유한 것으로 간주되어야 한다. 일반화시키는 것은 위험하다.[18] 한편 파크의 인종관계 주기 이론에서 흥미로운 것은 미국에서 중심 집단과 주변부 집단 사이에서 발생하는 인종관계의 패턴이다. 파크의 동화 개념에는 동의하지 않지만, 주변화 과정에서 인종·문화라는 결정요소의 중요성을 이해하는 데 필요한 모델을 제공했다고 본다.

북미에서 용광로 이상의 실패가 주변화 때문이라는 가정은 중심 집단의 심리구조에 기초한 것으로 잘못된 가설이다. 라이먼은 "본질적으로 그 판단은 미국이 백인들의 나라가 되어야 한다는 것에서 비롯된 것으로, 다만 아주 조금씩 점차적으로 이루어지리라고 본 것이다"라고 했다.[19] 용광로의 꿈은 오직 유럽인을 위한 것이었다. 헥터 세인트 존 드 크레뷔쾨르는 미국의 용광로의 꿈을 이렇게 묘사했다.

그렇다면 미국인은 무엇인가, 이 새로운 인간은 누구인가? 그는 유럽인이거나, 다른 나라에서는 찾을 수 없는 혈통이 생소한 유럽인의 후손이다. 여기 할아버지는 영국인, 할머니는 네덜란드인인 아버지가 프랑스

여자와 결혼해 낳은 네 아들이 각각 다른 네 나라에서 온 아내들과 결혼한 가족이 있다.[20]

완전한 동화라는 개념은 오직 유럽 대륙에서 건너온 동일한 민족 집단을 위한 꿈이지, 다른 지역에서 온 사람들의 꿈은 아니다. 프랭크 이치시타는 "내게 용광로라는 개념은 오직 백인에게만 유효한 것으로 보인다. 흑인들은 완전히 배제되고 백인이 아닌 다른 사람들은 기본적인 혼합을 방해하지 않도록 매우 조심스럽게 초대되었다"라고 말한다.[21] 이 분야에서 독창적이고 결정적인 작업이 로널드 타카키의 책 《쇠로 된 감옥: 19세기 미국의 인종과 문화_Iron Cages: Race and Culture in Nineteenth Century America_》이다.[22]

다른 대륙에서 온 사람들은 미국에 완전히 동화해서 용광로의 일부가 되는 꿈은 결코 꾸지 않았다. 백인 미국인 사이에 만연한 인종차별주의와 문화 편견 때문에, 다른 인종 집단이 공통의 문화적 삶으로 통합되는 융합 과정은 비현실적으로 여겨졌기 때문이다.[23] 그들의 꿈은 용광로의 일부가 될 수 없었으며, 오히려 다른 인종 집단과 민족 집단들은 미국에서 모자이크를 형성하는 것에 가까웠다. 중심부 사람들의 비전이 통제를 목적으로 하는 통일이었다면 주변부 사람들의 비전은 공존을 위한 조화였다.

나는 동화가 아닌 주변화가 미국의 인종관계를 이해하는 데 유용한 열쇠임을 예증할 수 있다. 나 자신의 경험과 다른 아시아인의 경험으로 인종관계 주기를 재해석해 보겠다. 파크의 인종관계 주기에 따르면, 첫 번째 단계는 백인 중심부 사람과 유색인 주변부 사람이 만나는 최초의 접촉이다. 이 접촉 자체가 주변성을 경험하는 과정이다. 우리 가족은 미국에 도착하자마자 주변화되었다. 조국을 떠나 미국으로 오는 것은 주변화되는 경험이다. 미국 땅에 발을 디뎠을 때, 나는 완전히 외부인이었다. 땅과 물과 하늘까지도 낯설었다. 사람들은 키가 컸고 백인 혹은 흑인이었다. 그들은 내가 알아들을 수 없는 언어로 말했고 나를 당황하게 만드는 방식으로 행동했다.[24] 나는 있어서는 안 될 자리에 있는 것 같았고 내가 이방인임을 절실히 느꼈다. 아시아나 다른 대륙에서 온 이민자들도 미국 사회에 처음 접촉했을 때 주로 이런 경험을 했을 것이다.

주변화의 또 다른 측면은 인종차별이다. 나는 미국에 오기 전까지 인종차별을 경험해본 적이 없었다. 대부분의 아시아인들에게 이것이 사실이다. 하지만 미국으로 온 초창기 이주자들의 경험에 비하면, 내가 당한 인종차별 정도는 약과다. 다섯 살에 미국에 온 매리 백 리는 미국에서 맞이한 첫날을 이렇게 회상한다. "우리는 1906년 12월 3일 샌프란시스코에 도착했다. 우리가 선교(船橋)로 걸어내려올 때 젊은 백인 남자들이 우리를 보고 비웃고 얼굴에 침을 뱉었다. 한 남자는 엄마의 치마를 발로 차올리고 알아들을 수 없는 욕을 해댔다. … 나는 너무나 화가 나서 아버지에게 왜 우리를 원치 않는 사람들이 있는 곳으로 왔냐고 물었다."[25] 이런 식의 접촉을 수용이라고 부를 수 없다. 매리 백 리와 가족에게 이것은 거부의 경험이었다.

약 20년 후 또 다른 한국 여성이 경험한 일을 들어보자. "도서관이든 전차든 시내든 어디를 가든지 그들(백인들)이 나를 쳐다보는 것이 느껴졌고 곧 이어 '일본인이야!' 하는 희미하지만 들을 수 있는 속삭

임이 뒤따랐다."[26] 인종차별은 이주민들에게 여러 형태로 가해진다. 약속의 땅은 추악한 인종차별주의 때문에라도 결코 실현된 적이 없다. 이주민이 경험한 최초의 반응은 분명한 거부였다. 민들레 이야기에서 잔디들이 민들레를 보자마자 거부하는 것처럼, 인종관계 주기에서 최초의 접촉은 중심부 집단에게는 수용이지만 주변부 집단에게는 거부이다.

파크의 인종관계 주기의 두 번째 단계는 경쟁으로 최초의 접촉 이후에 나타난다. 경쟁은 약한 사람과 가난한 사람을 주변화시키는 과정이다. 중심부의 관점에서 보면 아시아의 값싼 노동력이 경쟁의 원인이다. 백인 노동자들은 아시아인들이 값싼 노동력을 제공해 자신들의 직업을 빼앗았다고 생각했다.[27] 강력한 노동조합의 압력으로 중국인 노동자들의 이주를 금지하는 중국인배척법이 통과되기도 했다. 1877년에 발표된 〈천이백 명 더Twelve Hundred More〉라는 인기 있던 노래를 더 인용해보자.

오, 캘리포니아가 망해가네,
당신이 분명히 볼 수 있듯이.
그들은 모두 중국인을 고용하고
당신과 나를 해고하네. …
오, 빌어먹을, "천이백 명 더!"
그들은 밤에 증기선을 운행하지
우리의 사랑스러운 (샌프란시스코) 만에서.
자유롭고 정직한 무역이라면

중국인들은 낮에 이 땅에 내리겠지.

그들은 여기 수백 명이 왔네

온 나라에 다 흩어졌네

그리고 아무 가격에나 일하러 가네

그들 때문에 노동자들이 다 망했네.

당신이 길에서 노동자를 만나

그의 얼굴을 쳐다보면

당신은 거기서 슬픔을 보겠지

오, 빌어먹을 이 변발의 종족!

그리고 사람들은 오늘 괴롭게 살고 있네

감옥 바닥에서,

왜냐하면 그들은 밀려났기 때문이지

이 야비한 '천이백 명 더' 때문에.[28]

이 노래를 통해 노동시장에서 중국인들이 경쟁자로만 여겨졌음을 분명히 알 수 있다. 더 이상 경쟁할 수 없게 되었을 때 중국인들은 더욱 주변화되었다. 그러나 엄격한 의미에서 중국인들은 경쟁자가 아니었다. 왜 그들은 터무니없이 싼 임금에도 일을 했을까? 왜 그들의 이주를 억제해야 했을까? 왜 그들은 백인 노동자들이 원하지 않는 직업을 택해야만 했을까? 민들레가 푸른 마당에 있는 잔디들과 정말로 경쟁할 수 있을까? 민들레는 잔디보다 더 크게 자라면 곧 뽑힌다. 공정한 경쟁은 평등을 전제로 한다. 오늘날에도 대부분의 아시아계-미국인은 백인 미국인과 온전하게 경쟁하는 데 필요한 자원과 기회와 권리를 빼앗기고 있다. 인종차별은 아시아인과 다른 소수민족을 종속적인 범주, 즉 주변성이라는 범주에 위치시킨다. 수많은 잡지와 신문 기사는 아시아계-미국인들이 경쟁에서 성공했다고 알리면서 그들이 '소수민족의 모범'이라는 환상을 전파한다. 이것은 억압 체계를 유지하고 다른 소수민족들이 '성공'하지 못한 것을 비난하기 위해 만들어진 신화일 뿐이다.[29]

미국에 두 가지 범주의 시스템이 존재하는 한 공정 경쟁은 불가능하다. 소수민족이 불공정한 경쟁을 강요받는 한 갈등과 긴장과 분쟁의 가능성은 여전하다. 최초의 거부 반응 이후에 그들은 점점 제압당한다. 두 가지 범주의 시스템, 즉 주변성의 시스템에 통제되면서, 그들의 좌절과 주기적으로 발생하던 폭력도 잠잠해졌다. 인종관계 주기의 두 번째 단계를 경쟁이라고 부르는 것은 적절치 않다. 그것이 경쟁이라면 불공정한 경쟁이다. 지배적인 백인 문화 속에서 낯선 땅에 도착한 소수민족 노동자들이 백인 노동자들과 싸우는 것을 경쟁이라 부를 수는 없다. 이 특정한 충돌은 계층보다 인종에 근거한 것이다.[30] 이 단계는 통제나 착취로 보는 게 더 정확하다. 만남이라는 첫 번째 단계 이후 아시아인들은 자신들의 자리를 이미 사회의 주변부에서 찾기 시작했기 때문이다.

세 번째 단계가 적응인데, 중심부 사람들과 주변부 사람들 사이에서 갈등이 사라지는 단계다. 주변부 사람들은 파크의 인종관계 주기의 네 번째이자 마지막 단계인 완전한 동화로 인도된다. 그러나 인종차별이 존재하는 한 완전한 적응은 불가능하다. 보통 아시아계-미국인 2세들은 공교육을 통해 완전히 변화된다. 미국식 생활방식과 가치

체계에 적응하기 위해 종종 자기 조상의 뿌리를 전적으로 거부하기도 한다. 하지만 인종차별은 그들의 완전한 동화를 방해한다. 동화되기를 원할수록 그들은 더욱 주변화된 자신을 느낀다. 결과적으로 아시아계-미국인 2세들은 1세대들이 경험한 것보다 더욱 강렬한 주변성을 경험한다. 자신들이 지배 집단에 완전히 동화될 수 없다는 것을 깨닫고 나면 그들은 정체성을 찾기 위해 자신의 뿌리로 돌아오기 시작한다. 여기에서 인종관계 주기는 동화 과정 없이 진행된다.

중심성이 지닌 생활양식과 가치에 완전히 적응할 수는 있다. 그러나 완전한 동화는 불가능한데 중심부 사람의 영속적인 인종차별 때문이다. 인종차별에서 중요한 요인 중 하나가 영어이다. 영어는 **국제공용어***lingua franca*이자 백인 미국인의 공식적인 언어이며, 미국화 과정을 백인 중심으로 획일화시키는 데 결정적인 역할을 했다.[31] 몇 년 전에 미국 감리교 목사가 깜짝 놀라면서 이렇게 말했다. "전화 받은 사람이 자네 딸이라니 믿을 수 없군." 나는 그가 무슨 생각을 하는 줄 알았지만 왜냐고 물었다. 그는 "완벽한 영어를 구사하니까!"라고 대답했다. 나는 "그 애는 오하이오에서 태어났고 공립학교 교육을 받았거든"이라고 응수했다. "그래도 믿을 수 없군." 중국계-미국인 도나 동은 이렇게 말했다. "어떤 사람은 내 피부색을 보고 나서 내 억양이 이상하다고 느낀다. 어떤 사람은 항상 내 발음을 교정하려고 든다."[32] 유색인 미국인이나 백인이 아닌 미국인이 완벽한 영어를 구사하는 것은 이상한 일이 돼버린다.

한국계-미국인 2세 데이비드는 예일 대학교 학생인데 이런 경험을 했다. 예일 대학교 채플 시간에는 모두 함께 주위 사람들과 인사를 나누는 시간이 있다. 데이비드가 뒤에 있는 사람에게 악수하기 위해 돌아서자 뒤에 있던 여성은 그의 얼굴을 보고는 악수하기를 주저했다. "그녀를 두렵게 한 것은 내 피부색보다는 내 얼굴, 즉 동양 남자의 얼굴 같았어요." 몽골 인종의 피부색뿐만 아니라 얼굴형도 아시아계-미국인을 주변화시키는 불변의 요소이다.

인종관계 주기가 완전한 동화 과정 없이 반복되면서 다른 소수민족과 마찬가지로 아시아계-미국인의 주변화도 계속되고 있다. 미국에서 아시아인과 다른 소수민족들은 여러 세대 동안 지속적인 인종차별주의와 문화 편견을 겪으며 더 이상 백인 사회에 동화하는 데 관심을 갖지 않는다. 대신 그들만의 독특한 자리를 찾으려고 하는데, 자신들의 주변성을 통해 미국 사회가 다양한 민족 집단과 문화 집단으로 구성된 모자이크로 변화하도록 기여하는 것이다.

이상으로 인종·문화 결정요소의 관점에서 주변성의 의미를 정의하기 위해 주변화 과정을 살펴보았다. 이제 주변성에 대한 고전적 정의를 검토할 텐데, 이 정의는 주변성에 대한 자기 긍정적인 현대적 정의로 보완될 것이다. 고전적 정의는 중심부의 관점에서 나온 것이고, 현대적 정의는 주변부의 관점에서 나온다. 두 정의가 결합되어 주변성에 대한 총체적인 이해를 제공할 텐데, 이 통합된 정의가 주변성 신학 작업에 사용될 것이다.

두 세계 사이, 고전적 정의

주변성이란 다양한 관점에서 정의될 수 있지만, 여기서는 인종·문화 결정요소의 관점에 초점을 맞추려고 한다. 사회과학자들은 인종·문화 갈등 문제를 검토하면서 주변성이나 주변부 사람(marginal person, 혹은 주변인)이라는 전문용어를 만들어냈다. 의심할 바 없이 중심 집단이 표준적으로 여기는 주변성의 고전적 정의는 국가 안에 있는 소수민족에 대한 이해이다. 다수의 사람들이 주변성을 어떻게 이해하는가는 한 집단이 자신의 편견을 어떻게 행동으로 옮기는지에 영향을 준다. 주변성에 대한 인종·문화 구성요소는 다른 구성요소보다 더 근본적이다. 즉 고전적 정의의 주변성은 다른 인종·문화 배경을 가진 사람들의 인간적 성향orientation을 다룬다. 퉁L. C. Tsung이 1963년 자신의 책《주변부 인간The Marginal Man》에서 묘사한 세탁소의 늙은 중국인에 관한 서술을 살펴보자. 고전적 의미에서 주변부 사람에 대한 생생한 이미지를 포착하고 있다.

중국인 세탁소의 네온사인을 보자 찰스는 아직 찾지 못한 몇 벌의 셔츠가 생각났다. … 찰스가 가게로 들어서자 이미 10시가 넘은 밤인데도 늙은 주인은 계산대 뒤 알전구 불빛 아래서 열심히 다리미질을 하고 있는 게 보였다. …"미국에 몇 년이나 계셨습니까?" 찰스는 돈을 지불하면서 호기심을 가지고 물어보았다. "사십 년!" 노인은 광동어로 대답했고, 이어 자신의 손가락 네 개를 치켜 올렸다. 그의 얼굴에는 아무 표정도 없었다.

"가족이 있습니까?"

"대가족이지. 아내와 아이들과 손주들. 모두 광동 집으로 돌아갔어."

"여기에 온 이후로 고향을 방문한 적이 있습니까?"

"아니, 돈만 보냈어." 늙은이가 대답했다. 그는 계산대 밑에서 사진 하나를 가져와 찰스에게 보여주었다. 사진 한 가운데에는 머리가 백발인 여자가 앉아 있고, 스무 명 정도 되는 다양한 연령대의 남자와 여자, 어린아이들이 둘러싸고 있었다. … 만족스러운 표정을 짓고 있는 사진 속 모두가 이 쇠약해진 노인의 후손이었다. 그는 뼈만 남은 떨리는 두 손으로 자신과 가족 모두를 먹여 살렸다. 작은 개울에서 기원한 생명이 거대한 강이 되어 흐르가는 것처럼 보였다. 개울은 언젠가는 마르겠지만 강은 계속 흐를 것이다. 늙은이는 안경을 다시 쓰고 찰스 린에게 사진 속 사람들이 누구인지 알려주었다. 그의 무표정한 얼굴에 이가 빠진 미소가 나타났다. 찰스는 이 사진이 노인의 유일한 위로이자 휴식임을 깨달았다. 자신의 존재 목적이자 인생의 유일한 의미인 대가족을 부양하기 위해 사십 년 동안 힘써 일했다. 사진은 그에게 우등생이 받는 최우등졸업장summa cum laude 같은 것이었다. 슬픔과 체념의 겉모습 뒤에는 노인의 삶을 견딜 만하고 의미 있게 만드는 내적 만족이 있었다.[33]

중국인 노인에 대한 사실적인 묘사는 먼 과거의 이미지처럼 보이지만, 이는 아시아계-미국인의 에토스에 심오한 영향을 끼쳤다. 오늘날 상황은 그의 상황과는 많이 다르고 주변성의 강도와 형태도 차이가 있지만 우리는 여전히 주변성의 느낌을 공유하고 있다. 그는 주변성에 대한 고전적인 상징으로, 주변성이 유발하는 내적 갈등을 반영하는 거울이다.

로버트 E. 파크와 에버렛 스톤키스트는 주변성 혹은 주변부 사람을 정의하면서 게오르그 짐멜과 베르너 좀베르트의 통찰을 빌려, 두 사회나 두 문화 속에 살면서 어느 곳의 구성원도 아닌 개인을 기술하는 데 사용했다.[34] 로버트 파크에 따르면, 주변성은 인종·문화의 갈등에서 발생한 인격의 한 유형이다.[35] 에버렛 스톤키스트는 주변부 사람에 대해 다음과 같이 기술했다.

(주변부 사람이란) 둘 (혹은 그 이상의) 사회나 세계 사이에서 심리적 불확실성에 처한 사람으로 그의 영혼에 이 세계들의 불일치와 조화, 혐오와 매력이 반영된다. 이 세계들은 종종 하나가 다른 것을 '지배하며' 그 안에서 구성원의 자격은 출생이나 가계(인종이나 국적)에 근거해, 일관된 배척이 집단 관계의 시스템으로부터 개인을 떼어낸다.[36]

주변성에 대한 스톤키스트의 고전적 정의는 미국에서 내가 처한 곤경을 잘 말해준다. 나는 아메리카와 아시아라는 두 세계 사이에 모호하게 위치해 있으며, 각각의 세계로부터 혐오와 매력 혹은 거절과 수용을 흡수한다. 주변부 사람은 서로 다를 뿐 아니라 종종 상호 적대적이기까지 한 두 세계에서 살아야 한다. 두 세계 사이에서 나는 지배적인 사회의 구성원 자격을 선택했지만, 그 사회는 뿌리가 다른 세계인 나를 거부한다. 내 조상의 세계에 받아들여지기를 원해도 그것도 나를 거부한다. 나는 두 세계 모두에게 원치 않는 존재가 되었지만 여전히 두 세계 속에서 살고 있다. 이것이 내가 불합리한 피조물이라고 하는 이유다. 나는 코카시아계-미국인 사회의 구성원이 되리라 생각했지만, 외모와 말하고 행동하는 방식 때문에 실제로 그들 속에 속하지 못한다. 나 자신을 백인 친구들과 동일시하려고 할수록 그들에게 더욱 더 소외되는 것을 느꼈다.[37] 나는 조상의 땅으로 돌아갔지만 그곳도 나름대로 변해서 내게 낯선 장소가 되어버렸다. 미국식 생활방식에 젖은 나는 아시아의 한국 문화 속으로 되돌아가기가 더욱 어려웠다. 나는 두 세계 가운데 어느 한 곳에도 온전히 속하지 못하면서 두 세계의 일부가 되어버린 것이다.

다른 아시아계-미국인도 같은 이유로 주변부 사람이 되었다. 그들은 북미에서 아시아인이지만 아시아에서는 미국인이다. 그들의 인종·문화의 뿌리가 아시아에 있기에 북미에서 아시아인이지만 귀화해서 미국 시민이 되었기에 아시아에서는 미국인이다. 그들은 자신과 같은 혈통을 지닌 사람들 사이에도, 자신과 같은 곳에 살고 있는 사람들 사이에도 속하지 못한다. 어디에도 속하지 못하는 이방인인 것이다. 캘리포니아 주 오렌지카운티에서 한국 라이온스 클럽이 후원한 웅변대회에서 열 살 된 소녀 박선영이 일등상을 받았다. 주제는 "나는 누구인가?"였다. 소녀의 발표 핵심은 "나는 미국이 낯설게 느껴지며 한국에 돌아가더라도 여전히 낯설게 느낄 것이다"라는 것이었다.[38] 박선영도 상충하는 두 세계 사이에서 자신의 정체성을 잃어버린 주변부 사람이다. 대부분의 한국계-미국인 2세들은 미국인과 아시아인뿐만 아니라 그들의 부모에게도 이질적인 존재인데, 이것이 그들을 잃어버린 세대로 만들고 있다. 문화적으로는 공립교육을 통해서 동화되었기 때문에 미국인이지만, 인종적으로는 바꿀 수 없는 몽골인의 외모 때문에 백인이 지배하는 세계에 동화될 수 없다.[39] 일본계-미국인 조앤 미야모토는 자신의 주변성에 대한 느낌을 시로 묘사했다.

어렸을 때
아이들은 내게 묻곤 했지
넌 무엇이냐고?
난 엄마가 얘기해 주신대로 말했지
난 미국인이라고
중국, 중국, 중국인
넌 일본인이야!
내 안에서 뜨거운 불꽃이 일어나
집으로 갔지
엄마는 말했지
걱정 마
홀로 걷는 사람이
더 빨리 걷는단다.[40]

아시아계-미국인들은 '두 세계 사이'에서 살도록 운명 지워진 사람들이다. 이 운명은 아시아계-미국인들에게만 해당되는 것이 아니다. 히스패닉계-미국인 아다 마리아 이사시-디아즈는 두 세계 사이에서 사는 자신의 경험을 이렇게 말했다. "나는 두 세계 사이에서 이러지도 저러지도 못하는데, 둘 다 완전히 내 것이 아니고 부분적으로 내 것이다. 나는 오늘날 쿠바에도, 미국에도 속해 있지 않다."[41] 아마도 아프리카계-미국인이나 원주민계-미국인들은 더욱 강렬하게 이런 경험을 했을 것이다.

주변성은 중심성과 관계적이기에, 누구나 자신의 중심을 지배 집단에 속한 중심에서 찾으려는 경향이 있다. 그래서 주변부인 소수민족들 역시 그들이 중심에 있다고 요구할 수 있는 집단의 일부가 아니라도 중심에 있기를 원한다. 그러나 소수 집단이 중심에 있는 다수 집단의 일부가 되려고 하면 할수록, 자신이 주변화되는 것을 더욱 강하게 느끼게 된다.[42] 더 많이 동화된 아시아계-미국인들이 덜 동화된 사람들보다 더 강력한 주변성을 경험하는 것이다. 주변부 경험의 강도는 인종·문화 차이로 인해 집단 사이에서나 집단 안에서 벌어지는 갈등의 세기에 비례한다. 인종·문화 간극이 넓을수록 주변성을 더 많이 경험하게 된다.

주변부 경험과 주변부 상태 사이에는 차이가 있다. 주변성은 주변부 상태에 있는 사람들만이 경험하지만, 주변부 상태에 있는 모든 사람이 자신의 주변성을 충분히 의식하는 것은 아니다. 예를 들어 소수민족 거주지에 사는 많은 아시아계-미국인은 자신들의 주변성에 직면하려고 하지 않는 듯하다. 그들은 지배 집단의 일부가 되려고 하지 않기 때문에 거부를 견뎌야 할 필요도 없다. 하지만 그들도 자신들의 아시아성으로 인해 부분적으로 주변성을 경험하게 된다. 조상들의 규범과 가치와 정체성을 고수하는 엄격한 전통주의자들도 주변성에 대한 집단적 감정을 공유하고 있다고 본다.[43] 비록 주변부 집단의 일부 구성원들은 주변부 경험을 피하려고 하지만, 어떤 주변부 집단도 주변부 경험에서 자유로울 수 없다.

두 세계 사이에서 존재한다는 것은 그 어디에도 온전히 존재하지 못하는 것을 의미한다. 두 세계의 경계에 있는 주변부 사람은 자신이 존재하지 않는 것non-being처럼 느낀다. 실존적 무nothingness는 둘 이상의 지배 세계의 관점에서 기인한 비인간화의 근원이다. 도나는 말했다. "그것이 무엇을 의미하든지 간에 나는 중국계-미국인이다. 그것은 내가 개인도 아니고 (심지어) 사람도 아니라는 뜻이었다."[44] 내 친구도 이런 말을 한 적이 있다. "난 이 나라에서 사교모임에 가는 게 정말 싫어." 나는 "왜?"라고 물었다. 그는 이렇게 말했다. "그들(백인들)에게 나는 존재하지 않아. 그들은 나를 완전히 무시해. 그들의 개나 벽에 걸린 그림만도 못해. 개에게도 주의를 기울이고 그림이 있다는 것도 알아채지만, 그들의 마음에 난 존재하지 않아. 그들은 날 봐도 내가 존재하지 않는 것처럼 생각하고 행동해." 아시아계-미국인으로서 그의 경험은 특이한 것이 아니다. 나는 다른 많은 소수민족도 동일한 일을 경험한다고 확신한다. 존재하지 않는 것 같은 느낌은 자기소외나 바람직하지 않은 인격 발달로 이어질 수 있다.

주변부 사람이 느끼는 자기 소외는 지배 사회가 그들을 외적으로 소외시키기 때문이다. 그들이 두 세계 사이에서 찢길 때 자아도 둘로 나뉜다. 에버렛 스톤키스트가 말했듯이 "문화의 이중성은 인격의 이중성, 즉 분리된 자아를 만들어낸다."[45] 그래서 주변부 인간은 문화적으로 정신분열증에 있다. 한 중국계-미국인은 자신이 탁구 경기를 하고 있는 것처럼 느낀다고 고백한다. "지금 나는 중국인이고, 지금 나는 미국인이다." 그의 인격 속에서 중국 요소는 미국 요소와 더불어 싸우고 있다. 이중의식이나 이중인격의 형성은 아프리카계-미국인의 경험에서도 생생하고 분명하다. 거의 한 세기 전에 흑인 작가 뒤부아W. E. B. Dubois는 아프리카계-미국인은 두 영혼과 두 사유과정, 그리고 화해할 수 없는 두 가지 충동을 지니고 있다고 말했다. 이런 이중성은 그들의 인종적 자각의 핵심으로, 미국 흑인의 음악과 예술, 언어 양식, 민간전승, 종교적 제의, 신념 체계를 표현하는 데 근본적인 기반을 형성한다.[46] 자아의 이중성은 두 개의 거울로 묘사되기도 한다. 두 개의 거울이 자아를 동시에 비출 때 각각의 거울은 자아의 다른 면을 보여준다. 이미지의 차이는 두 개의 자의식을 만들어낸다.[47] 주변성이 갈등하는 두 세계에서 발생하는 것처럼, 자기 소외현상도 하나의 인격 안에서 상충하는 두 개의 자아에서 비롯된다. 세탁소의 중국인 노인의 의식은 중국과 미국으로 나뉘어져, 주변화 과정의 부산물인 문화적 정신분열증으로 고통받는다.

주변성에 대한 고전적 정의에 따르면 정신분열적 부적응 때문에 다른 부정적 특성도 나타난다. 과도한 자의식과 인종의식은 주변성이 미치는 심각한 영향이다. 주변부 사람은 자신의 인종 기원에 지나치게 예민해지고 과도한 열등감을 갖는다. 스톤키스트는 한 주변부 사람의 인생을 통해 이를 지적한다. "나는 작가들이 말하는 **열등감을** 늘 어느 정도 가지고 있었다. 그것은 내가 깨어 있는 모든 순간에 영향을 주어 내 삶은 의미도 없고 목적도 없는 것처럼 보였다."[48] 양가감정과 지나친 자의식, 조급증, 과다흥분, 변덕, 자신감 결여, 비관주의, 감상주의, 몽상 등의 징후들은 주변부 상황에서 온 부산물이다. 지배 집단의 사회 규범은 주변성을 규정하는 토대로, 소수 집단의 부정적인 특성이 다수 문화 속에서 부각되고 소수민족의 인격 형성에 영향을 끼치게 했다. 주변성에 대한 이런 기술은 지배 집단에게는 정확한 것일 수 있지만, 그렇게 묘사되는 소수민족에게는 부정확한 것이다. 지배 집단에게 긍정적인 것이 주변부 집단에도 긍정적으로 이해되어야 하는 것은 아니다. 마찬가지로 지배 집단에게 부정적인 것이 주변부 집단에게 부정적인 것만도 아니다. 각 집단의 가치 판단은 다를 수 있다. 그런데도 주변부 사람들의 특성은 부정적일 뿐 아니라 열등하게까지 보인다. 지배 집단의 가치 판단, 즉 고정관념은 주변부 사람들이 검증을 통해 정확성 여부를 평가해야 한다. 고전적 정의에서 본 주변부 집단의 한 가지 긍정적 특징은 주변부 집단에게 지배 집단과 그 문화를 날카롭게 비평할 수 있는 잠재력이 있다는 것이다.[49]

경계들 사이에 있는 것이 주변부의 조건을 형성한다. 따라서 주변성은 경계 그 자체를 너머, 둘 이상의 세계를 둘러싸는 다수의 경계들을 의미한다. 주변성 속에서 둘 이상의 세계는 함께 결합되기도 하고 서로 멀어지기도 한다. 어떤 세계도 독립적이지 않고, 다른 세계나 반대 세계와의 관계 속에서만 존재한다. 이것이 두 세계 사이에 있는 것이다. 다시 말해 주변성은 그 자체로 분리된 존재가 아니다. 그것은 항상 관계적인데, 서로 반대되는 세계들을 연관시키기 때문이다. 즉 주변성은 하나의 연결고리로 이해할 수 있다. 거기에 둘 이상의 세계가 상호 연결되어 있는 것이다. 또 주변성은 하나의 상징인데, 그 자체로는 존재하지 않으며, 오직 다른 존재와 관련해서만 존재하는 상징이다. 주변성은 결코 닫혀 있지 않다. 그것은 열린 결말을 가진 활짝 펼쳐진 지평이며, 이 지평은 다른 존재들이 와서 만나고 떠나가는 장소이다. 새로운 싹이 자라는 나무의 가지 끝에 비할 수도 있다. 이 때문에 주변성은 창조성의 기회를 제공하는 조건이다.

'두 세계 사이에 있는' 것의 이러한 상호연결성은 주변성의 적극적이고 자기긍정적인 개념인 두 세계 '모두에 있는' 것으로 우리를 이끈다. 이 새로운 자기 긍정적 정의는 이전의 자기 부정적 정의나 지배 집단의 고전적 정의를 **보완한다**.

두 세계 모두, 현대적 정의

여기에서 제안하는 주변성의 현대적 자기 긍정적 정의는 고전적 정의를 **대체하지 않는다**. 고전적 정의가 그동안 말해온 것은 소수민족의 경험이었다. 하지만 그 정의는 지배 집단이 만든 일방적이고 불완전한 것이다. 진정한 다원주의 사회 속의 아시아계-미국인과 다른 소수민족을 위해서는 자기 긍정적 정의를 통해 균형을 잡을 필요가 있다.

새로운 정의가 만들어지게 된 것은, 보다 다원주의적으로 미국을 인식하면서 민족적 뿌리에 관심이 새로워졌기 때문이며, 주변부 사람들이 중심 집단이 내린 자기 비하의 정의로부터 균형을 요구했기 때문이다. 주변성에 대한 고전적 정의는 50년 동안이나 지속되었다. 그동안 소수민족의 인구는 증가했고 유럽-백인 문화를 규범의 중심으로 삼던 사회 경향이 완화되었으며, 아시아계-미국인이 미국식 생활방식에 미친 영향도 뚜렷해졌다. 시대가 변한 것이다.

최근 반아시아 감정, 특히 반일감정이 증가하고 있긴 하지만, 그런 편견이 미국의 정치, 경제, 과학, 문화 분야에서 아시아계나 다른 소수민족의 중요성을 무시하게 할 수는 없다. 이주자들의 나라로서 미국은 전 세계의 축소판이다. 정치적, 경제적 독립과 새로워진 민족적 자부심으로 무장한 제3세계 사람들은 자신들이 더 이상 유럽이나 미국의 백인에게 종속되어 있다고 생각하지 않는다. 나아가 제3세계 국가라는 전통적 정의도 더 이상 의미가 없다. 대부분의 제2세계 국가들은 중심 권력이나 지배 권력에 의해 부패했고, 심지어 제3세계 국가들보다 정치, 경제, 문화 면으로 더 어려운 처지에 있다. 일본, 한국, 대만, 싱가포르 같은 아시아 국가들은 종종 기술과 무역에서 다른 백인 국가들을 능가하기도 한다.

인종 계통에 따라 확립된 권력 구조는 철회하거나 폐지하고, 백인 우월성에 근거한 용광로 사회라는 개념은 보다 넓은 다원주의적인 의미로 대체해야 한다. 이 새로운 시대에 소수민족은 자신의 뿌리에 자부심을 갖고, 자기 운명을 결정할 스스로의 잠재력에 대해 진지하게 생각해야 한다. 자신이 누구인지 혹은 어떤 존재가 되어야 하는지에 대해 중심 집단의 말을 듣는 것보다 주변부 사람이 스스로 정의를 내려야 한다. 이것이 주변성에 대한 현대적 자의식의 시작이다.

미국에서 태어나고 자란 내 아이들은 이렇게 말하곤 한다. "아빠는 항상 우리한테 우리가 누구인지 말하면서, 여기에 대한 우리 생각은 들으려 하지 않아." 그들은 이제 성인이 되었다. 나는 이제 그들이 누구인지 그들의 말로 들을 준비가 되었다. 마찬가지로 소수민족도 성숙해졌다. 우리가 생각하는 우리의 정체성을 말할 필요가 있다. 나는 다른 소수민족과 지배 집단이 내게 말하는 것을 기꺼이 듣겠지만, 그들 역시 주변부 사람으로서 내 생각에 귀 기울이기를 바란다.

나는 내가 대립하는 두 세계 사이에In-Between 있으면서 어느 곳에도 속하지 않는다고 말했다. 이것은 사실이지만 내가 강조하고 싶은 것은 주변부 사람으로서 스스로에 대한 긍정적인 관점이다. 나는 내 조상의 세계와 내가 거주하는 세계 양쪽 모두에In-Both 존재하고 있다. 나는 아시아인이면서 미국인이다. 주변성에 대한 현대의 자기 긍정적 정의는 두 세계 사이In-Between보다는 두 세계 모두In-Both의 개념을 강조한다. '두 세계 모두에서'는 '두 세계 사이에서'를 보완하고 균형 잡는다.[50]

두 세계 '모두에서'를 강조하기 위해 우리는 자신의 뿌리를 긍정해야만 한다. 우리의 뿌리를 긍정하기 위해서는 무엇보다도 우리가 누구인지 말해주는 우리의 색 황색yellow을 긍정해야 한다.[51] 노란색은 인종을 나타내는 색으로 더 이상 불결한 단어가 아니다. 우리 자신의 피부색에 대한 긍정은 우리의 인종 기원을 존중하는 데서 비롯된다. 아시아인에게 노란색은 아름답고 밝은 색이다. 일본계-미국인 프랜시스 오카는 이렇게 말했다.

노란색은 태양의 색이며
    수선화의 색이다.
레몬이 자라 무르익으면,
    노란 수채화의 흐름이
내 캔버스를 가로질러 퍼진다
    내가 알고 있고 나와 관련된 색이.[52]

오카에게 노란색, 즉 자신의 피부색은 그녀 인생의 힘과 생명력을 표현한다. 중국계-미국인 여성 제니 림도 한때 노란색을 수치스럽게 여겼지만 이제 자유로워졌음을 표현했다. 자신이 어렸을 때 노란색을 좋아했던 것을 떠올린 것이다.

나는 나를 노란색으로 칠한 적이 한 번도 없다
다섯 살 때 태양을 칠했던 것처럼
백인들을 '산뜻한' 크레용으로 칠했던 것처럼
노란 전화번호부를 어른들은 훑어본다.
식당이나 택시, 항공사, 배관공을 찾으려고…
여름 레몬스퀴시, 옥수수, 달걀 노른자, 순수함과 타피오카.[53]

많은 사람들은 노란색 꽃 민들레를 싫어한다. 민들레는 아름다운 꽃이지만 잡초 취급을 받는다. 나는 민들레를 좋아하는데, 그 꽃을 나와 동일시하기 때문이다. 그것은 황금빛 노란색으로 떠오르는 태양을 상징한다. 1장의 민들레 이야기는 아시아계-미국인의 이미지를 적극적이고 긍정적으로 표현한 것이다.[54] 나는 아시아인이 아닌 로버트 풀검도 민들레를 좋아한다는 것을 알고 기뻤다. 그의 민들레 이야기에서 나와 아시아계-미국인들을 만날 수 있다.

이제 나는 민들레를 아주 좋아하게 되었다. 민들레는 전혀 돌보지 않아도 매년 봄이면 멋진 노란색 꽃으로 마당을 뒤덮는다. 민들레도 나도 각자 자기 일을 하면 되는 것이다. 민들레의 어린 잎사귀로는 매콤한

샐러드를 만든다. 꽃은 가벼운 포도주에 좋은 향과 고상한 색채를 더한다. 뿌리를 노르스름하게 구운 후 갈아서 끓이면 풍미 있는 커피가 된다. 부드러운 어린 새싹으로는 기운을 돋우는 차를 만든다. 다 자란 잎을 건조시키면 철분과 비타민 A, C가 많아 좋은 완하제laxative를 만들 수 있다. 벌들도 민들레를 좋아하는데, 그들의 협력으로 고급 꿀이 나온다. … 민들레가 희귀하고 약했다면 사람들은 한 포기에 14.95달러쯤 거뜬히 지불하고 온실에서 가꾸고 민들레 협회 같은 것도 만들었을 것이다. 그러나 민들레는 어디에나 있고 우리의 도움도 필요로 하지 않고 저 좋을 대로 한다. 그래서 우리는 민들레를 '잡초'라고 부르면서 기회가 될 때마다 죽인다. 하지만 나는 민들레가 하나님이 만든 꽃이며, 예쁘면서도 아주 고운 꽃이라고 생각한다. 그리고 민들레가 내가 원하는 곳, 바로 우리 집 마당에 있는 것이 자랑스럽다.[55]

나는 민들레가 노란색 때문만이 아니라 그 정체성 때문에 내가 정의하는 주변성의 좋은 상징이라고 확신한다. 민들레는 쓸모없는 잡초로 알려져 있지만 주변부 사람에게는 유용하고 아름다운 꽃이다. 주변성에 대한 현대의 자기 긍정적 정의는 주변성의 본질이 지닌 유익함을 긍정하고, 불명예와 수치라는 오래된 이미지에서 벗어나 새롭고 창조적인 이미지를 만드는 것이다. 이것이 바로 풀검의 민들레 이야기가 깨닫게 해 준 것이다.[56]

소수민족들이 자신의 뿌리와 정체성에 배타적으로 몰두하면 자민족중심주의가 될 위험이 있다. 민족적 자부심을 끌어올릴 때, 자신의 민족성이 다른 민족의 민족성보다 낫다고 생각하는 경향 때문이다.

아시아 민담에서 온 이야기 속에도 자민족중심주의의 위험이 엿보인다. 하나님이 사람을 진흙으로 빚어 화덕에 구웠는데 첫 번째 사람은 덜 구워서 하얗게 되었고, 두 번째 사람은 너무 많이 구워서 검게 되었고, 마지막 사람은 제대로 구워서 노랗게 되었다는 것이다.

인종·문화 유산에 대한 존중은 다른 사람을 존중하는 것이다. 주변부 사람은 배타주의자가 될 수 없다. 우리는 여러 세계가 함께 나타나는 주변부에 살도록 부름받았다. 주변부적이라는 자신의 본질 때문에 다른 모든 중심에 대해 포용적이고 개방적이다. 우리는 양자 모두의 세계, 혹은 모든 세계에서 살고 있기 때문에 다원주의적이다. 배타주의는 두 세계 모두에 사는 주변부 사람들에게 받아들여질 수 없다. 주변성에 대한 현대의 자기 긍정적 정의는 우리가 다른 사람의 뿌리를 존중할 때 가능하다. 마찬가지로 우리 자신의 피부색에 대한 존중은 다른 사람들의 피부색에 대한 존중을 동반하는 것이다. 만약 다른 인종의 색을 존중할 수 없다면 우리 자신의 색도 긍정할 수 없다. 주변부 관점에서는 무색white 피부와 유색colored 피부 사이에 명확한 구별이 없다. 유색인의 시선에서 보면 흰색도 하나의 색깔일 뿐이다. 노란색 화폭에 흰색 꽃을 그릴 때, 흰색이 눈에 띄는 것처럼 흰색 화폭에 노란색을 그릴 때도 마찬가지이다. 문제는 바로 관점이다. 피부색에 대한 상호 존중은 주변부 사람으로서 우리 연대를 확인하는 방식이다.

아시아인과 미국인 양자 모두로 존재하면서 아시아적인 것을 긍정하는 것은 미국적인 것 또한 긍정하는 것이다. 하지만 우리가 아시아인이면서 미국인임을 긍정하는 것은 쉽지 않다. 중국계-미국인 소녀 다이애나 챙은 이 어려움을 이렇게 설명했다.

당신은 중국인인가?

"예."

미국인인가?

"예."

정말로 중국인인가?

"아니요…. 완전히는 아니에요."

정말로 미국인인가?

"글쎄요, 사실은, 당신도 알다시피…"

하지만 나는 말하고 싶었다.

예라고.

둘 다 아닌 것이 아니라,

글쎄도 아니라,

전부, 한쪽만이 아니라고.

내가 살았던 고향을,

내가 존재하는 방식을

나는 말하고 싶었다

두 번씩,

예라고.[57]

모든 아니오no에는 예yes가 있듯이, 모든 예yes에는 아니오no가 있
다. 딱 잘라서 긍정하거나 거부하는 것은 가능하지 않다. 우리는 각각
의 유산을 부정하는 만큼 유산 모두를 긍정하기도 한다. 우리의 과거

에 대한 절대적인 긍정도 절대적인 부정만큼이나 나쁘다. 주변성에 대한 긍정적 정의는 부정적 정의를 포함해야 한다.

우리의 정체성을 발견한다는 것은 분명 우리의 뿌리를 발견하는 것 이상을 의미한다. 그것은 우리를 구성하는 근본적인 결정요소인 인종을 받아들이는 데서 시작한다. 영구적인 신체적 특징이자 바꿀 수 없는 이 변수가 우리를 다른 모든 종족으로부터 구분시킨다. 우리가 우리의 노란색 됨yellowness을 긍정하고 나면, 우리 태생에서 비롯된 모든 다른 모습도 받아들일 수 있게 될 것이다.

문화는 '인간 활동의 총체적 과정'으로 언어, 습관, 신념, 관습, 사회 조직, 도덕과 가치를 포함한다. 아시아계-미국인 중 그들 조상의 문화의 구성요소를 모두 알고 있는 사람은 없을 것이다. 아시아에 살고 있는 아시아인들 역시 마찬가지다. 그들에게 기대하는 것은 아시아인의 기본적 에토스를 바탕으로 자신의 문화와 정체성을 존중하는 것이다. 그럴 때 비로소 아시아계-미국인은 진정한 아시아인이자 진정한 미국인이 된다는 것에 대해서 말할 수 있다.

현대 다원주의 사회에서 아시아계-미국인이 된다는 것은 진정한 아시아인이자 진정한 미국인이 되기 위해 애쓰는 것을 의미한다. 진정한 다원주의 사회에서 백인 미국인은 많은 민족 집단의 하나로서만 간주된다. 따라서 진정한 미국인이 된다는 것은 백인이 되는 것을 의미하지 않는다. 다원주의 세계에서 진정한 미국인이란 백인, 흑인, 홍인, 황인 이상의 것이다. 진정한 미국인이 된다는 것은 전체의 일부로서 모자이크에서 빠질 수 없는 부분이 되는 것이다. 우리는 미국이 인종적 다원주의 국가로 온전하게 발전하는 데 꼭 필요한 부분이 되려고 노력해야 한다. 만일 아시아계-미국인들에게 그들을 거부한 백인 미국인처럼 되라고 요구한다면, 그들은 진정한 미국인이 될 수 없다. 두 세계 사이에 놓인 외부인이지만, 그들을 거부한 역사 속의 지배 집단처럼 될 필요가 없기에 미국인인 동시에 아시아인이 될 수 있다. 확장되는 인종·문화 다원주의 관점에서 보면, 백인 중심주의는 북미가 지녀야 할 규범이 될 수 없다. 이것은 이미 전 세계적인 현실이다. 모든 미국인을 위한 평등과 존엄과 자유에 대한 꿈은 마틴 루터 킹이 주장한 바다.[58]

내게 그 꿈은 이제 현실로서 전 세계에서 그 지평을 드러내고 있다. 나는 진정한 다원주의 사회에서 이 꿈이 실현될 수 있다고 믿고 확신하기에,[59] 아시아계-미국인들이 지배 집단의 규범을 받아들이지 않으면서도 진정한 미국인이 될 수 있다고 생각한다. 이를 위해 필요하다면 중심 권력을 거부하고 저항해야만 한다. 아시아계-미국인을 미국에서 진정한 시민으로 만드는 것은 미국을 자유롭고 정의로운 이민자들의 나라로 만드는 데 전적으로 참여하는 것이다. 앵글로계-미국인, 아프리카계-미국인, 히스패닉계-미국인, 원주민계-미국인이 되는 것이 아니라 진정한 아시아계-미국인이 되는 것이다. 주변부의 관점에서 보면 모든 미국인은, 다수파의 관점이든 소수파의 관점이든, 전체로서의 미국에 대해 자신의 민족성을 가지고 참여한다. 이것이 진정한 미국의 규범이라 할 수 있다. 따라서 모든 미국인은 다원주의 사회의 일부라는 이유만으로도, 둘 이상의 세상에 살고 있는 주변부 사람이라고 할 수 있다. 두 세계 모두에서 진정으로 존재하게 될 때 주변성은 주변화의 한계를 뛰어넘어 새로운 실체를 부여한다.

제3장

두 세계를 넘어
: 새로운 주변성과 신학

곧 하나님께서 그리스도 안에 계시사
세상을 자기와 화목하게 하시며
그들의 죄를 그들에게 돌리지 아니하시고
화목하게 하는 말씀을 우리에 게 부탁하셨느니라.

고린도후서 5:19

이 장은 주변성에 대해 모순되거나 심지어 반대되는 두 가지 정의를 해명하는 어려운 작업이다. 나는 부정적인 (고전적) 정의와 긍정적인 (현대적) 정의 모두 거부하지 않고 나란히 놓았다.[1] 두 정의가 지닌 문제를 주변성에 대한 총체적인 정의 안에서 함께 해결하기 위해, 이렇게 대조되는 정의가 어떻게 발전해왔는지 먼저 검토할 것이다.

주변성에 대한 고전적인 정의는 지배 집단인 백인 미국인 집단이 지닌 관점으로 주변부 사람들에 대해 부정적 견해를 담고 있다. 이 관점이 북미 문명의 규범이 되어왔다. 그 정의는 중심성을 대변하는 것으로, 여기에서 주변성이 만들어지고 정의되었다. 중심성의 관점에서 소수민족, 특히 아시아계-미국인은 주변부 사람으로 과거로서의 아시아와 현재 북미의 소수민족이라는 정체성 사이에서In-Between 살고 있는 사람들이다. 이들은 두 세계 사이에 있으면서도 어디에도 속하지 못한다. 지배적인 세계로부터 소외될 뿐만 아니라 자신들로부터도 소외되고 있다. 두 세계 사이에서 이들은 여러 개의 정체성으로 갈라져 단일한 자아상을 박탈당한다. 지배 집단의 만연한 권력과 중심성에 대한 중심 집단의 관점 때문에, 주변부 사람들은 영혼이 분열되고, 무능하거나 보이지 않는 사람이 된다.

그러나 현대의 자기 긍정적인 정의에서는 주변성의 기준이 변한다. 중심에서 주변으로, 외부에서 내부로, 타인에서 자신으로 기준이 바뀐다. 주변성을 규정하는 기준이 바뀌는 것은 피할 수 없는 현실이다. 2장에서 설명했듯이 이런 변화는 세계적인 정치, 경제, 기술, 문화, 종교 구조의 변화와 동반한 것이다. 또 제3세계 국가에서 자유에 대한 새로운 의식이 높아진 덕분인데, 이런 나라들에서는 북미로 이주하기 전에 이미 자국 내에서 주변부 사람들이 발생하곤 한다.

경제적 변화의 예를 들면 전 세계 총생산량에서 동아시아가 차지하는 비율이 지난 20년간 두 배 이상으로 급등했다. 미국의 총무역액의 37퍼센트가 동아시아와 이루어진다. 일본의 경제는 이미 세계 두 번째 규모가 되었다. 홍콩, 싱가포르, 대만, 한국의 1인당 국민소득은 대부분의 서구 유럽 국가 수준이고, 말레이시아와 태국도 국민소득의 격차를 급격히 줄이고 있다. 1986~87년 미국에 들어온 외국 자본의 16퍼센트가 일본에서 왔다. 일본은 1조 달러의 4분의 3을 외국 자산으로 축적했고, 20세기 말까지 우수한 채권자, 투자자, 기술 리더, 거시경제정책 입안자의 위치를 지킬 것이다. 일본은 투자만으로도 살아갈 수 있다는 뜻이다. 대조적으로 미국은 지금 세계에서 가장 큰 채무국이다. 미국의 무역 적자가 줄어들지 않는다면 늘어나는 빚은 곧 미국 국민총생산의 25퍼센트에 도달할 것이다. 미국은 자국의 제조업이 보유하는 건물, 기계, 공장, 설비 전체를 합한 총액보다도 더 많은 빚을 세계에 지게 될 것이다.[2] 세계에서 동아시아인들이 경제, 기술 면에서 부상하는 현상은 아시아계-미국인의 자긍심과 확신, 정체성과 자부심을 끌어올리고 있다.

또 다른 판단 척도는 인구이다. 아시아계-미국인의 인구수가 급속도로 증가했다.[3] 미국에서 소수민족의 인구는 급속도로 성장하면서 그들이 지배 집단에 동화될 수 없다는 사실 역시 이러한 변화를 촉진했다. 이런 국제 및 국내의 변화로 새로운 다원주의 시대를 요구하는 목소리가 높아지고, 소수민족들은 북미에서 자신들의 위치를 긍정하려는 의식이 증가했다. 다원주의 사회에서 북미의 이미지와 힘은 더 이상 하나의 지배 집단과 배타적으로 동일시될 수 없다. 백인 미국인들은 많은 민족 집단 가운데 하나일 뿐이며, 미국이 명실상부한 다민족국가로 인식될 때 비로소 아시아계-미국인과 다른 소수민족들은 그들의 정당한 자리를 찾게 될 것이다. 이 전환기에 아시아계-미국인들은 민족적 자부심을 통해 자신들을 긍정해야 한다. 자신을 긍정할 수 있는 능력이 주변성의 현대적인 정의를 가능케 한다.

주변성의 총체적 정의

아래 그림이 보여주는 것처럼, 미국의 민족과 문화 지형도는 백인 중심에서 다원주의 형태로 변하고 있다.

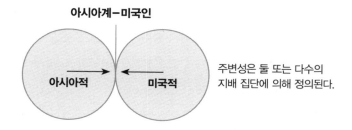

그림 1_ 두 세계 사이에서
백인 미국인에 의해 지배되는 사회, 주변성에 대한 전통적인 자기 부정적 정의

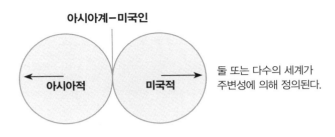

아시아계-미국인

아시아적

미국적

둘 또는 다수의 세계가
주변성에 의해 정의된다.

그림 2_ 두 세계 모두에서
다원주의 사회의 등장, 주변성에 대한 현대의 자기 긍정적 정의

주변성에 대한 고전적 정의는 미국에서 지배 집단과 종속 집단 사이의 엄격한 구조적 분리를 옹호하지만,[4] 현대적 자기 긍정적 정의는 새로운 지형의 등장, 즉 진정한 다원주의 사회를 전제한다. 다원주의 사회에서는 주변성을 위한 규범이 외부인이 아니라 내부로부터 나온다. 즉 아시아계-미국인 같은 소수민족 집단은 북미의 새로운 정치, 사회, 문화 지형에서 자신의 정체성을 찾고 그들의 정당한 자리를 요구하며 여러 소수민족 중 하나로 인정받고 있다. 이러한 모색은 주변성에 대한 새로운 정의 속에서 나타난 것이다. 진정한 다원주의 사회를 향한 나의 꿈은 환상이 아니라 눈앞에 펼쳐지고 있는 현실이다. 이 비전이 실제 삶에서 온전히 실현되려면 주변부 사람들은 자신의 정체성을 긍정하고 미국의 다른 소수민족들과 동등하게 대우받을 수 있어야 한다. 주변성에 대한 현대적인 이해는 긍정적이고 발전 가능성이 크지만, 고전적인 이해는 부정적이며 타당성을 상실하고 있다.

주변성에 대한 두 가지 다른 정의를 구별하는 것은 하나의 역사 과정으로 이해될 수 있다. 물론 이것은 역사적 과정 이상의 실존적 현실이기도 하다. 두 정의 모두 주변부 사람들에게 실제적이다. 나는 두 가지를 모두 경험해 보았다. 이 세계나 저 세계 어디에서도 완전히 속하지 못하는 소외감은 주변부 사람이 갖는 가장 일반적인 경험이다. 주변부 사람은 둘 이상의 세계 사이에서 살아간다. 아직도 주변부 사람들이 지배 집단의 권력이나 특권이나 자원을 온전히 공유하지 못했다는 의미이다. 북미 지역이 급격히 변화하고 있기는 하지만 주변부 사람들은 여전히 두 세계 사이에서 살고 있다. 게다가 다원주의 사회에서 많은 소수민족 집단 사이에 있는 한, 두 세계 사이에서 존재하는 것이 완전히 극복될 수는 없을 것이다. 소수민족 집단이 미국이라는 용광로 속으로 완전히 동화될 수 있다면 두 세계 사이에서 겪는 부정적인 경험도 극복할 수 있겠지만, 완전한 동화는 현실적이지도 않고 바람직하지도 않다. 민족의식과 토착문화 가치가 부활하면서 '동화'라는 지배 패러다임은 도전을 받고 있다.[5]

이제 주변성의 자기 긍정적인 현대적 정의를 확인해보자. 내게 현대적 정의는 고전적 정의만큼이나 실제적이고 의미가 있다. 그러나 다원주의 미국의 등장을 인지하지 못하는 사람은 부정적인 정의의 희생자로 남을 것이다. 미국의 다원주의와 주변성의 새로운 정의를 확신하는 사람들은 주변성에 대한 새로운 정의가 고전적 정의와 균형을 이루기 위한 것이라고 여긴다. 주변성의 자기 긍정적 정의는 주변부 사람이 두 세계 가운데 어느 한 쪽을 포기하지 않으면서 두 세계 모두에 존재하는 것을 의미한다. **나는 미국인이기 때문에 아시아인 이상이며 아시아인이기에 미국인 이상이다.** 적극적인 자기 긍정은 고전적 자기 부정의 정의만큼이나 실제적이고 의미 있다. 다시 말해 **두 세계 모**

두에In-Both 존재하는 것은 두 세계 사이에In-Between 존재하는 것만큼 실제적이다.

중심주의자의 사유방식으로는 부정적인 정의와 긍정적인 정의를 모두 유효하게 받아들이는 것은 비논리적일 것이다. 중심성의 논리가 배타적 사유방식인 까닭은 아리스토텔레스 논리학의 배중률을 근거로 하기 때문이다. 부정적 정의와 긍정적 정의를 동시에 긍정하는 것은 확실히 비합리적이다. 두 세계 사이에서나 두 세계 모두에서 개념은 배중률이라는 중심부의 논리에서는 다루어질 수 없다. 두 개념 모두 중간에 위치한 자가 경험하는 주변부적인 경험에 속하기 때문이다. 아브라함 매슬로우의 개념이 이를 뒷받침한다. "아리스토텔레스 논리학에서 A는 A이며 그 어떤 것도 AB(A이면서 동시에 B)가 될 수 없고, A와 B는 결코 만날 수 없다. 그러나 자기를 실현하는 사람은, A와 A가 아닌 것not-A이 서로 스며들어 그 둘이 하나라는 것을 알게 된다. 누구든지 동시에 선하면서도 악하고, 남자이면서도 여자이며, 어른이면서도 아이일 수 있음을 아는 것이다."[6] 개인의 경험 속에는 부정적 요소와 긍정적 요소가 함께 존재하기 때문에, 전자를 부인하는 것은 곧 후자를 부인하는 것이다. 부정적인 경험은 특정 주변부 집단의 것이고 긍정적 경험은 다른 집단의 것이라는 생각은 중심주의자의 생각이 유효함을 정당화하는 것이다. 이것은 바로 중간을 배제하는 논리, 즉 배중률의 관점에서 생각하는 것이다. 나는 모든 주변부 사람이 주변성과 관련해 부정적 요소와 긍정적 요소를 모두 경험한다고 믿는다.[7] 두 요소들은 주변성 안에 늘 함께 존재하기 때문에, 중심성의 규범에 의해 정당화될 필요도 없고 배중률의 논리로 입증될 필요도 없다. 내 작

업은 주변성에 대한 총체적 정의 안에 있는 이런 역설을 설명하는 것
이다.

주변성에 대한 새로운 총체적 정의 안에 기존의 두 정의를 포함시
키기 위해, 두 세계 사이에In-Between 있는 부정적 경험이 두 세계 모두
에In-Both 있는 긍정적인 경험이 될 수 있음을 설명하려고 한다. 두 경
험은 하나의 실재의 서로 다른 두 가지 측면이다. 연못 이야기로 돌아
가 보자. 나는 연못에 있는 개구리가 주변부적인 생명체라고 본다. 개
구리는 땅과 물, 공기와 물이 맞닿아 있는 연못의 표면에서 살고 있
다. 개구리는 연못 위를 떠다닐 때는 물과 공기에 접촉하면서 물과 공
기 사이에 있다. 개구리는 그것들 모두에 존재한다. 둘 사이에 존재하
는 것은 동시에 둘 모두에 존재하는 것이다. 또 연못의 물고기들이 만
드는 여러 물결들도 서로 겹쳐지면서 둘 사이와 둘 모두에 있게 된다.
중심에서 만들어진 잔물결들은 바깥쪽으로 퍼져나가면서 다른 잔물
결과 한 지점에서 만나 주변부를 만들어낸다. 아래 그림에서 알 수 있
듯이 주변부는 그 자체로 존재하거나 독립적인 존재가 아니기 때문에
둘 사이와 둘 모두가 동일하다.

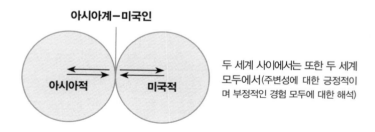

그림 3_ **두 세계를 넘어서서**　　새로운 주변성, 주변성에 대한 총체적 정의

따라서 나는 주변부 사람들이 서로 다른 두 개의 세계 밖에 있다는 생각에 동의하지 않는다. 주변부 사람들은 제3의 범주에 속하는 사람들로 독립적인 존재가 될 수 없다. 그들은 두 세계로부터 소외되어 있지만 두 세계의 일부이다. 주변성은 두 세계 모두와 닿아 있는 경계margin에 존재한다. 그래서 주변부 사람들은 독립적인 존재가 될 수 없다. 그들의 초월은 오직 그들이 내재하는 곳에서만 가능하다. 즉 두 세계 모두를 넘어서는In-Beyond 존재는 두 세계 사이에서In-Between와 두 세계 모두에서In-Both 존재한다.

두 세계 사이에서와 두 세계 모두에서가 결합돼 두 세계를 넘어서는 것처럼, 주변과 창조적 중심은 새로운 주변성을 형성하는 데 불가분의 관계이다. 주변은 둘 이상의 세계가 존재하는 장소이며, 하나의 초점이자 새로운 창조적 중심이다. 그림 1처럼 주변은 사라지지 않고 끝까지 남는다.

주변성에 대한 고전적 정의에서 주변은 지배 세계의 중심에 따라 결정된다. 즉 주변은 중심성의 관점에서 규정된 것이다. 그러나 그림 2에서 보듯이 주변에서 창조적 핵심이 형성된다. 현대의 자기 긍정적 정의에서 창조적 중심이란 바로 둘 이상의 다수 세계가 합쳐지는 경계이다. 이 창조적 중심은 기존의 중심들, 즉 중심성의 중심들을 대체하지는 않는데, 그것이 주변성의 경계에 위치하기 때문이다. 창조적 중심creative core과 중심성의 중심center of centrality은 다르지만 서로 관련되어 있다. 현대의 자기 긍정적 정의와 고전적 자기 부정의 정의가 주변성에 대한 총체적 이해에서 분리될 수 없는 것처럼, 창조적 중심도 새로운 주변성을 형성하는 데 주변과 연관되어 있다. 그림 3에서 보는 것처럼, 창조적 중심이나 새로운 중심도 중심인 동시에 주변이 된다. 그러나 새로운 주변성에서의 경계는 중심성의 주변, 지배 집단에 의해 규정된 주변이 아니라, 새로운 주변인 주변성의 경계이다. 새로운 주변성에서는 창조적 중심 역시 주변이다. 주변성의 경계에서는 주변성과 중심성 사이의 갈등은 사라지고 화해가 일어난다.

주변성에 대한 통전적 정의는 찰스 윌리가 주변부 사람에 대한 새로운 개념을 정의하기 위해 시도한 방식에 가깝다. 그는 주변부 사람을 "두 개의 사회 혹은 문화 집단에서 발생하며, 다른 집단들로부터 자유로우면서도 함께 일하는 사람"이라고 정의했다.[8] 그가 이렇게 말한 의도에는 동의하지만 "다른 집단들로부터 자유롭다"고 한 것은 받아들이기 어렵다. 모세, 마르틴 부버, 마르틴 루터 킹 같은 새로운 주변부 사람은 그들이 속한 두 세계 각각의 일부였다. 만일 그들이 두 세계 사이에In-Between 있으면서 두 세계 모두에In-Both 존재하지 않았다면 그들은 주변부 사람이 되지 못했을 것이다. 윌리에 따르면 마르틴 루터 킹은 "자신의 정체성을 흑인이나 백인 어디에서도 찾지 않고, 이 둘의 통합 속에서 찾은 사람"이었다.[9] 하지만 그를 (흑인과 백인) 두 인종의 통합체로 생각하는 것은 주변성에 대한 오해일 뿐만 아니라 사실을 왜곡하는 것이다. 마틴 루터 킹은 한 명의 주변부 사람으로, 흑인과 백인의 혼혈이 아니라 새로운 인종, 즉 진정한 흑인 미국인이었다. 그는 흑인의 미국이나 백인의 미국 어디에도 속하지 않았는데, 진정 두 세계 모두에 동시에 속해 있었기 때문이다. 두 세계를 넘어서In-Beyond 존재하려면 두 세계 모두에In-Both 있어야 하며 동시에 두 세계 사이에In-Between 있어야 한다.

두 세계 사이에서와 두 세계 모두에서 공존한다는 역설은 '두 세계를 넘어서서In-Beyond'의 의미를 이해하는 데 도움이 된다. 두 세계 사이에서는 주변성의 부정적 측면에 초점을 맞추고, 두 세계 모두에서는 주변성의 긍정적 특징을 강조한다. 배타적 사유방식에서는 부정적 요소는 긍정적 요소에 의해 제거되거나 무효화되어야 한다. 즉 그래야만 주변성이 극복된다. 주변성의 고전적 정의대로 하면, 두 세계 모두에서 존재하는 사람은 더 이상 주변부 사람으로 간주되지 않는다. 이런 사유방식은 아시아계-미국인 작가들 사이에서도 일반적이다. 자신의 정체성을 발견한 아시아계-미국인들은 그들 말로 하면 새로운 아시아계-미국인으로 바뀌었는데, 그 결과 더 이상 주변부 사람으로 간주되지 않는다.[10] 나는 이들 작가들이 자신을 속이고 배타적 사유방식을 옹호하는 중심주의 관점을 받아들였다고 생각한다. 아시아계-미국인들이 아시아인으로서나 미국인으로서 자신의 정체성을 발견하고 아무리 확고하게 자존감을 가지고 강력하게 주장한다 하더라도, 존재하는 지배 집단이 그들을 종속적인 미국인 집단으로 분류하는 한, 그들은 주변성에서 자유로울 수 없다.

예를 들어 상원의원 다니엘 이노우에는 자신감과 자부심으로 타의 추종을 불허하지만 주변성에서 자유롭지 못하다. 1987년 이란-콘트라 스캔들 조사위원회의 공동의장이었을 때, 조사위원회에 빗발친 전보와 전화 내용은 미국 상원의원인 그에게 "당신이 속한 고향 일본으로 돌아가라"는 것이었다.[11] 그는 미국에서 태어나 2차 세계대전 당시 미군으로 복무하면서 수훈십자훈장까지 받았지만 여전히 아시아계-미국인으로 주변부 사람이다. 주변부 집단의 눈에는 그가 상원의원이므로 지배층으로 보이겠지만, 아시아계-미국인인 그는 지배 집단의 눈에 언제나 주변부 사람이다. 언제까지나 '모두and' 혹은 '양자both'인 사람이다.[12]

정체성에 하이픈을 가진 아시아계-미국인은 두 세계가 만나는 중간을 상징한다. 해리 기타노Harry Kitano가 말했듯이 "정의상 중간에 있는 사람the middle-man은 정상에 있거나 바닥에 있거나 더 좋아지지도 나빠지지도 않는 삶이다. 갈색 빵이 위에 있거나 하얀 빵이 위에 있거나 매한가지인 샌드위치의 중간에 놓인 것이다. 즉 어떤 면에서는 항구적인 중간자middle-man의 자리가 미국에 있는 아시아인이 추구해야 하는 자리이다."[13] 하이픈이나 '와and'로 설명되는 소수민족은 사회적 압력 때문에 두 세계 사이에 존재하는 것처럼 보이지만 **본질적으로는 두 세계 모두에서 존재한다.**[14] 두 세계 모두에서 존재하는 것은 주변성이 지닌 본래적 가치를 긍정하는 현대의 자기 긍정적 정의에 속한다. 반면에 두 세계 사이에서 존재하는 것은 주변성의 가치를 부정하는 고전적 혹은 다른 방향의 정의에 속한다. 따라서 두 세계 사이와 두 세계 모두의 개념은 주변성에 대한 통전적인 정의로 확립될 필요가 있다. 데이비드 엉이 말했듯이 "태평양계-아시아계-미국인들은 양자택일either/or 유형이 아니라, 양자 모두both/and인 두 세계 사이에In-Between 살고 있다."[15] 양자 모두는 서로를 보완하며 하나의 전체를 만든다. 두 세계 사이와 두 세계 모두의 상태는 **주변부 사람임을 포기하지 않으면서 주변성을 극복하는 새로운 주변부 사람으로 조화를 이루는 것이다.**

따라서 주변부 사람에 대한 총체적인 이해란 그들을 새로운 주변부 사람 혹은 두 세계를 넘어서서In-Beyond 사는 사람으로 이해하는 것이다. 두 세계를 넘어서서 존재한다는 것은, 두 세계 사이에서나 두 세계 모두에서 존재하는 것의 부산물은 아니다. 그것은 **두 세계의 어느 한 쪽으로 섞이지 않고 두 세계 모두에서 존재하는** 상태를 구현한다. 새로운 주변부 사람에게는 두 세계 사이에서와 두 세계 모두에서가 동시에 존재하므로, 두 세계를 넘어서는 사람은 주변성에 대한 총체적이고 포괄적인 이해를 반영한다. 새로운 주변부 사람에게는 지속적인 창조의 능력이 있다. 창조성이란 존재being에서 비존재non-being로, 동시에 비존재에서 존재로 바뀌는 과정이다. 즉 두 세계 사이에서 존재하는 데서 두 세계 모두에서 존재하는 것으로, 동시에 두 세계 모두에서 존재하는 데서 두 세계 사이에서 존재하는 것으로 바뀌는 과정이다. 창조성 안에서는 두 세계 사이에서와 두 세계 모두에서가 대립되지 않고, 둘 중 하나가 없어지지 않고도 상호 변환이 발생한다.

그림 3에서 보았듯이 새로운 주변성은 지배 집단이나 주변부 집단 어느 쪽에도 의존하지 않으면서 양쪽 모두에 의존한다. 즉 새로운 주변성의 기준은 다름difference의 조화이다. 새로운 주변부 사람은 통일이 아닌 조화를 통해 두 세계를 초월하고 넘어서서 살 수 있다. **두 세계를 초월하거나 넘어선다는 것은 존재하는 두 다른 세계로부터 자유로워진다는 것이 아니라, 두 세계 중 어느 한 쪽에 묶이지 않으면서 두 세계 모두를 살아가는 것을 의미한다.** 새로운 주변부 사람은 해방된 사람, 즉 진정으로 자유로운 사람을 말하는데, 이는 각 사람이 온전한 사람으로서 세상에 자신을 그대로 드러낼 수 있기 때문이다. 새로운 주변부 사람은 온전하기 때문에, 상반되는 두 세계를 자기 안에서 조화

시킬 수 있다. 그들은 두 분류 체계를 화해시키는 사람이며 상처 입은 치료자이다. 진정한 아시아계-미국인, 진정한 소수민족 구성원, 진정한 앵글로계-미국인이 되려면 새로운 주변부 사람이 되어야 한다. 이런 사람들이야말로 서로 다르고 상호적대적인 세계를 함께 연결시키는 창조적 연결체nexus로서, 미국이라는 아름다운 유색의 모자이크를 만드는 데 영감을 불어넣을 수 있다.

이제 연못 이야기로 돌아가자. 나는 연못이 북미의 축소판이라고 생각한다. 만일 물고기가 뛰어올라 물을 튀기지 않는다면, 연못은 평화롭고 거울처럼 잔잔할 것이다. 마찬가지로 누구도 다른 사람을 지배하거나 자신을 과시하거나 이기적으로 행동하지 않는다면 이 세상은 아주 평화로울 것이다. 하지만 연못에 물결이 없으리라고 기대하는 것은 비현실적이다. 세상은 많은 중심과 주변으로 가득 차 있으며, 그것들 사이에 긴장감은 언제나 존재한다. 우리는 다른 사람들보다 더 힘세고 강력한 자기만의 중심을 만들고 싶어 한다. 자기만의 중심을 만들려 할수록 우리는 세상에 더 많은 주변들을 만들어내게 된다. 물고기와 잎사귀들이 만들어낸 잔물결을 응시하면서 나는 서로 다른 요인들에 의해 수많은 중심과 주변이 만들어지는 것을 떠올렸다. 성, 계급, 종교는 인종과 문화만큼이나 주변성을 결정하는 요소들이다. 그러나 어떤 요소가 주변성을 결정했는가보다 주변부 사람들이 결정요소별로 거절이나 긍정이나 적응을 공통적으로 경험한다는 사실이 더욱 중요하다. 모든 주변부 사람은 두 세계 사이에서와 두 세계 모두에서 살아가는 경험을 하는 것이다.

성gender의 관점에서 한 가지 사례를 들어보겠다. 남성이 주도권을 가진 직업에서 일하는 여성들은 두 세계 사이에 위치한다. 두 세계는 성을 이유로 여성을 거부하는 남성의 세계와, 전통적인 여성의 역할에서 벗어났기 때문에 그런 거부를 받아들이지 않는 여성의 세계이다. 이 여성들은 둘 중 어디에도 온전히 속하지 못하고 두 세계로부터 소외되고 있다. 아시아계-미국인 여성들은, 여성이면서 아시아계-미국인이기 때문에 직업을 찾는 데 이중의 부담을 지고 있다. 물론 여권신장운동과 다원주의의 새로운 인식으로 미국에서 여성의 위치는 두 세계 모두에서 확고히 자리를 잡았다. 오늘날 대부분의 직업은 성에 따라 경계를 짓기가 어렵다. 많은 여성이 전통적으로 남성이 지배한 의료, 법률, 신학 같은 직종으로 진입했다. 많은 여성이 경력으로서 직업을 선택하면서 여성의 적극적인 자기 긍정이 실현되기 시작했다. 그러나 남성이 지배하는 한 여성은 주변부에 머물 뿐이다. 마찬가지로 남성도 전통적으로 여성이 지배하던 직업에 종사하면 주변성을 경험한다. 법원에 자녀양육권을 청구하거나, 내키지 않아 하는 고용주에게 자녀양육 휴가를 얻으려는 아버지들은 주변화를 경험할 것이다.

이들은 부정적인 경험을 제거함으로써만 긍정적인 경험을 온전하게 할 수 있을까? 두 세계 사이에 있으면서 부정적인 경험에서 자유로워지는 것은 가능하지도 바람직하지도 않다.[16] 두 세계에 살고 있는 한, 그들은 언제나 소외감을 느끼고 주변성의 부정적인 경험을 하게 될 것이다. 여성과 남성은 신체, 사회, 심리 면에서 다르다. 남성과 여성 사이에 이런 다름이 존재하는 한, 어느 누구도 긍정적인 경험만 할 수는 없다. 유한한 피조물로서 누구도 부정적인 경험에서 자유롭지 못하다. 마크 테일러가 말했듯이 "유한함과 우연은 그것들이 존재하기 위해 꼭 필요한 전제이자 필수 구성요소이며, 그들 존재의 본질적인 토대로서 그 안에 자신들과 완전히 상반되는 것을 포함하고 있다."¹⁷ 새로운 주변부 여성이라도 주변성에 대한 긍정적 경험과 부정적 경험을 모두 가지고 있다. 그녀는 남성과 여성의 혼합체가 아니라 두 세계 중 어디에도 묶이지 않으면서 두 세계에 진정으로 참여하는 여성이다. 마찬가지로 만일 남성이 두 세계에 진정으로 참여한다면 그는 새로운 주변부 사람이 될 것이다. 새로운 주변부 사람은 남자든 여자든, 백인, 흑인, 황인, 홍인이든 관계없이 자신을 주변화시키는 두 세계를 넘어서서 살아가되 이런 부정적 경험과 긍정적 경험 사이에 창조적인 조화를 이루어야 한다.

양자 부정과 양자 긍정

주변성은 신학에 많은 함축성을 갖는다. 전통적으로 주변부 사람들은 성서 해석이나 교회 전통을 이해하는 데 중요한 역할을 하지 못했다. 왜냐하면 그들은 학자나 교회 당국자라는 지배 집단 밖에 있었기 때문이다. 중요하고 공식적인 교회 교리가 주변부의 관점에서 만들어진 적은 없다. 최근 해방신학이 지배 집단의 신학적 독점을 없애는 데 큰 공헌을 하긴 했지만, 일반적으로 이런 사상의 흐름마저도 여전히 중심을 규정하고 통제하는 지배 집단의 후원 아래 진행된다. 제3세계 해방신학자들이 인종·문화 소수자들을 지배해온 유럽과 미국학자들의 개념으로 자신들의 신학적 해석을 정당화하려고 시도하는 한, 그들은 중심성의 해석학에서 자유로울 수도 없고, 그들 자신의 관점을 표현하는 진정한 신학을 할 수도 없을 것이다. 주변부 사람들이 자신을 중심부 사람들에게 동일시하기를 원할수록 그들은 더 강렬하게 소외를 경험한다. 마찬가지로 주변부 학자들이 그들의 연구를 중심부 학자들을 통해 정당화하려 한다면, 그 연구는 진정한 신학에서 더욱 멀어질 것이다. 즉 주변부 사람은 자신의 경험과 시각을 통해 자신의 연구를 사고하고 정당화할 필요가 있다. 그들의 신학을 정당화하는 규범은 지배 집단의 것이 아니라 두 세계를 넘어서 살아가는 새로운 주변부 사람의 것이다. 주변성 신학을 정당화하는 새로운 기준은 주변성 자체에 대한 총체적인 경험, 즉 두 세계를 넘어서 살아가는 경험으로 두 세계 사이와 두 세계 모두를 동시에 포함해야 한다. 두 세계를 넘어서 존재하는 경험은 부정적인 경험과 긍정적인 경험 모두를 포함하기 때문에 배타적이지 않다. 주변부적 사고는 포용적이고 개방적이며 다양한 견해와 해석들이 만나는 지점으로, 창조적인 연결체이다. 신학의 주변부적 접근은 전통적이고 공식적인 신학의 접근 방식과는 다르지만, 전통적이며 공식적인 접근이 신학적 주제를 재해석하는 데 공헌할 만큼 열려 있다. 다소 배타적이고 대립적으로 억압자와 피억압자를 선명하게 둘로 나누는 대부분의 해방신학적 접근 방식과는 확실히 다르다.

우리는 해석 방법을 이해하면서 사유방식을 공부해야 한다. 수많은 학파가 일어나 중심부 사람들에게 다양한 해석 방법들을 제공했다. 그러나 신학계에서, 아리스토텔레스의 배중률 논리를 깊이 간직하는 헬레니즘적 사유방식을 넘어서려고 시도한 학파는 거의 없다.[18] 배타주의적 논리는 모든 문제를 엄격히 범주적으로 구별해서 다루기 위한 지적 도구이자 다른 사람들을 주변화시키기 위한 분리주의적 도구로 사용되어왔다. 교회에서는 신학적 해석을 통제하기 위한 수단으로 사용되어왔다. 만일 주변성 신학이 그리스도교 신앙에 새로운 해석을 제공한다면, 주변성의 경험에서 비롯한 사유방식을 사용함으로써 전통적인 서구 교회의 사유방식과는 구별되어야 한다. 이것이 바로 해석 방법을 주변부적 사유과정에서 시작하려는 이유이다.

어떻게 생각하는가는 궁극적으로 누구인가에 의해 결정된다. 생각한다는 것은 이성적인 능력의 활동 이상이다. 그것은 정신과 마음과 몸에 관련된 전적 과정이다.[19] 사유는 전 인간whole person의 반영이다. 바울은 이렇게 표현했다. "내가 어렸을 때에는 말하는 것이 어린아이와 같고 깨닫는 것이 어린아이와 같고 생각하는 것이 어린아이와 같다가 장성한 사람이 되어서는 어린아이의 일을 버렸노라"(고전 13:11). 바울의 통찰대로 나는 아시아계-미국인처럼 말하고, 생각하고, 판단할 것이다. 그렇지 않으면 자신을 속이는 것이며 내 생각도 진실하지 않을 것이다. 주변부 사람이 중심부 사람처럼 말하고 생각하고 판단할 때, 그는 지배 집단으로부터 정체성이 파생된 주변부 사람으로, 타율적이고 부정적인 정체성을 갖게 된다. 주변부 사람이라면 주변부 사람처럼 말하고, 생각하고, 판단하는 것이 중요하다. 새로운 주변부 사람은 주변성에 대한 총체적이고 종합적인 이해를 추구하는 사람이라고 규정했기에, 그런 사람을 위한 진정한 주변부적 사유과정을 제시하고자 한다.

새로운 주변부 사람은 두 세계 사이에서와 두 세계 모두에서 존재하므로 양자 모두의 사유방식both ways of thinking으로 생각할 수 있다. 두 세계 사이에In-Between 있는 사람은 이 세계에도 저 세계에도 속하지 않는다. 만약 그들이 두 세계 사이에 존재하는 자리에서 삶을 본다면, 그들은 어느 것도 아닌 양자 부정의 관점에서 생각해야 한다. 이런 사유방식은 중심부 관점의 영향을 받은 주변성의 부정적 이해에 따른 것이다.

두 세계 모두에In-Both 있는 사람은 두 세계 모두에 존재하는 자신을 긍정함으로써 스스로를 규정한다. 그들은 진정한 다원주의 사회가 만들어지고 있다는 확신에 근거해 스스로 방향을 정하고 긍정적인 자기 이미지를 갖는다. 이런 확신 가운데 행동하기 때문에, 이 세계와 저 세계를 동시에 긍정하며, 양자 모두의 관점에서 생각한다. 하지만 두 세계에 대한 그들의 긍정은 실제로는 비현실적인데, 그들이 바라보는 진정한 다민족 사회는 아직 실현되지 않았기 때문이다. 따라서 주변성의 총체적인 이해로서 규정되는 새로운 주변성은 양자 모두both/and에 대한 긍정뿐 아니라 양자 부정neither/nor까지도 포함한다. 새로운 주변부 사람들은 두 세계 사이에서와 두 세계 모두에서 사는 사람들이기 때문에 양자 부정neither/nor과 양자 긍정both/and의 관점에서 생각해야 한다.

양자 부정과 양자 긍정의 관점에서 생각하는 것이 복잡한 까닭은 새로운 주변부 사람들을 쉽게 범주화할 수 없기 때문이다. 그들은 두 세계 모두로부터 소외되었기 때문에 이중으로 거부당한다. 그래서 양자 부정의 관점에서 생각하게 된다. 나아가 그들은 자기 긍정을 두 세계 모두에서 이끌어낸다. 자기 긍정은 양자 모두의 관점에서 표현된다. 새로운 주변부 사람들은 두 개의 서로 다른 세계에서 살면서 두 세계를 화해시키기 때문에, 그들은 양자 부정의 관점과 양자 긍정의 관점을 통합해서 생각한다. 그들이 이중 부정과 이중 긍정으로 동시에 생각하는 것은 그들이 두 세계 사이에 있으면서 동시에 두 세계 모두에 있기 때문이다. 전적 거부는 동시에 전적 긍정으로 이해할 수 있다. 전적인 배제(거부)가 전적인 포용(긍정)과 함께 존재한다는 것은 역설이다.

양자 부정(전적 거부)과 양자 긍정(전적 포용) 사이의 관계성은 '두 세계 사이에서'와 '두 세계 모두에서'의 관계와 비슷하다. 양자 부정과 양자 긍정은 정반대지만 상호보완적이다. 즉 전적인 부정과 전적인 긍정은 새로운 주변부 사람들의 사유방식 속에서 조화롭게 공존한다. 상호보완적인 관계 속에서 거부는 긍정에 대한 거절이 아니라 없어서는 안 될 긍정의 한 부분이다. 마찬가지로 긍정은 항상 긍정이 되기 위해서 부정을 전제로 한다. 따라서 부정은 긍정의 배경background으로, 긍정은 부정의 전경foreground으로 이해되어야 한다. 그러므로 동시에 긍정하며 부정하는 것이 가능하다. 긍정은 부정이 없이는 안 되고, 부정도 긍정에 꼭 필요하다. 다른 하나가 없이는 둘 다 존재하지 못한다. 이런 점에서 자아를 잃는 것은 자아를 얻는 것이며, 자아를 얻는 것은 자아를 잃는 것이다. 서로에게 모든 것이 되기 위해서는 먼저 아무것도 아닌 존재가 되어야 한다.

양자 부정의 사고에 대해 좀 더 설명해보자. 주변부 사람들은 두 세계 사이에서 있도록 강요받는데, 그 결정은 지배 집단이 내린 것이다. 따라서 두 세계 사이에 있는 양자 부정의 사유는 소극적으로 지배 집단에 대한 반대를 나타낸다. 양자 부정의 사유는 자아에 대한 전적인 거부가 아니라 다른 사람에게 자아가 전적으로 거부된 것이다. 이를 사유과정에 적용하면 '무사유non-thinking'를 의미한다. 양자 부정의 사유는 사유하지 않는 것이다.

그래서 주변부 사람들은 아무것도 생각하지 않고 아무것도 말하지 않도록 기대된다. 맥신 홍 킹스턴Maxine Hong Kingston의 《중국인China Men》에서 박궁은 십장에게서 일하는 동안 말하는 것이 허용되지 않는다는 말을 듣는다. 박궁은 이렇게 말한다. "침묵해야 한다는 것을 알았다면, 차라리 머리를 깎고 승려가 되었을 것이다." 그는 사탕수수 농장에서 주인이 소리 지르는 것을 듣는다. "입 닥치고 가서 일해. 중국 놈, 가서 일하라니까. 그만 멈추고, 가서 일해. 입 닥치라니까." 그는 어깨에 채찍을 맞고 고통을 느꼈을 때에도 비명조차 지를 수 없었다.[20] 박궁처럼 주변부 사람들은 아무 말도 하지 않고 생각도 하지 말도록 요구받는다. 침묵과 무사유는 양자 부정의 사유방식에서 전형적이긴 하지만, 실제 양자 부정의 사유는 이보다는 더 심오하다. 이 사유가 주변부 사람들의 실존적인 무의 경험에서 비롯되었기 때문이다. 양자 부정의 사유는 모든 사물에 대한 전적이고 무조건적인 부정을 의미한다. 하지만 아시아계-미국인들에게 비존재non-being나 무사유non-thinking의 개념은 그들의 문화 뿌리에서 심오한 의미를 가진다. 아시아인의 지혜에 따르면, 무nothing는 모든 사물의 근원이며, 무사유는 모든 사유과정의 근원이다.[21] 철저히 거부당하면 사람은 존재의 심연에 이를 수 있다. 주변부 사람들의 양자 부정의 사유방식은 다른 사람의 존재를 부정하거나 거부하는 것이 아니라, 도리어 무nothingness의 상태를 감싸 안는 수용적인 과정이다.

양자 부정이 수동적인 사유방식인 것과 달리, 양자 긍정의 사유방식은 자기표현의 능동적인 형태이다. 두 세계로부터 거절당했음에도 불구하고 두 세계를 긍정하기 때문이다. 양자 긍정의 사유를 하는 사람은 세계가 자신을 받아들일 때까지 기다리지 않는다. 이런 자기주장은 새로운 주변부 사람들의 내적 강점이다. 그들은 거절당할수록 더욱 긍정적이 된다. 민들레의 뿌리가 더 많이 뽑힐수록 더 깊이 땅으로 파고드는 것과 같다. 양자 긍정은 양자 부정의 무조건적인 부정에도 불구하고 무조건적인 긍정으로 표현된다.

2차 세계대전 당시 일본계-미국인들은 이것을 예증했다. 일본계-미국인 12만 명이 격리수용소에 억류되었다. 억류에 저항한 사람은 거의 없었다. 단 한 사람도 일본계-미국 시민의 격리명령Civilian Exclusion Order 27조에 저항하지 않았다.[22] 그들은 미국인으로서 거부당했다는 사실에 완전히 굴복했다. 그런데도 일본계-미국인 2세들은 시민의 권리를 박탈한 나라에 무조건적인 충성을 맹세했고 군대에 자원해 전원 일본계-미국인으로 된 442전투연대를 구성했다. 이 부대는 미군 역사상 가장 많은 훈장을 받았다.[23] 1개의 명예훈장과 47개의 수훈십자훈장, 350개의 은성훈장, 810개의 동성훈장, 3,600개 이상의 퍼플하트훈장을 포함한 18,143개의 개인 훈장을 받은 것이다. 그들은 자신들을 거부한 나라와 사람들에게 그들의 충성을 증명하기 위해 목숨을 바쳤다.[24]

양자 모두라는 주변부적 사유방식은 자신을 부정한 것에 대해서도 무조건적으로 긍정하기 때문에, 양자택일이라는 중심부적 사유방식까지도 긍정하고 포함한다. 양자택일의 사고는 중간을 배제하는 이원론을 바탕으로, 중심 집단 사람들의 경험과 긴밀히 관련되어 있다. 중심에 있는 사람들은 자신들의 경쟁자를 배제하려고 한다. 지배 집단은 배타적인 양자택일의 사고에 근거해, 분석적이고 비판적 방법으로 추론을 받아들인다. 그러나 주변부 사람들은 포용성 있는 양자 모두의 관점에서 생각하며, 양자택일의 사고를 보완한다. 이것은 전체적이고 개방적인 사유과정이다.[25] 양자택일이나 양자 모두의 사유방식은 중심성의 관점에서 보면 모순 같지만 주변성의 관점에서 보면 그렇지 않다. **배타적 사유는 포용적 사유를 배제하지만, 포용적 사유는 배타적 사유를 포함한다.** 양자택일의 사유는 양자 모두의 사유를 배제하지만, 양자 모두의 사유는 양자택일의 사유를 포함한다. 사유과정에서 서로 다른 두 가지 관점을 전제하지 않는다면 양자 모두의 사유가 될 수 없다. 서로 다른 두 형식은 양자택일의 사유에서는 갈등 속에 있지만, 양자 모두의 사유에서는 상호보완적이며 조화롭게 전체를 구성한다. 양자 모두의 사유는 반대되는 것을 제거하지 않고 오히려 보완한다. 즉 양자 모두의 사유에서 반대되는 것들은 갈등 속에 있는 것이 아니라 조화 속에 있다.

진정한 다원주의 사회에서 양자택일의 사유는 설 자리를 잃고 양자 모두의 포괄적인 사유방식에 자리를 내어줄 것이다. 중심 집단의 사람들이 배타적인 사유를 포기할 때, 주변부 사람들은 포용적으로 사유하며 다원주의 사회에서 자신들의 정당한 자리를 찾게 될 것이다.

주변부적 사유를 양자 부정과 양자 긍정 **모두의** 관점에서 살펴보자. 이중 부정과 이중 긍정은 동시에 전적 거부와 전적 긍정을 의미한다. 그러나 전적 거부는 전적 긍정을 배제하지 않는다. 예는 예이면서 동시에 아니오이고, 아니오는 아니오이면서 동시에 예이다. 예가 아니오를, 아니오가 예를 포함하고 있기 때문이다. 이런 종류의 포용적인 사유방식은 예와 아니오 사이를 구별하기는 하지만, 이 구별은 전체에 포함된 상대적인 것이다. 아시아계-미국인들에게 예와 아니오의 포용성은 언어생활에도 드러난다.

버클리 연합신학대학원의 '아시아태평양신학과 전략센터'에서 일하는 일본계-미국인 줄리 마추이-에스트렐라는 이런 얘기를 해주었다. 아시아계-미국인이 사탕을 먹고 싶은지 물어보면 줄리는 보통 '아니오'라고 답한다고 한다. 나는 물었다. "'예'라고 하기 전에 딱 한번만 '아니오'라고 하나요?" 줄리는 이렇게 대답했다. "두 번이나 세 번, 심지어 더 많이 할 때도 있죠. 그들은 '아니오'가 항상 '아니오'를 의미하는 건 아니라는 걸 알거든요. 하지만 백인 미국인에게는 절대 그렇게 해서는 안 돼요. '아니오'라고 하면 그들은 바로 사탕을 가져가 버리거든요."[26] 아시아계-미국인에게 아니오는 예 안에 있다. 사탕을 원하긴 해도 다른 사람에게 사탕을 받는 것은 원하지 않을 수도 있기 때문이다.

두 세계 사이에서와 두 세계 모두에서 있는 것, 전적 부정(두 세계 사이에서)과 전적 긍정(두 세계 모두에서)은 새로운 주변부 사람에게 언제나 공존한다. 이런 관념들이 공존하기 때문에, 이것은 가장 포괄적이고 관계적인 사유의 유형이기도 한다. '아니오'가 '예'와의 관계에서만 존재할 수 있는 것처럼 '예' 역시 항상 '아니오'와 관련해서 존재하기 때문이다. 양자 부정과 양자 긍정의 사유방식은 양자택일의 사유방식이 지닌 절대화를 해체시킨다.

주변부적 사유방식은 표현하는 것도 독특하다. 사도 바울이 말한 것처럼, 어린아이는 어린아이처럼 생각하고 판단하며 어린아이처럼 말한다. 주변부 사람들도 주변부 사람처럼 말해야 한다. 포용성이 주변부적 사유의 핵심이라면 사용하는 용어나 상징도 포용적이어야 한다. 성차별을 넘어서는 포괄적 언어를 사용하는 것만으로는 충분하지 않다. 인종, 문화, 계급적 특성들도 포괄적으로 표현되어야 한다. 누구도 다른 사람을 지배할 수 없는 다원주의 사회에서 민족 집단의 특별한 상황은 다양한 방식으로 말하고 쓸 수 있도록 허용되어야 한다. 단일한 언어적 표준을 주변부 사람에게 강요해서는 안 되고, 언어 사용에 있어서 다양성이 격려되어야 한다. 총체적인 주변부의 사유방식은 이야기, 비유, 시, 담화, 형이상학적 담론 같은 모든 형식을 통해 주변부 사람을 표현하도록 허용한다. 다양한 표현이 모자이크처럼 창조적인 조화를 이루는 것을 간과해서는 안 된다. 고정관념과는 달리, 주변부 사람이 모두 가난하거나 배우지 못한 것은 아니다. 교육받은 주변부 사람은 교육받은 주변부 사람처럼 말하고 쓴다. 한국계-미국인은 한국계-미국인처럼 말하고 쓴다. 나는 교육받은 한국계-미국인이므로 교육받은 일본계-미국인처럼 글을 쓸 필요는 없다. 표현에 있어서는 어떠한 획일성도 불가능하지만 모든 표현 속에 내재되어 있는 조화를 주변성의 경험에서 발견할 수 있다.

주변성 신학

　주변성의 관점이 그리스도교의 관점이 될 수 있을까? 주변부적 사유방식이 그리스도적 사유방식이 될 수 있을까? 우리는 주변부적 사유방식을 양자 부정과 양자 긍정의 관점에서 규정했다. 이것도 그리스도교적 사고의 한 패러다임으로 간주될 수 있을까? 이 질문에 대한 대답으로 이렇게 말할 수 있다. 그리스도교적 사유방식은 궁극적으로 예수 그리스도처럼 생각하는 것이다. 예수 그리스도처럼 생각하는 것은 예수 그리스도의 마음을 갖는 것이다. 바울의 가르침에 따라, 나는 그리스도인이 된다는 것은 예수 그리스도처럼 말하고 생각하고 판단하는 것을 의미한다고 생각한다. 즉 그리스도교의 해석학적 원리는 예수 그리스도 그분 안에 기초를 두어야 한다. 구스타보 구티에레즈가 말한 것처럼, "예수 그리스도는 신앙의 위대한 해석학적 원리이며, 따라서 모든 신학적 추론의 근거와 토대는 이 예수 그리스도에 근거해야 한다."[27] 예수가 새로운 주변부 사람이라면 예수 그리스도의 마음을 지니는 것은 주변부 사람의 마음을 지니는 것을 의미한다. 또 새로운 주변부 사람의 마음이 양자 부정과 양자 긍정의 사유방식을 통해 작동한다면, 이 사유방식은 그리스도교 신앙의 해석학적 원리로 간주될 수 있을 것이다.

　다음 장에서 자세히 설명하겠지만, 예수 그리스도는 **최고의** 새로운 주변부 사람이었다. 성서의 수많은 증언은 이 주장을 정당화한다. 그는 자기 백성에게 낯선 사람이었다. "그러므로 예수도 자기 피로써 백성을 거룩하게 하려고 성문 밖에서 고난을 받으셨느니라. 그런즉 우리도 그의 치욕을 짊어지고 영문 밖으로 그에게 나아가자"(히 13:12-13). 예수는 영문, 즉 이스라엘의 집 밖에 있으면서 주변화된 사람들의 친구가 되었다. 버림받은 사람, 세리, 이방인, 여성, 가난한 사람, 억압받는 사람이 그들이었다. 예수가 "자기 땅에 오매 자기 백성이 영접치 아니"(요 1:11)했다. 예수는 당시 지배 집단에게 용납되지 않았다. 바리새인, 서기관, 사두개인, 로마인들은 그를 거부했다. 예수는 주변부 사람이었기에 주변부 사람들에게 환영받았다. 그는 두 세계 사이에서 살았던 아웃사이더로, 십자가에서 백성에게뿐 아니라 아버지에게도 거부당했다. 그는 확실히 어느 세계에도 완전히 속하지 않은, 서로 다른 두 세계 사이에 있던 사람이었다. "여우도 굴이 있고 공중의 새도 거처가 있으되 오직 인자는 머리 둘 곳이 없다 하시더라"(마 8:20). 예수는 인간이자 신이었기에 두 세계 모두에서 살았다. 비록 자신은 거부당했지만, 유대인과 이방인, 남자와 여자, 율법과 은총 사이에 놓인 장벽을 무너뜨린 화해자였다. 예수는 출생과 혈통으로는 유대인이었지만, 사랑의 행동으로는 전 인류를 위한 사람이었다. 그는 두 세계 사이뿐만 아니라 두 세계 모두에서 살았던 진정 새로운 주변부 사람이었다. 인종, 문화, 성, 계급의 분열을 넘어서 살았던 사람이면서 전 세계 속의 사람이기도 했다. 따라서 예수는 **최고의** 진정한 새 주변부 사람이었다고 할 수 있다.

예수 그리스도가 두 세계 사이와 두 세계 모두에서 산 진정한 새로운 주변부 사람이라면, 그의 마음을 갖기 위해서는 양자 부정과 양자 긍정의 관점에서 생각해야 한다. 그리스도인이 된다는 것은 세상 속에 존재하지만 세상에 속하지 않는 존재가 되는 것을 의미한다. '세상 속에 있으나 세상에 속하지 않는 것'이 주변부적 사유이며, 이것은 세상에 대한 전적인 긍정과 전적인 부정을 동시에 활용한다.

주변부적 사유방식을 나타낸 그리스도의 삶에서 가장 중심적인 사건이 바로 예수의 죽음과 부활이다. 죽음은 생명에 대한 절대적인 부정으로 양자 부정의 사유로 나타나고, 부활은 생명에 대한 절대적인 긍정으로 양자 긍정의 사유로 표현된다. 죽음과 부활은 함께 있는데, 이것은 마치 양자 부정과 양자 긍정이 함께하는 것과 같다. 죽음이 없다면 부활도 없고, 부활이 없으면 죽음도 아무 의미가 없다. 마찬가지로 하나님의 동시적인 초월과 내재는 주변부적 사유방식에서 표현될 수 있다. 하나님은 전적으로 초월하면서(양자 부정), 전적으로 내재한다(양자 긍정).[28] 따라서 그리스도교의 사유방식은 양자 부정과 양자 긍정 **모두의**both neither/nor and both/and 주변부적 사유방식이다.

주변부적 사유는 그리스도인의 삶에 큰 의미를 갖는다. 포용적 사유는 그리스도인의 사랑에 적용할 수 있다. 예수 그리스도의 가르침은 그가 우리를 사랑한 것처럼 서로 사랑하라는 것이다. 이 사랑은 모든 것을 부인하면서 모든 것을 받아들인다. 사랑은 다른 사람을 받아들이기 위해 우리 안의 이기심을 거부한다. 양자 부정은 우리의 이기심을 부인하지만, 양자 긍정은 모든 것을 받아들인다. 사랑 안에서 부정과 긍정이 동시에 발생한다. 그래서 사랑은 모든 사람, 심지어는 적까지 받아들일 수 있을 만큼 충분히 포용적이다. 자기를 부인함으로써 우리는 모든 사람을 위한 모든 것이 될 수 있다. 사랑은 배타적이지 않으며 항상 포용적인데, 주변부적 사유가 바로 이와 같다. 사랑은 자신의 방식을 강요하지 않고 언제나 다른 사람의 방식을 받아들인다.

사랑은 다른 사람에게 양보하고, 그들이 자신들의 방식대로 변화하고 성장할 수 있도록 인정해준다. 사랑은 결코 다른 사람을 지배하지 않기에 '지배적인' 사람이 결코 소유할 수 없는 주변성 고유의 특성이다.[29] 하나님의 사랑은 바로 하나님이 주변화되는 것이었다.

작은 연못의 가장자리는 각각의 중심에서 퍼져 나온 온갖 종류의 물결을 받아들이고 있다. 그 수용성은 양자 긍정의 방식, 즉 모든 것을 무조건적으로 받아들이는 방식이었다. 어떤 물결은 강하고 어떤 것은 약했지만, 연못의 가장자리는 항상 그 물결들을 받아들이고 있었다. 가장자리를 강력하게 만드는 것은 반발이 아니라 무작용이었다. 무작용을 통해 가장자리는 물결을 활성화시켰다. 가장자리는 자기 이기심을 거부했는데, 이것이 가장자리에 힘을 준 것이다. 가장자리는 수용함으로써 힘을 받았다. 이와 같이 주변부 신학은 세계를 바꾸기 위해 지배하는 대신 수용한다.

이 점에서 주변성 신학은 해방신학과 다르다. 해방신학은 반발을 통해 가난한 사람들과 억압받는 자들을 해방시키는 데 초점을 둔다. 주변성 신학에 따르면, 주변부 사람들의 해방은 중심 집단 사람들을 그들의 배타적 사유에서 해방시키지 않고는 불가능하다. 해방이 상호적이 되어야 한다는 뜻이다. 주변부 사람들의 목적은 중심 집단 사람들로부터 해방되는 것 이상이며, 진정 다원화된 사회에서 모든 사람이 조화롭게 공존하는 것이기 때문이다. 주변부 신학은 전체적이며, 그 전체는 부분들로부터 분리할 수 없다.

새로운 주변성의 힘은 사랑으로, 그것은 예수가 십자가에서 그랬듯이 다른 사람을 무조건적으로 받아들이면서 기꺼이 고통을 받는 것이다. 해방신학에서는 정의가 사랑보다 중요하지만 주변성 신학에서는 사랑이 정의보다 중요하다. 정의는 불의에 반응하지만 사랑은 불의에 응답한다. 정의는 종종 복수를 요구하지만 사랑은 용서한다. 정의는 종종 율법에 의해 주어지지만 율법은 사랑에 의해 완성된다. 정의와 사랑은 분리할 수 없는데, 이는 사랑이 정의를 포함하기 때문이다. 마찬가지로 주변성과 해방은 서로에게 속해 있다. 화해는 해방을 포함하고, 해방이 없으면 화해가 가능하지 않기 때문이다. 새로운 주변부 사람은 화해를 위해 자신을 희생함으로써(양자 부정) 스스로를 해방시키며 전체의 상처를 치유한다(양자 긍정).

주변성 신학은 상관관계를 따지지 않는다. 인간의 질문으로 시작해서 신이 답하는 식이라든지, 실존적 필요를 밝히는 것으로 시작해서 하나님의 채우심을 구하며 끝나지 않는다. 질문과 대답 사이의 상관관계나, 필요와 충족 사이의 상관관계는 그들이 서로 분리되어 있음을 전제한다. 답을 질문 속에서 찾을 수 있다면 상관관계는 불필요하다. 주변성 신학에서 질문은 대답 속에 있으며 대답은 질문 속에 있다. 동시적인 양자 부정과 양자 긍정의 관점에 따르면, 부정과 긍정, 예와 아니오, 질문과 대답은 공존하며 서로를 보완한다. 상관관계는 중심 집단 사람들의 마음속에 있는 이원론적인 사고에 근거한 것이다. 새로운 주변부 사람들은 포용적으로 사유하고 질문 속에서 대답을 찾는다. 왜냐하면 대답은 질문의 다른 형식이기 때문이다. 아시시의 성 프란체스코가 말했듯이 "당신이 찾고 있는 것은 바로 당신이 지금 보고 있는 것이다."[30] 그렇다면 주변성 신학에 대한 우리의 접근도 상관관계가 아니라 우리 안에 내재된 묵상적인 것으로, 외부가 아닌 내부에서 답을 찾아야 할 것이다.

새로운 주변부 신학은 항상 열려 있고 끝이 없다. 인간은 제한적이
기에 신학에 마지막이라는 단어를 부여하는 일은 결코 없을 것이다.
과거에 교의학이나 조직신학을 집필한 사람들은 하나의 신학이 완전
하다고 가정했다. 그런 가정은 자신을 중심에 놓으려는 모든 사람들
속에 존재한다.

그리스도의 사역도 끝나지 않았다. 만물이 그리스도 안에서 합해질
때까지 계속될 것이다. 창조가 그리스도를 위해 아직 끝나지 않았다
면, 그리스도에 대한 우리의 이해도 불완전하다. 따라서 주변적 사유
방식은 모든 가능성을 포함해야 한다.[31] 주변부 신학은 사람들이 그들
자신의 맥락에서 신학을 구성해 세계 속에서 다양한 신학적 표현을
통해 아름다운 모자이크를 만들도록 돕는 촉매이다.

주변성 신학은 또한 이주의 신학theology emigration이다. 히브리인들
의 역사는 바로 이주의 역사이다. 그것은 하나님의 부름에 응해 가나
안으로 이주한 아브라함의 여행에서 시작되었다. 그의 후손들은 이집
트에서 이주민이 되어 오랫동안 주변화된 생활을 하다가 팔레스타인
으로 옮겼고 다시 바벨론으로 추방당했다. 디아스포라는 유대인을 전
세계로 흩어보냈다. 2차 세계대전이 끝나고 이스라엘이 건국되고 많
은 유대인들이 고국으로 돌아가는 여정에 올랐다. 이스라엘 백성의
역사는 이주와 주변화의 역사다.

북미 역시 이주민의 땅이다. 아시아인, 아프리카인, 히스패닉, 코카
시아인, 그 밖의 다른 민족들이 이주민으로 왔다. 과거나 현재의 모든
이주민은 어떻게든 주변화되고 소외되었다. 진정한 다원주의 사회에

서는 모든 사람이 이주자이다. 북미가 이주자의 대륙이라면, 북미의 신학도 주변성 신학이라고 할 수 있을 것이다.

끝으로 주변성 신학은 다차원적이다. 그것은 정치, 경제, 사회적 불공평에 관심을 가질 뿐 아니라, 자기 정체성과 소외에 관한 인종·문화, 심리, 영적 문제에도 관심을 갖는다. 전통적인 서구 신학이 위로부터, 즉 자신들이 처한 상황과 상관없이 모든 사람을 위한 보편적 진리인 하나님의 말씀에서 시작하는 반면, 해방신학은 아래로부터, 즉 가난한 사람과 억압받는 사람의 실천으로부터 접근한다. 하지만 주변성 신학은 주변으로부터 접근하며, 위와 아래, 좌·우, 중심을 연결한다. 또한 주변부의 관점은 중심부의 관점을 포함하므로 주변성 신학은 주변성에 대한 중심부의 관점(양자 부정)과 주변성에 대한 자기 긍정적 관점(양자 긍정) 모두를 다룬다. 이런 포용적인 접근 때문에 주변성 신학은 다문화 사회를 전체적으로 아우르는 데 적합하다.

두 세계를 화해시키기

중심성과 관련해 규정된 주변성은 사람에 따라 다양한 의미와 어조의 차이를 갖는다. 주변성은 역동적인 용어이므로 특정 범주의 사람들을 지칭하는 것으로 고정될 수 없다. 소위 성공한 사람들, 백인 중산층조차 주변성을 경험할 수 있다. 사람들은 경제, 정치, 사회, 신체, 인종, 문화, 성, 교육의 영역에서 주변화된다. 주변성을 결정하는 많은 요인이 있지만 나는 인종·문화 결정요소에 초점을 맞추어 내 경험과 동북 아시아계-미국인의 경험을 근거로 주변성을 정의했다. 나는 아시아계-미국인들의 주변화 과정을 조사했고, 주변성에 대한 독자적인 정의를 내리기 위해 그 고전적 정의를 살펴보는 것을 출발점으로 삼았다. 고전적 정의는 중심부의 관점에서 본 것이기에 일방적이라고 생각한다. 그래서 고전적 정의를 보완하기 위해 나는 현대적 자기 긍정적 정의를 제안했다. 이렇게 결합된 정의들은 주변성에 대한 총체적인 정의를 제공했다. 또한 그것들은 두 세계를 화해시키고 조화시키기 위해 두 세계를 넘어서 살아가는 새로운 주변부 사람을 내포하고 있다.[32]

새로운 주변부 사람은 모든 주변부 사람들의 이상을 보여주는 사람으로, 두 세계 사이에서와 두 세계 모두에서를 동시에 경험한다. 두 세계 사이에서 존재하는 경험은 소외와 존재론적 무nothingness로 표현될 수 있다. 이러한 두 세계 사이에서의 경험은 양자 부정으로 분류되는 한편, 새로워진 정체성과 더불어 두 세계 모두에서 존재하는 경험은 양자 긍정으로 분류된다. 새로운 주변부 사람은 두 세계 사이에서와 두 세계 모두에서 존재하는 경험을 다 가지고 있기에, 양자 부정과 양자 긍정의 방식으로 동시에 생각할 수 있다. 이러한 주변부적 사고는 그리스도교적인 사유방식이라고도 할 수 있는데, 이는 예수가 진정한 새로운 주변부 사람이었기 때문이다. 예수는 새로운 주변부 사람으로서, 자신을 주변화시켰던 세계들을 떠나지 않으면서도 그 세계들을 넘어서 존재했다. 그는 내재하면서 초월했고, 초월하면서도 내재했다. 이렇게 하나님은 세상을 자신과 화해시키기 위해 예수 그리스도 안에 있었던 것이다.

다음 장에서는 주변부적 사고를 예수 그리스도와 다른 신학적 주제들을 재해석하는 데 적용하려고 한다. 새로운 주변성의 관점에서 성경을 다시 읽고, 전통 교리들을 재검토해 새로운 통찰을 얻기를 희망한다. 내 관심은 중심주의적 접근으로 비판적 해석을 얻는 데 있는 게 아니라, 새로운 주변적 관점으로 그리스도교 신앙을 창조적으로 해석하는 데 있다.

제4장

예수-그리스도
: 주변성의 극치

그러므로 예수도 자기 피로써

백성을 거룩하게 하려고

성문 밖에서 고난을 받으셨느니라.

그런즉 우리도 그의 치욕을 짊어지고

영문 밖으로 그에게 나아가자.

히브리서 13:12-13

예수는 오늘날에도 우리에게 묻고 있다. "너희는 나를 누구라고 생각하느냐?" 베드로의 대답은 긍정적이었다. "주는 그리스도시요 살아 계신 하나님의 아들이십니다." 마태의 설명에 따르면 예수는 베드로의 대답에 만족했다. 그때 베드로는 알아차리지 못했지만, 예수는 베드로의 대답이 그에게서 나온 것이 아님을 알았다. "이를 네게 알게 한 이는 혈육이 아니요 하늘에 계신 내 아버지시니라"(마 16:15-17). 하지만 베드로도 다른 사람들처럼 중심에 관심이 있었다. 자신이 가진 중심성의 관점에서 예수를 인식하고 오해한 것이다. 베드로의 관점에서 보면, 살아 있는 하나님의 아들은 중심 중의 중심, 왕의 왕이며 주의 주다. 베드로는 당연히 이스라엘 열두 지파 위에 군림하는 그리스도의 권력과 영토를 공유하기를 기대했다. 이렇게 베드로가 예수의 목적을 오해한 것은, 그분이 중심주의자가 아님을 몰랐기 때문이다. 베드로의 대답이 있고 예수는 "자기가 예루살렘에 올라가 장로들과 대제사장들과 서기관들에게 많은 고난을 받고 죽임을 당하고 제 삼일에 살아나야 할 것을 제자들에게 비로소 나타"(마 16:21)냈다. 놀란 베드로는 "주여 그리 마옵소서. 이 일이 결코 주에게 미치지 아니하리이다"(마 16:22)라고 항변한다. 예수는 베드로에게 경고한다. "사탄아 내 뒤로 물러가라. 너는 나를 넘어지게 하는 자로다. 네가 하나님의 일을 생각하지 아니하고 도리어 사람의 일을 생각하는도다"(마 16:23).

주변성 중의 주변

베드로가 예수를 오해한 것은 인간적인 관점에 머물러 있었기 때문일 것이다. 인간은 본능적으로 중심, 즉 권력의 자리를 찾는다. 그리스도교의 역사 또한 베드로의 오해를 반복하며 예수를 중심성의 관점에서 이해했다. 예수를 중심 중의 중심으로 여기며, 그를 따름으로써 세상을 지배하는 중심 권력의 일부가 되기를 바랐다. 예수의 이름으로 교황의 권위는 수 세기 동안 유럽 국가들을 압도했고, 초기 공의회들은 그리스도를 교리적 지침 안에 가두면서 그리스도의 배타성을 확증했다. 그리스도의 힘과 위엄에 관심을 둔 사람들은, 그리스도를 강력하게 한 것이 사실 그의 약함이었고, 그를 주의 주로 만든 것이 겸손이었음을 잊었다. 예수의 종 됨보다 주 됨에 더 관심을 갖고, 예수의 죽음보다 부활에 더 열광했다. 예수는 중심 집단의 학자들에 의해 형이상학적 사색의 대상이 되었고, 특권층 교회 사제들에 의해 칭송의 중심이 되었다. 우리가 추구하는 중심에 예수가 있기를 원한다 해도, 우리가 추구하는 중심은 진정한 중심이 아니다. 그것은 이기적인 중심이고, 권력과 지배를 추구하는 중심이다. 그래서 예수는 베드로에게 "사탄아 너의 생각이 사람으로부터 왔다"라고 했다.

예수는 내게 "너는 나를 누구라고 생각하느냐?" 하고 묻는다면, 내 대답은 이것이다. "당신은 예수-그리스도Jesus-Christ, 살아 계신 하나님의 아들이십니다." 굳이 하이픈을 사용해 '예수-그리스도'라고 한 까닭은 예수는 그리스도이고 동시에 그리스도가 예수이기 때문이다. 예수 그리스도, 즉 그리스도로서 예수만으로는 충분치 않다.[1] 그는 예수로서도 그리스도이기 때문이다. 아시아인이면서 미국인을 의미하는 '아시아계-미국인'과 마찬가지다. 내가 예수를 말할 때도 그것은 예수-그리스도를 의미하며, 그리스도를 말할 때도 역시 그리스도-예수를 의미한다. 이는 분리할 수 없는 한 존재의 두 가지 양상이다. 나는 또 '살아 계신 하나님의 아들'이라는 구절을 베드로와 다르게 이해한다. 하나님의 아들이 되는 것은 중심성의 중심에 머무는 대신, 주변성 중의 주변에서 모든 종의 종servant of all servants이 되는 것을 의미한다. 예수가 중심 중의 중심이 아니라 주변 중의 주변이었고was, 지금도 주변이라는is 주장을 입증하기 위해 예수의 출생, 삶, 죽음, 부활에 관한 충분한 증거를 제시하고자 한다.

신적 주변화로서 성육신

예수는 주변인으로 태어났다. 미혼모의 아이로 고향에서 멀리 떨어진 곳에서 태어났고, 구유에서 보살핌 받았으며, 유대 지도층이 아닌 동방 현자들의 방문을 받았고, 이집트로 피난 갔다. 이것들은 예수가 평생 겪을 주변성이 무엇일지 암시한다.

중심 집단이 범하는 공통된 실수 중 하나는, 예수의 출생에 대한 복음서의 배경 설명을 고려하지 않고 요한복음과 빌립보서의 성육신 개념을 연구하는 것이다.[2] 이 구절들은 예수의 출생 이야기와 무관하게 검토돼 쉽사리 형이상학으로 발전한다. 우리는 예수의 출생에 대한 역사적 배경을 통해 예수를 새로운 관점에서 이해할 수 있다.

예수의 주변성을 결정한 요인들, 즉 정치, 경제, 사회, 계급, 인종 성향이 예수를 **최고의** 주변부 인간으로 만들었기에 성육신 이야기는 주변성의 관점에서 해석해야 한다. 우리는 요한복음 서문에서 예수-그리스도가 그의 나라뿐 아니라 우주에서도 주변부 사람이었음을 알 수 있다. 그는 자기 백성에게는 물론, 자신을 통해 만들어진 세상에게도 거부당했다. "그가 세상에 계셨으며 세상은 그로 말미암아 지은바 되었으되 세상이 그를 알지 못하였고 자기 땅에 오매 자기 백성이 영접하지 아니하였으나"(요 1:10-11). 예수-그리스도는 사람들의 종이 되기 위해 자신을 비워 주변부 사람이 되었다(빌 2:5-11). 즉 예수의 출생과 성육신 이야기는 신적 주변화의 이야기이다. 성육신 기간 동안 하나님은 예수-그리스도 안에서 주변화되셨다.

예수가 주변인으로 태어나야 했던 이유를 좀 더 살펴보자. 그는 미혼인 마리아에게 잉태되었다. 예수의 동정녀 수태는 마리아에 대한 사회적·도덕적 제재를 배재한 신적 행위로 기록되지만, 마리아는 이 상황으로 매우 당황할 수밖에 없었다. 공식적인 결혼 전에 신성하게 아이를 수태했다며 영광을 돌리는 천사에게 마리아는 두려움에 싸여 묻는다. "나는 남자를 알지 못하니 어찌 이 일이 있으리이까"(눅 1:34). 당시 유대 사회의 도덕적·윤리적 인식이 어떠했는지 추측하는 것은 어렵지 않다. 결혼하지 않은 상태로 임신한 여자도, 그런 여자의 아이로 태어나는 것도 수치였다. 요셉은 의인이라서 "저를 드러내지 아니하고 가만히 끊고자"(마 1:19) 했다. 마리아에게 예수의 출생은 신적으로 정당한 일이지만, 사회적으로 비난받을 일이었다. 예수의 부모는 물론 예수도 수태된 순간부터 주변화되었다.[3]

또 다른 '주변부' 이야기가 유대 땅 베들레헴에서 발생한다. 마리아는 요셉과 갈릴리 나사렛에서 다윗의 도시로 갔는데, 요셉이 다윗의 후손이었기 때문이다(눅 2:1-5). 그들은 베들레헴의 마구간에 들었고 마리아는 아들 예수를 낳아 천으로 싸서 구유에 눕혔다(눅 2:6-7). 이 이야기가 얼마나 정확한 사실에 바탕을 둔 것인지는 알 수 없다.[4] 흥미를 끄는 것은 구유가 지닌 중요한 상징성이다. 자궁의 따뜻한 보호로부터 막 나온 연약한 아기를 거칠게 깎은 나무 구유에 둔다는 것은 주변성에 대한 놀라운 상징이다. 나는 시골 농가에서 자라면서 소를 키워봤기 때문에 마구간이 얼마나 비위생적인지 잘 안다. 중심 집단이 이 이야기를 있는 그대로 받아들인다면, 꽤 낭만적으로 이해할 가능성이 크다. 주변부 경험과 동떨어져 있는 사람들은 예수의 신성한 출생을 암담한 현실과 동떨어진 낭만으로 이해하기 쉽다. 구유 안의 예수는 그의 주변성을 완벽하게 상징화한다.

다윗의 도시에 있던 중심부 사람들은 예수를 출생 당시부터 거부했다. 예수의 가족에게 아무도 방을 제공하지 않았다. 요한은 이를 두고 말씀이 "자기 땅에 오매 자기 백성이 영접하지 아니했다"(요 1:11)고 지적한다. 즉 성탄 이야기의 핵심은 예수의 신적 주변화이다. 하나님이 세상을 구하기 위해 자기 아들을 주변화한 것이다.

이제 요한복음에 나온 성육신 이야기, 즉 예수의 신적 탄생 이야기를 검토해보자. 요한복음의 서문(요 1:1-18)은 신적 주변화 과정을 기술한다. 형이상학적 사색을 즐기는 중심부 사람들이 로고스 교리로 해왔던 비판적 분석 대신, 나는 예수의 출생 이야기를 통해 주변부 관점에서 성육신을 살펴보고자 한다.

요한복음의 서문은 신적 관점에서 성육신을 논한다. 공관복음이 예수의 출생을 인간의 관점에서 아래로부터 관련시킨다면, 요한복음은 예수의 출생을 하나님의 관점에서 위로부터 연관시킨다. 요한복음의 서문은 성탄 이야기의 다른 측면을 다루면서 이야기를 보완한다.

요한복음의 서문에서는 신적 주변화가 창조에서부터 시작된다. 그리스도, 즉 말씀the Word이 하나님과 동등하며 함께 있다는 전제로 시작해(요 1:12), 그리스도를 통한 세상의 창조에 대한 서술로 이어진다(요 1:3-4). 창조를 그리스도의 창조적 현존을 통해 확장되는 신적 내재 행위로 본다면, 창조는 그리스도가 신성의 중심으로부터 자신을 주변화시키는 하나의 과정일 수 있다. 그리스도는 창조의 주체로서 이 과정에 온전히 참여하면서 세상을 자신의 것으로 긍정한다. 하지만 그의 백성은 그를 무시하고 거부했다. "그가 세상에 계셨으며 세상은 그로 말미암아 지은 바 되었으되 세상이 그를 알지 못했고 자기 땅에 오매 자기 백성이 영접하지 아니하였으나"(요 1:10-11). 신적 주변화 과정은 창조와 함께 시작해 **그의 피조물이 그리스도를 거부함으로써 현실화된다.** 그리스도는 우주에서 주변인이 된 것이다. 요한복음의 서문은 우주적 규모에서 일어난 신적 주변화를 말한다.

성육신에 관해 알려진 또 다른 내용은 바울이 빌립보서에서 그리스도의 겸손을 묘사한 노래이다.[5] 이 본문은 그리스도교와 불교 학자들에게 상당히 형이상학적인 사색의 주제였다. **케노시스**(자기 비움)에 대한 그리스도교 개념이 불교의 공sunyata 개념과 함께 불교도의 관심을 끈 것은 우연이 아니다.[6] 나는 이 노래가 공emptiness을 신적 본성으로 나타내고 있다는 생각에 동의하지 않는다. 오히려 이 노래는 신적 본성이 인간이 되어 종의 형상을 취하는 것 가운데 하나의 과정으로 공을 보여주려 한 것이다. 즉 하나님의 본질이나 기원을 올바로 표현하면 공empty이 아니라 비워져가는become empty 것이다. 공은 하나님의 본래적 본성이 아니라 결과적 본성이다.[7] 하나님의 결과적인 본성이 종이 되기 위해 신적 본성을 **포기하는 것**을 의미하기 때문이다. 빌립보서의 공은 하나님의 본성에서 종의 본성으로 바뀌는 전환 과정을 묘사한 것이다.

> 그는 근본 하나님의 본체시나 하나님과 동등됨을 취할 것으로 여기지 아니하시고 오히려 자기를 비워 종의 형체를 가지사 사람들과 같이 되셨고 사람의 모양으로 나타나사 자기를 낮추시고 죽기까지 복종하셨으니 곧 십자가에 죽으심이라(빌 2:6-8).[8]

자기 비움의 과정은 신성에서 인성으로의 전환이다. 즉 신적 성육신의 수단이다. 하나님은 신적 본성을 비우면서 인간이 되었다. 흥미로운 것은 그리스도가 평범한 인간, 나아가 가장 낮은 직업으로 여겨지는 종이 된 것이다. 성육신은 신적 본성에서 인간적 본성으로 전환하는 신적 주변화이다. 그런데 신성이 인간의 형상과 비천한 직업을 택했으니 주변 중의 주변이 된다. 그리스도는 자신이 가진 모든 것을 포기하면서 주변 중에서도 가장 주변적인 존재가 된 것이다.

종이 된다는 것은 무nothing가 되는 것, 비인간적인 존재가 되는 것을 의미한다. 종이 되어본 적이 없다면, 종 됨이 무엇을 의미하는지 이해하지 못할 것이다. 초기 아프리카계-미국인이나 아시아계-미국인들은 노예상태가 무엇을 의미하는지 정확히 알고 있다. 나도 노예상태로 살았던 경험이 있다. 몇 달 간 나이든 주인을 모셨는데, 그때 나는 주인의 손과 발로서 그가 말하는 대로 정확히 움직여야 했다. 그의 말에 동의하지 않거나 그 일을 좋아하지 않아도 그의 요구를 거부하거나 부정할 수 없었다. 사실상 나는 그의 소유물로서 내게는 아무 권리가 없었다. 나는 두려움과 불확실성 속에서 살았다. 그는 내게 절대적인 복종을 요구했다.[9] 종이 된다는 것은 인간적 가치, 고유한 가치를 갖지 못한다는 뜻이다.

예수는 종으로서 '자기를 낮추고 죽기까지 복종해 십자가에 못 박혀 죽었다'(참조. 빌 2:8). 종은 지배 집단에 속하지 않는다. 그들은 자신들이 살고 있는 세계에서 소외되어 있는 외부인이다. 따라서 신의 본질을 가지고 있다가 노예상태의 본질을 갖게 되는 것은 주변 중에서도 최고의 주변이 되는 것을 의미한다.

빌립보서에서 자기를 비우는 과정은 성육신의 핵심처럼 보인다. 그리스도는 무가 되었다. 종으로서 그리스도는 두 세계 중 어디에도 속하지 않으면서 두 세계로부터 소외되고 두 세계 사이에 존재했다. 그는 양자 부정neither/nor의 범주에 속하게 되었는데, 이렇게 전적인 부정은 예수-그리스도가 두 세계 모두에서 자신을 완전히 긍정하기 위해 필요했다.

이러므로 하나님이 그를 지극히 높여 모든 이름 위에 뛰어난 이름을 주사 하늘에 있는 자들과 땅에 있는 자들과 땅 아래에 있는 자들로 모든 무릎을 예수의 이름에 꿇게 하시고 모든 입으로 예수 그리스도를 주라

시인해 하나님 아버지께 영광을 돌리게 하셨느니라(빌 2:9-11).[10]

예수는 가장 낮은 자리를 취했기 때문에 가장 높은 자리로 오르게 되었다. 또한 자기를 비우는 과정을 통해 무가 되었기에 하늘과 땅과 세상에 있는 모든 것을 넘어서 살 수 있었다. 따라서 이 구절은 신적 주변화 과정을 담아낸 장엄한 노래라고 할 수 있다. 그러나 우리가 알아야 할 중요한 사실은 자기를 비우는 행동이 자기를 성취하는 것과 동시에 발생했다는 것이다. 즉 그리스도의 수치는 그의 존귀를 동반한다. 같은 방식으로 그리스도는 주변성 중의 주변에서 세계를 위한 종이면서 주인 중의 주인이다. 그가 종이면서 주인 것은 그가 모든 종을 위한 종이었기 **때문이다**. 서로 분리할 수는 없지만 그리스도의 주변성은 그의 주 됨보다 우선한다. 그의 중심성이나 주 됨보다는 주변성이나 종 됨이 더 강조되는 것이다. 그리스도가 세상에 현존한다면, 그가 자기를 비우는 과정은 계속될 것이다. 그리스도의 주 됨을 유일한 모습이었던 것처럼 강조하고 그의 종 됨을 소홀히 하는 것은 잘못이다.

앞에서 본 것처럼 성육신에 대한 총체적인 이해는 성서에서 말한 예수의 출생 이야기부터 살펴보아야 한다. 요한복음의 서문은 성탄 이야기를 우주적 규모에서 상징적으로 다시 이야기하며, 그리스도가 우주적으로 주변화되었음을 증언한다. 신적 주변화 과정은 위로부터 일어나지만, 성탄 이야기에서는 신적 주변화가 아래로부터 발생한다. 즉 이 둘은 상호보완적이다. 빌립보서는 전적인 부정(두 세계 사이)과 전적인 긍정(두 세계 모두)은 스스로 자기를 비우는 과정을 통해서 가능함을 보여준다. 예수-그리스도는 자신을 거부한 세계를 전적으로 긍정하면서 두 세계를 넘어 존재하는 새로운 주변인으로 확증되었다.

성육신은 신적 이주에 비할 수 있는데, 하나님이 천상에서 세상으로 이주하신 것이다. 새로운 세계에 온 이주자로서 그리스도는 아시아계-미국인처럼 거부와 괴롭힘과 수치를 경험했다. 자기 나라에서는 탁월했던 아시아인들은 미국에 오기 위해 모든 것을 포기했다. 고국에서는 한때 전문직 수준에 올랐지만, 미국에서는 청소부, 세탁하는 사람, 요리사, 단순 노무자로 살아간다. 유사성은 여기에서 끝난다. 하나님의 신적 이주는 세상을 구하려는 의도였지만, 인간의 이주는 이주자 자신을 구하기 위한 것이기 때문이다. 또 하나님은 영원에서 일시적인 시간으로 옮겼지만, 인간은 단순히 한 장소에서 다른 장소로 이동한 것이다. 인간성과 신성 간의 유비는 제한적임을 이해할 필요가 있다.

예수의 생애, 새로운 주변성의 패러다임

복음서에 따르면, 예수의 삶은 주변성의 삶이었다. 헤롯이 아기에 대한 예언에 놀라 두 살 미만의 아이들을 전부 학살하라고 명령했을 때(마 2:16) 아기 예수는 주변화되었다. 예수와 부모는 이집트로 피난 가서 헤롯이 죽을 때까지 살았다(마 2:13-15).[11] 예수는 어린 시절에 이미 권력으로부터 정치적으로 주변화되고, 이국 땅에 살면서 문화적으로 주변화되는 이중의 주변화에 노출되었다.

나사렛에서 예수의 삶에 대해서는 거의 알려진 바 없지만 변변치 않은 삶이었음이 분명하다. 학자들이 예상하듯이 요셉이 젊어서 죽었다면, 예수는 장남으로서 목수의 직업을 물려받아 삶의 노고와 갈등을 일찍이 경험했을 것이다.[12] 예수의 비천함은 그가 자란 마을 나사렛에도 표현되고 있다. 빌립에게서 예수를 보러 오라는 요청을 받았을 때 나다나엘은 "나사렛에서 무슨 선한 것이 나겠느냐"(요 1:46)고 하면서 예수를 냉대한다. 나는 노스다코타에 산 적이 있는데, 여행할 때마다 사람들은 내 자동차 번호판을 보고는 "오, 노스다코타!"하면서 나를 비웃곤 했다. 내게 창피를 주고 나를 주변화시키려 했지만, 이미 나는 그런 일에 익숙했다. 이스라엘에서 나사렛은 미국에서 노스다코타에 해당하지 않을까. 보다 큰 공동체의 눈으로 보았을 때 나사렛 출신이라는 사실이 예수를 주변화시킨 것이다.

세례는 예수의 사역에 깊은 함축성을 갖는다. 예수의 사역은 세례로 시작해 세례로 마쳤다고 할 수 있는데, 십자가는 예수 자신의 봉헌을 상징하기 때문이다. 그런 점에서 요단 강에서 받은 세례는 예수가 자기 생명을 드린 처음 사건이라고 할 수 있다. 예수의 세례에서 회개도 의미가 크다. 회개는 세례 요한이 사람들을 세례로 이끈 주요한 행동이다(마 3:1-12).[13] 아마도 세례 요한은 개인의 죄에 대한 단기간의 회개에만 관심을 가진 것이 아니라 하나님나라를 준비하는 회개에도 관심을 가진 듯하다(마 3:2). 세례 요한은 사람들의 사고방식을 바꾸는 데 관심을 가졌다. 회개는 사람을 주변화시키는 정치, 경제, 사회, 종교, 인종 성향의 철저한 변화를 포함한다. 즉 회개는 모든 이의 정의와 평화, 연민과 조화를 다룬다. 예수 역시 이런 회개에 헌신하고 있었기에 세례 받기를 원했다. 이런 철저한 변화는 그를 주변화시킨 과거의 상황으로부터 전적인 이탈(혹은 비우는 과정)을 포함한다. 요단 강에 몸을 담그면서 예수는 하늘이나 땅 어느 세계에도 속하지 않으면서 두 세계 사이에 상징적으로 자리 잡게 되었다. 더 이상 하늘에 속하지 않게 되었는데 예수가 그곳을 떠났기 때문이다. 더 이상 이 세상에도 속하지 않게 되었는데 세례를 통해 자신의 길을 선언했기 때문이다. 이렇게 예수의 세례는 죽음으로 상징화된 양자 부정, 전적 부정에 대한 예수의 경험이 분명히 표현된다. 그러나 세례는 예수가 물에 잠기면서 끝난 것이 아니다. 그의 전적 긍정을 상징하는 듯 물 밖으로 예수가 나오는 것으로 끝난다. 예수의 전적 긍정은 성령의 나타남과 목소리로 확증된 것이다(마 3:16-17; 막 1:10-12; 눅 3:21-22).

예수는 세례를 통해 하나님의 아들로 입양된 것이 아니라, 세례를 받을 때 하나님의 성령에 의해 하나님의 아들로 확증된 것이다.[14] 예수가 물에서 나오는 것은 구원자(그리스도)로서 예수의 자기 긍정으로 성령에 의해 확정되었다. 예수는 성육신한 그리스도였지만 세상에게 거부당했다. 그 예수가 세례를 통해 자신의 본성을 재확인하고 성령은 그의 긍정을 확증한 것이다. 두 세계 모두에서 존재하기 위한 전적인 긍정으로 인해, 그는 예수이면서 그리스도인 양자 모두both/and의 사람이 된다. 온 세상이 그를 하나님의 아들로 받아들일 준비가 되어 있지 않기에, 그의 긍정과 하늘의 확증으로도 그의 주변부적 위상은 제거되지 않는다. 그래서 예수는 세례를 통해 **최고의** 새로운 주변부 사람, 즉 죽음과 부활을 통해 두 개의 서로 다른 세계에 대한 전적 부정neither/nor과 전적 긍정both/and 모두를 자신 안에서 통합하고 조화시키면서 두 세계를 넘어In-Beyond 사는 사람이 되었다.

예수가 광야에서 겪은 시험도 예수-그리스도의 주변성에 대한 새로운 통찰을 제공한다. 나는 중심 집단의 전통적 신념을 재해석하는 데는 관심이 없고, 예수의 시험에 대한 대안적 해석을 해보려고 한다. 주변부 관점에서 보면 사탄은 중심 중의 중심으로 활동하는 자기중심적 힘force이 의인화된 존재다.[15] 사람들은 이 힘 때문에 중심을 추구하는데, 그것은 부와 명예와 지배라는 세 가지 형태로 나타난다.[16] 첫 번째 시험은 빵으로 상징된 부를 다룬다(마 4:2-4). 빵은 인간이 생존하는 데 필요한 기본적인 요소를 상징한다. 빵의 결핍은 가난하고 배고픈 사람을 주변화시키는 경제적 요소이다. 예수는 자신의 필요를 초월함으로써 부에 대한 시험을 극복했다. 두 번째 시험은 사람을 주변화시키는 또 다른 힘으로서 명예에 대한 욕망이다. 예수는 성전 꼭대기로 옮겨져 예루살렘 사람들이 보는 가운데, 하나님에 대한 믿음을 증명하기 위해 그곳에서 뛰어내리도록 요구받았다(마 4:5-7).[17] 다른 사람들에게 영광을 받으려는 유혹은 일반 사람들에게 인상적인 기적을 행할 수 있는 예수의 능력으로 보자면 자연스러운 결과다. 다른 민족·문화 배경을 가진 사람들에게 자신의 우월함을 입증하려는 과시욕과 동일하다. 하지만 예수는 자신의 신적 위상을 지키면서 다른 사람들에게 영광을 받으려는 시험을 극복한다. 세 번째 시험은 지배하고자 하는 욕망이다. 세상의 모든 왕국을 통치할 수 있는 힘(마 4:8)은 역사를 통해 인간을 유혹해온 야심찬 목표다. 힘은 지배 집단의 정치체제 속에서 약하고 무능한 사람을 주변화시키는 직접적인 수단이다. 예수는 하나님만을 섬기고 경배함으로써 이 유혹을 극복한다(마 4:10). 이들 시험은 새로운 주변성에 대한 예수의 헌신과 세례 때 드러난 그의 본성을 재확인해준다. 예수는 세상의 왕국에서 중심을 차지할 수도 있는 시험에 굴복하지 않았다. 시험에 저항함으로써 그는 주변부 사람들에 동조하는 새로운 주변인이 되었다.

예수의 공적 사역은 주변부 삶의 특성을 잘 나타낸다. 예수는 집 없는 무리와 함께 살았던 집 없는 사람homeless이었다. 중심 집단 사람을 외면한 적은 없었지만 주로 주변부 사람들과 어울렸다. 그는 주변부 사람으로서 가르치고 행동하고 고통받고 죽었다. 또 우리가 두 세계를 넘어서 살도록 돕기 위해 죽음에서 일어났다.

예수가 제자라고 부른 사람들도 주변부 사람들이었다. 종교·정치 면에서 주류인 사람은 아무도 없었다. 그들은 장로나 제사장이나 율법 선생이 아니었다. 세리 마태와 예수를 배반한 회계 담당 유다를 제외하고 대부분 어부였다. 예수가 어울린 사람들은 주로 가난한 사람, 약한 사람, 버림받은 사람, 외국인, 창녀였다.

예수의 사역은 치유와 가르침/설교 두 가지로 나뉜다. 예수의 비범한 치료 능력을 강조하는 것은 중심주의자들의 성향이다. 이런 성향은 오늘날 고도의 전문화된 의술에 영향받은 것으로 보인다. 환자와 의사 사이의 공식성이나 고도의 의술 측면으로 이해하면 예수의 치료가 단독 행위라는 인상을 줄 수 있다. 또 치료받은 사람은 단순히 치료 대상 이상이었음을 기억해야 한다. 예수는 환자들이 치유받은 것은 그들의 믿음 때문이라고 자주 말했다. "네 믿음이 너를 구원했다"(막 5:34, 10:52). 믿음은 치료자와 치료받는 사람의 관계를 규정하는 한 차원이다. 따라서 예수의 환자들이나 관련된 사람들 일부는 치유된 후에도 여전히 예수와 교제했을 것이다. 즉 예수의 사역으로 치료받은 사람들은 그를 따르는 자들이 되었다.

예수와 함께한 이들은 아픈 사람(마 8:14-17; 막 1:29-34; 눅 4:38-41), 시각장애인(마 9:27-31, 20:29-34), 언어 장애인(마 9:32-34), 청각 장애인(막 7:31-37), 다리 저는 사람(마 15:29-31; 눅 13:10-17), 여성(마 15:21-28; 막 7:24-30; 눅 8:1-3, 10:38-42), 중풍병자(마 9:1-8, 14; 막 3:1-6; 눅 5:17-26, 6:6-11; 막 2:1-12), 귀신 들린 사람(마 8:28-34; 막 5:1-20; 눅 8:26-39), 창녀(요 8:1-11), 이방인(요 4:1-42; 막 7:24-30), 가난하고 약한 사람의 무리(막 3:7-12; 마 15:32-39; 막 8:1-10)로, 자신들의 결핍 때문에 사회에서 주변화된 이들이었다. 예수는 이들의 친구였지만, 주변화된 사람들과만 배타적으로 어울린 것은 아니다. 로마군 장교(마 8:5-13; 눅 7:1-10), 지역 회당의 관리(마 9:18-26; 막 5:21-43; 눅 8:40-56), 젊은 부자(마 19:16-30; 막 10:17-31; 눅 18:18-30), 율법 선생(눅 10:25-28), 바리새인(요 3:1-21; 눅 7:36-50), 공의회 의원(마 27:57-61; 막 15:42-47; 눅 23:50-56; 요 19:38-42)처럼 그에게 기꺼이 나오는 사람은 누구라도 어울렸다. 예수의 존재는 모든 사람에게 각자가 온전해지도록 개인적으로 필요한 것을 채워주었다. 예수는 아픈 사람을 낫게 하고, 시각장애인의 시력을 회복하게 하고, 청각장애인은 듣게 하고, 언어장애인은 말하게 하고, 절름발이는 뼈를 곧게 펴게 하고, 중풍병자는 걷게 하고, 귀신들린 사람에게서는 귀신을 쫓아내고, 창녀들에게는 공감해주고, 여성과 이방인들과는 함께해주고, 가난한 사람들은 먹이고, 약한 사람은 강하게 하고, 모두에게 사랑의 길을 따르도록 가르쳤다. 치유자로서 화해자로서 예수는 새로운 주변성을 개척했다.

예수는 집 없는 사람이었다. "여우도 굴이 있고 공중의 새도 거처가 있으되 오직 인자는 머리 둘 곳이 없다"(마 8:20). 예수의 삶에서 집이 없다는 상황을 잊기가 쉬운데, 예수의 치유와 가르침이 강조되기 때문이다. 예수의 개인적인 삶은 뉴욕이나 샌프란시스코의 거지나 노숙인의 삶과 크게 다르지 않았을 것이다. 나는 캘리포니아 대학교 버클리 캠퍼스에서 비범한 행동을 하는 재주 많은 노숙인을 본 적이 있다. 사람들은 그의 공연을 보고 갈채를 보냈다. 그들 중 일부는 자리를 떠나기 전 모금함에 1달러짜리 지폐나 동전 몇 개를 넣었다. 공연 후 노숙인은 다시 이곳저곳을 배회하며 쉴 자리를 찾았다. 몇 달 동안 같은 옷을 입고 오랫동안 목욕도 하지 못한 상태였다. 세상에서 노숙인들이 살아가는 전형적인 방식이다. 예수의 삶이 이 노숙인의 삶과 달랐을까? 혹시 더 나빴을까? 무리는 예수의 놀라운 공연을 보러 왔다가 즐기고 떠났다. 그들은 예수와 함께하기보다 기적과 표적에 더 많은 관심을 가졌다.[18]

자신의 고향에서 거부당하고(마 14:53-58; 막 6:1-6), 주변보다 중심을 향해 움직이는 데 더 관심을 가졌던 제자들에게 오해를 받았던, 한 집 없는 남자의 외로운 얼굴이 기적과 가르침의 배후에 있었다. 집 없는 사람은 가난한 사람 중에서도 가장 가난한 사람이다. 그들이 소유한 것은 매일 지니고 다닐 수 있는 것뿐이다. 그들은 주는 사람의 자비에 의지해 살아간다. 예수는 가장 가난한 사람이었으며 가장 낮은 사람 중 하나였다. 그래서 "너희가 여기 내 형제 중에 지극히 작은 자 하나에게 한 것이 곧 내게 한 것이니라"(마 25:40)고 말했다. 이는 그리스도의 참 현존이 가난한 사람들 사이에서 발견됨을 암시하는 듯하다.

뉴욕에서 과일 노점상을 운영하는 한 한국계-미국인 상인은 매일 아침 4시에 일어나 시장에 간다고 한다. "오늘 하루를 살고 나면 또 다른 하루가 다가오죠. 내가 일하는 곳은 전쟁터 같아요. 한때는 총을 지니고 다녔지만, 이젠 더 이상 갖고 다니지 않아요. 그리스도인이 되었거든요. 그리스도는 총보다, 총알보다, 경찰보다 강합니다. 그분은 항상 나와 함께하면서 나를 보호해주세요." 그가 이렇게 말하는 동안 나는 그를 바라보았다. 이 가난하고 희망 없는 남자의 표정 없는 얼굴은 예수의 얼굴을 떠올리게 했다. 이 남자에게 예수가 현존했을까? 그가 바로 가난하고 비천하고 희망 없는 사람들에게 임재한 그리스도였을까? 오래 전 인도 시인 라빈드라나트 타고르는 예수를 묘사한 것으로 보이는 아름다운 시를 썼다.

여기 당신의 발판이 있고 저기 당신의 발이 있습니다. 가장 가난하고 비천하고 버림받은 사람들이 살고 있는 그곳에. 당신에게 머리를 조아릴 때, 나의 경의는 가장 가난하고 비천하고 버림받은 사람들 사이에 놓인 당신의 발이 있는 곳까지 도달할 수 없습니다. 나의 자만심은 가장 가난하고 비천하고 버림받은 사람들 사이에서 변변찮은 옷을 입고 걸어가는 당신에게 결코 다가갈 수 없습니다. 나의 심장은 가장 가난하고 비천하고 버림받은 사람들 사이에서 동행 없는 자들과 함께 걷는 당신에게 이르는 길을 결코 찾을 수 없습니다.[19]

집 없는 사람은 또 거지다. 집 없는 사람이었던 예수는 거지였으며 그를 따르는 사람들 역시 거지였다. 예수는 제자들을 두 사람씩 짝지어 전도하러 보내면서 "전대나 배낭이나 신발을 가지지 말며 길에서 아무에게도 문안하지 말라"(눅 10:4)고 했다. 예수와 제자들은 길에 다닐 때 거지와 똑같은 행색을 하고 다녔을 것이 분명하다. 집 없는 사람인 예수는 "거지 중의 거지, 부랑자 중의 부랑자"로 여기저기를 돌아다녔다.[20] 그렇지만 예수는 세상을 구하기 위해 종 중의 종이 되었다. 내 아시아 문화의 뿌리를 추적하면서 거지나 가난한 노파를 도와주는 관음 보살이 예수와 비슷하다는 사실을 발견했다.[21] 종이며 거지인 예수는 현세의 주인을 섬길 필요가 없이 자유로웠다. 하지만 이사야서에 기록된 종처럼 고통당하고 모욕당했다.

그는 멸시를 받아 사람들에게 버림받았으며 간고를 많이 겪었으며 질고를 아는 자라. 마치 사람들이 그에게서 얼굴을 가리는 것 같이 멸시를 당했고 우리도 그를 귀히 여기지 아니했도다. 그는 실로 우리의 질고를 지고 우리의 슬픔을 당했거늘 우리는 생각하기를 그는 징벌을 받아 하나님께 맞으며 고난을 당한다 했노라. 그가 찔림은 우리의 허물 때문이요 그가 상함은 우리의 죄악 때문이라. 그가 징계를 받으므로 우리는 평화를 누리고 그가 채찍에 맞으므로 우리는 나음을 받았도다. 우리는 다 양 같아서 그릇 행하여 각기 제 길로 갔거늘 여호와께서는 우리 모두의 죄악을 그에게 담당시키셨도다. 그가 곤욕을 당해 괴로울 때에도 그의 입을 열지 아니했음이여 마치 도수장으로 끌려가는 어린 양과 털 깎는 자 앞에서 잠잠한 양 같이 그의 입을 열지 아니했도다(사 53:3-7).

예수는 종이었기에 세상 죄로 고통받았고, 거지였기에 다른 사람들에게 멸시와 거부를 당했다. 종으로서 그는 주변성 중의 주변으로 세상에 살았고, 거지로서 자신을 주변화시킨 세상의 지배에서 자유로웠다. 예수는 세상에 있었지만 세상에 속한 것은 아니었다.[22] 그는 거지로서 세상을 거부했지만 종으로서 세상을 긍정했다. 이렇게 그는 두 세계를 넘어서In-Beyond 살았으며, 두 세계 사이In-Between와 두 세계 모두In-Both에 동시에 존재했다.

예수의 가르침도 그의 삶을 반영하는데, 예수의 가르침에서 핵심이라고 생각하는 산상수훈(눅 6:12-49; 마 5:3-7:27)을 역시 주변성의 관점에서 살펴보겠다.

누가복음의 팔복 설교에서 우리는 예수가 주변부 사람들에게 말하고 있음을 알 수 있다. 바로 예수의 설교를 들으러 온 사람들이었다. 예수는 가난한 사람들(눅 6:20)[23], 배고픈 사람들(눅 6:21), 지금 슬퍼하는 사람들(눅 6:21), 미움받고, 배제당하고, 버림받은 사람들(눅 6:22-23)을 축복했다. 경제, 정치, 사회 면에서 주변화된 사람들이었다. 그들이 축복을 받은 것은 그들에게 지금 부족한 것을 받을 것이기 때문이다. 하나님나라의 보상과 즐거움을 받을 것이다. 이와 대조적으로 예수는 부자, 배부른 자, 웃는 자, 칭찬받는 자들에 대해 경고했다(눅 6:24-26). 그들은 지배계급 사람들로 장차 운명이 뒤집혀 가난하고, 배고프고, 비참하고, 슬퍼하게 될 것이다. 새로운 주변부 사람으로서 예수는 포용적이고 상호보완적으로 생각했다. 중심성과 주변성은 서로의 관계 속에서 나뉠 수 없다. 상호보완적이기 때문이다. 하나를 잃는 것은 다른 하나를 얻는 것이다. 그래서 예수는 "나중 된 자로서 먼저 되고 먼저 된 자로서 나중 되리라"(마 20:16)고 말했다. "누구든지 제 목숨을 구원하고자 하면 잃을 것이요 누구든지 나를 위해 제 목숨을 잃으면 찾으리라"(마 16:25)고도 했다. 부정은 긍정을 전제하고, 긍정은 부정을 전제한다. 예수는 **최고의** 진정한 주변부 사람이었기 때문에 주변부 관점, 즉 양자 부정과 양자 긍정의 관점으로 생각했다. 주변부 사람들이 반대편에 대항하기보다 긍정적으로 양보하는 것이 바로 포용적이고 상호보완적인 사고이다. 양보함으로써 자신의 주변성을 극복하고, 중심주의적 관점을 주변성에게 내주게 될 것이다. 사랑의 법은 이런 반전의 원리에 근거한다.[24]

팔복에 이어 사랑에 대한 예수의 생각을 살펴보자. 사랑은 생명의 최고 원리이다. 예수의 모든 가르침과 삶은 사랑으로 요약할 수 있다. 예수는 "그러나 너희 듣는 자에게 내가 이르노니 너희 원수를 사랑하며 너희를 미워하는 자를 선대하며"(눅 6:27)라고 말했다. "그러나 너희에게 말한다"는 중심 집단 사람들의 가르침과는 대조된다. 바리새인, 사두개인, 서기관, 유대 지배자 등의 중심 집단은 백성에게 그들을 사랑하는 사람을 사랑하고, 그들의 적을 미워하고, 선한 사람들을 선대하라고 가르쳤다. 그들의 삶의 방식은 공의와 율법에 근거했다. 하지만 공의와 율법은 질서와 평등을 회복시키는 대신, 약하고 가난하고 힘없는 자들을 통제하고 배제하는 지배의 도구로 전락하고 말았다. 예수의 삶은 사랑과 은총에 토대를 두었다. 사랑과 은총은 모두 포용적인 것으로, 예수의 삶에 대한 접근 방식을 이해하는 열쇠이다. 공의와 율법이 사람들을 강제로 두 세계 사이에서 살도록 한다면, 사랑은 사람들을 두 세계 모두에서 살도록 초청한다. 사랑은 또한 율법을 배제하지 않으며 그것을 포함하고 완성한다. 예수는 율법을 폐하러 온 것이 아니라 완성하기 위해 왔다(마 5:17). 두 세계 사이에서의 삶은 두 세계 모두에서의 삶에 포함된다. 사랑이 예수의 존재를 감싸 안듯이 사랑은 그의 심판에 색을 입힌다. 바리새인, 사두개인, 율법학자, 그 외 중심 집단 사람들에 대한 예수의 비난은 새로운 주변성의 규범인 사랑의 법 안에서 이해되어야 한다.

예수-그리스도의 외로움

세례 후 예수가 행한 모든 것은 그를 죽음과 부활로 이끌었다. 죽음과 부활은 서로 분리될 수 없으며 서로를 자동적으로 암시한다. 죽음과 부활은 서로 보완하면서 예수의 삶을 완성한다. 이것은 성스러운 사건인 최후의 만찬에서 표현되었는데, 이는 예수가 이 주변부 집단과 함께한 마지막 식사였기 때문이다. 그 식사는 죽음과 삶(혹은 새로운 삶)의 의식이 되었다. 또한 그것은 가장 위험한 주변, 즉 죽음과 삶모두를 연결하는 주변 중의 주변을 예증하기 때문에 거룩한 것이 되었다.

예수가 행한 사역의 전부는 이 의식을 향해 진행되었다. 가룟 유다가 예수의 제자들에 포함된 것은 우연이 아니었다. 죽음의 씨앗은 예수 사역의 시작과 함께 심어졌으며, 중심 집단과의 갈등에서 자랐고, 최후의 만찬에서 꽃을 피웠다. 예수를 체포하려는 음모는 그의 예루살렘 입성과 함께 분명해졌다. 이런 움직임은 중심성과 주변성의 양극성을 더욱 강화시켰다(막 11:1-11). 예수의 예루살렘 입성을 승리로 기억하는 것은 적절하지 않다. 오히려 이것은 주변성의 겸손한 입성이다. 예수가 탄 나귀는 주변성을 상징하는 반면, 로마의 통치자들이 탄 말은 중심성과 승리를 상징했다. 예수의 예루살렘 입성은 주변성이 중심성의 한가운데를 상징적으로 관통하는 사건이었다. 이것은 경고였고, 중심부는 이 이질적인 주변성을 제거하려고 행동에 나서야 했다.[25]

성만찬 의식으로 돌아가면, 이것은 유대의 유월절을 기념하는 시간이었다. 이 의식의 극도의 단순성은 주변성을 강조한다.[26] 성만찬은 빵과 포도주를 사용하는데, 이것은 주변부 사람들을 위한 음식과 음료의 일반적인 상징이다. 주변성을 보여주는 복음서인 마가복음에 따르면 예수는 '죄에 대한 용서'나 '나에 대한 기억'과 관련된 어떤 말도 한 적이 없다. 그럼에도 불구하고 죄의 용서는 성만찬에 참여하는 것보다 더 중요해졌다. 내가 목회한 미국 한인교회에서 성만찬 도중에 한 한국계-미국인 여성이 앞으로 나왔는데, 손이 너무 떨려서 빵을 받지 못했다. 나는 빵host을 포도주스에 담근 다음, 여성의 입에 넣어주었다. 예배 후에 왜 그렇게 심하게 손을 떨었냐고 물었더니, 빵과 포도주가 너무 거룩해서 자기 같은 죄인은 받을 수 없다고 생각했다는 대답이 돌아왔다. 나는 그 여성도에게 말해주었다. "성만찬은 당신이 생각하는 것처럼 그렇게 거룩하진 않아요. 또 당신 죄도 생각만큼 많지 않고요."

성만찬은 너무나 거룩하고, 자신은 너무나 죄인이라고 여기는 이유는 무엇일까? 혹시 성만찬을 베푸는 사람들을 높이기 위한 것은 아닐까? 성직자들이 자신을 주변부가 아닌 중심에 두기 위한 방법은 아니었을까? 분명 성만찬은 예수와 함께 빵을 먹고 포도주를 마시는 단순한 행위였다(막 14:22-26). 성만찬을 지나치게 거룩하고 성스럽게 만드는 대신, 그것에서 삶과 죽음에 대한 깊은 의미를 발견하려고 노력해야 한다. 빵과 포도주는 십자가에서 죽은 예수의 피와 몸을 상징하는 것이므로 죽음의 상징이기도 하다. 즉 그것들은 삶의 의미와 죽음의 의미를 동시에 가진다. 다시 말하면 빵과 포도주는 죽음과 부활의 상징이다. 사는 것은 죽는 것이며, 죽는 것은 다시 사는 것이다. 부정과 긍정 사이, 혹은 양자 부정과 양자 긍정 사이의 분리할 수 없는 연결이 이 의식이 지닌 상징적 의미이다. 그래서 나는 성만찬을 삶과 죽음의 의식이라고 부른다. 먹고 마시는 사람은 살다가 죽지만, 예수와 함께 이 상징 행위에 참여하는 사람은 예수가 죽었던 것처럼 죽어도 예수처럼 다시 생명을 얻을 것이다. 그래서 최후의 만찬은 다른 식탁과 다르다.

예수가 죽었던 것처럼 죽는다는 것은 주변성의 부정적인 전형epitome을 나타낸다. 예수의 죽음과 관련해서 두 가지 경험을 유추할 수 있다. 굴욕 속의 고통과 거부에 따른 외로움이다. 고통과 외로움은 서로를 내재한다. 고통과 굴욕, 외로움과 거부는 모두 주변성의 요소들이다. 외로움은 예수의 삶에서 기본적인 것으로, 그가 세상으로부터 거부당했기 때문이다. 외로움은 사람을 주변화시킨다. 거부와 외로움은 예수에게 인과관계의 형태로 존재하는데, 죽음이 다가올수록 깊어졌다가, 죽음으로 거기에서 풀려났다. 외로움과 거부가 최고점에 달했을 때 주변성 역시 최대로 확장되었다. 예수-그리스도는 죽음의 순간에도, 죽음으로 인해 주변 중의 주변으로 존재했다.

예수는 거부당함으로써 마침내 십자가에서 죽게 되었다. "그는 멸시를 받아 사람들에게 버림받았으며 간고를 많이 겪었으며 질고를 아는 자라. 마치 사람들이 그에게서 얼굴을 가리는 것 같이 멸시를 당했고 우리도 그를 귀히 여기지 아니했도다"(사 53:3). 이런 거절은 주변성의 표시이다. 아시아계-미국인 역시 북미에서 중심 집단 사람들에게 거부당하고 멸시 받는다. 아래에서 한 백인 남편이 아시아계-미국인인 자기 아내에 대해 서술한 것은 이사야서에 묘사된 예수의 곤경과 유사해보인다.

나는 아내의 편편하고 누런 얼굴과 두꺼운 흰 다리 때문에 아내를 미워한다. 하지만 가장 큰 이유는 주디스 글럭에 비해 품위와 지성이 떨어진다는 것이다.

아내는 진흙투성이 밭고랑을 천천히 걷고 있는 고대 나라의 어리석은 물소 같다. 그리고 아내가 받는 사랑은 고작 내 욕설이나 이따금 반복되는 허풍 정도이다.

그래서 나는 온화한 내 아내를 미워한다. 아내의 편편하고 누런 얼굴과 수 세기 동안 사랑의 짐을 지탱하며 서 있는 부드러운 흰 다리 때문이다. 주디스 글럭이나 나나, 예전의 영국 성공회인이나 밥 딜런의 팬, 어린 시절 소꿉친구들과 로큰롤보다 더 이전 수 세기 동안.[27]

예수에 대한 거부는 그의 사역이 정점에 이르면서 강화되었다. 더 많은 사람들이 예수를 따를수록, 더 강력한 거부에 직면했다. 거부가 심해질수록 예수에게는 외로움의 고통도 많아졌다. 특히 제자 유다의 배신은 견딜 수 없는 고통과 고립감을 가져왔다. 유다에 이어 다른 제자들도 겟세마네 동산에서, 십자가 앞에서 예수를 떠났다. "너희가 다 나를 버리리라. 이는 기록된바 내가 목자를 치리니 양들이 흩어지리라 했음이니라"(막 14:27). 심지어 베드로조차도 약속을 지키지 못하고 세 번이나 예수를 부인했다. 예수에 대한 거부가 잦아지고 강도가 커지면서 예수의 고통과 죽음의 위협도 더 가까이 다가왔다. "내 마음이 심히 고민하여 죽게 되었으니"(막 14:34). 기도할 시간이 되었다. 기도는 종종 외로움 속에서 진정한 것이 된다. 하나님은 외로움 속에 현존하시며, 외로움만이 인간 존재의 심연에 이르게 하기 때문이다. 외로움 속에서 예수는 세상의 중심을 추구하는 권력으로부터 자유로워졌으며, 하나님이 현존하시는 주변 중의 주변에 남을 수 있었다.

예수는 체포되어 고립된 채 홀로 공회 앞에 섰다. 그는 신성모독으로 고발되었으며 사형에 해당하는 죄로 정죄되었다(막 14:64). 사람들은 예수에게 침을 뱉고 얼굴을 주먹으로 쳤다. 빌라도는 자기 책임을 회피하려고 군중에게 예수의 운명을 결정하게 두었다. 사람들은 "그를 십자가에 못 박으라!"고 소리 질렀다(막 15:14). 예수는 자신을 따르던 주변부 사람들로부터도 거부당했다. 군인들은 비웃고, 자색 옷을 입히고, 가시관을 씌웠다. 십자가를 지려고 나가는 예수를 때리고 침 뱉고 절하며 조롱했다(막 15:16-20).

예수가 당한 극단적인 수치는 비슷한 굴욕의 사례들을 생각나게 한다. 초기 중국인 이주자들은 공개적으로 조롱당하며 변발이 잘렸고,

한국계-미국인 메리 백 리Mari Paik Lee는 백인 젊은 남자로부터 조롱과 침 뱉음을 당하고 걷어차였으며,[28] 일본계-미국인들은 태평양 전쟁 동안 격리수용소로 끌려갔다. 이런 굴욕은 주변 중의 주변에 처하게 될 때만 경험할 수 있다.

예수에 대한 마지막 거부는 그의 아버지로부터였다. 예수는 절망 속에 아파하면서 "나의 하나님, 나의 하나님 어찌하여 나를 버리셨나 이까"(막 15:34)라고 물었다. 그의 고독은 더 이상 견딜 수 없는 우주적인 것이었다. 그는 하늘에도, 땅에도 속하지 않는 두 세계 사이에 매달렸다. 그는 철저히 거부되었다. 오직 신성만이 그런 상태를 견딜 수 있는데, 예수-그리스도는 이런 점에서 유일하면서도 독특하다고 할 수 있다. 예수는 모든 것의 밑바닥에 도달했고 그것을 견뎌냈다.[29] 그 불가해한 깊이는 인간이 이해할 수 없는 신적인 것이다. 바닥이 없는 심연에 존재한 예수-그리스도는 신이며 동시에 인간이었다. 역설적으로 전적인 부정은 항상 전적인 긍정에 의해 보완되는데, 전적인 고립이 가능한 것은 전적인 결합 때문이다. 따라서 심연의 한 가운데서 거부와 긍정은 죽음과 부활이 나뉠 수 없는 것처럼 하나의 상황에 대한 두 가지 다른 표현이다.

고독과 고통은 강력하게 연관되어 있지만 서로 다르다. 고독은 고립 속에 나타나는 고통이지만, 고통은 집착에서 나오는 아픔이다. 이런 이유로 둘은 공존한다. 예수가 우주적인 외로움을 느낄 때, 그는 우주적인 고통도 경험했다. 외로움이 너무 커서 온 세상에 울려 퍼진 것처럼, 고통도 너무 강력해서 우주가 그것을 느꼈다. 누가는 이렇게 묘사했다.

때가 제 육시쯤 되어 해가 빛을 잃고 온 땅에 어둠이 임해 제 구시까지 계속하며 성소의 휘장이 한가운데가 찢어지더라. 예수께서 큰 소리로 불러 이르시되 아버지 내 영혼을 아버지 손에 부탁하나이다 하고 이 말씀을 하신 후 숨지시니라(눅 23:44-46).

고통당하는 예수의 모습을 살펴보기 위해 겟세마네 동산으로 다시 눈을 돌려보자. 마지막 시간이 다가오자 예수는 "아빠 아버지여 아버지께는 모든 것이 가능하오니 이 잔을 내게서 옮기시옵소서. 그러나 나의 원대로 마시옵고 아버지의 원대로 하옵소서"(막 14:36)라고 기도했다. 사역 시작부터 예수는 자신이 십자가를 져야만 한다는 것을 알고 있었다. 하지만 십자가에 직면했을 때, 십자가는 너무나도 큰 짐이었다. 예수는 우리 모두처럼 인간이었기에 아픔과 고통을 피하고자 했다. 하지만 결코 고통에 폭력으로 반응하지 않았다. 이것이 예수의 위대함이고 진정한 주변성을 가진 증거이다. 예수의 고통은 사랑에서 비롯된 것이었기에 그는 저항하지 않고 십자가형을 견뎠다. 고통은 부정적인 경험으로 보이지만, 항상 창조성이라는 긍정적인 요소를 포함하고 있다. 고통이 사랑을 품고 있기 때문이다. 세상을 품는 사랑이 없다면 고통은 파괴적인 힘이 될 것이다. 예수의 고통은 구속적인데, 그 고통을 치유하고 품는 사랑이 있었기 때문이다. 사랑은 모든 것을 품고 긍정하기 위해 고통받는다. 고통이 없는 사랑은 비현실적이며 구속적인 가치를 가지지 못한다. 사랑은 고통 때문에 구속적이다. 십자가 없이는 하나님의 사랑에 대해 이야기할 수 없다. 사랑이 진정으로 구속적이 되게 하는 곳이 바로 십자가이다. 그래서 예수는 "누구든지 나를 따라오려거든 자기를 부인하고 자기 십자가를 지고 나를 따르라"(마 16:24)고 말했을 것이다. 우리의 고통을 통해 예수의 고통에 참여할 때만 우리의 아픔도 구속적인 것이 될 수 있다. 고통이 없는 신앙은 공허하고 비현실적이며 구속적 가치가 없다. 그것은 삶에서 고통을 최소화하기 원하는 일부 중심 집단 사람들의 신앙이다. 그들에게 십자가는 장식이고, 사랑은 낭만이며, 신앙은 믿음의 결핍을 감추는 수단이다. 그러나 주변부 사람에게 **고통은 삶의 방식이고, 십자가는 떼어낼 수 없는 고군분투의 표지이며, 신앙은 실천 그 자체이다.** 십자가형은 중심부 사람이 죽는 방식이 아니다. 로마인, 유대 공의회의원, 지배 집단의 구성원들은 십자가에서 죽지 않았다. 십자가형은 범죄자들이나 추방당한 사람들처럼 주변부 사람을 위한 것이다. 십자가는 두 세계 사이에서 살아가는 사람을 위한 것이므로, 그것은 주변성의 상징이라고 할 수 있다. 십자가 위에서 거부와 고독, 수치와 고통이 만난다. 중심부 사람들은 주변부 사람들의 어깨에 십자가를 지우고, 주변부 사람들은 그 십자가를 진다. 두 집단이 십자가 위에서 만날 때 화해가 일어나고 새로운 주변성이 가능해진다.

죽음은 비극과 실패, 좌절과 어둠, 즉 철저한 거절을 상징한다. 그것은 모든 인간에 대한 부정인 확실한 '아니오'를 뜻한다. 죽음은 양자 부정을 나타내며, 이 세계를 저 세계와 분리하는 심연의 중심이다. 우주적 고독, 측량할 수 없는 고통, 견딜 수 없는 수치, 하나님의 거절 등 모든 것이 죽음에서 멈춘다. 그러나 역설적으로 모든 것은 죽음으로부터 온다. 죽음은 오래된 것의 끝이지만 새로운 것의 시작이기도 하다.

바울은 육체적인 몸과 영적인 몸의 관점에서 죽음과 부활의 관계를 이렇게 설명한다. "육의 몸으로 심고 신령한 몸으로 다시 살아나나니"(고전 15:44). 둘의 상호보완적 관련성을 씨앗의 비유로도 설명한다. "누가 묻기를 죽은 자들이 어떻게 다시 살아나며 어떠한 몸으로 오느냐 하리니 어리석은 자여 네가 뿌리는 씨가 죽지 않으면 살아나지 못하겠고"(고전 15:35-36). 죽음과 삶, 부정과 긍정은 서로 연결되어 있다. 모든 것이 부정되고 모든 것이 긍정되는 곳이 바로 주변 중의 주변이다. 그 안에서 양자 부정은 양자 긍정의 시작이다. 그래서 죽음이 부활에 필수적인 이유이며, 부활이 가능한 것도 죽음 때문이다. 십자가 위에서 죽음과 부활이 함께 만나는 것이다.

부활은 희망과 즐거움, 생명의 회복을 상징한다. 그것은 새 날이 열리는 것이다. 부활 안에서 우리는 신성을 흘끗 볼 수 있다. 그것은 궁극적인 긍정이며, 모든 생명의 희망이 성취되는 것이며, 인간에 대한 확고한 '예Yes'이다. 부활은 양자 긍정이다. 그리고 그리스도의 부활은 우주적 차원이기에 모든 것이 새롭게 시작한다. 그리스도는 무한하며 시간과 공간을 초월한다. 그의 우주적 현존은 우주에 스며들고 부활한 그리스도는 각 개인에게 우주적 영으로 현존한다.

부활과 함께 그리스도는 모든 주변성을 초월한다. 자신을 주변화시키고 결국 십자가로 이끌었던 문화, 인종, 종교, 성, 경제, 사회, 지역 편견으로 인한 모든 속박을 깨뜨린다. 부활과 함께 예수-그리스도는 새로운 인간, 즉 두 개의 세계를 긍정하면서 두 세계를 넘어서 살아가는 새로운 주변부 사람이 되었다. 부활은 믿음에 근거한 것으로 증명될 수 없다. 바울이 썼듯이 "그리스도께서 만일 다시 살아나지 못하셨으면 우리가 전파하는 것도 헛것이요 또 너희 믿음도 헛것이며"(고전 15:14). 부활의 유효성에 대한 최선의 증명은 믿음이다. 마찬가지로 새로운 주변성에 대한 긍정은 진정한 다원주의 사회가 밝아오고 있다는 확신에서 나온다.

십자가는 죽음과 부활을 상징한다. 한때 예수가 못 박혔지만 지금 비어 있다. 죽음이 부활을 전제하고 부활은 죽음 때문에 가능함을 십자가가 보여준다. 주변부 사람들은 예수가 못 박힌 십자가를 보면서 예수의 수치와 고독, 고통과 죽음을 하나하나 되새긴다. 이런 강력한 기억이 주변부 사람에게 위로를 주고, 삶에서 고군분투를 지속하겠다는 결의를 갖게 한다. 한편 예수가 없는 비어 있는 십자가는 승리와 즐거움과 희망을 나타낸다. 주변부 사람들은 비어 있는 십자가를 보며 자신들이 중심 집단의 지배를 받지 않으면서 진정으로 살 수 있음을 깨닫는다. 이 빈 공간에서 그들은 자유와 평화를 누리며 자신들이 가장 좋아하는 색을 칠하거나, 가장 좋아하는 꽃을 심거나, 가장 좋아하는 음식을 먹거나, 가장 좋아하는 놀이를 하거나, 다른 사람을 초대해 기쁨을 축하할 수 있다. 십자가는 기억과 희망을 준다. 기억은 우리를 위로하고, 희망은 새로운 주변성의 선구자인 예수-그리스도와 함께 걷도록 우리를 격려한다.

창조적 중심, 주변 중의 주변

그리스도-예수의 부활은 새로운 시대의 표시이다. 우리는 그것으로 모두가 하나님의 자녀로 조화와 평화 속에서 살아가는 하나님의 통치를 어렴풋이 감지한다. 이 새로운 비전은 그리스도-예수가 부활한 후 제자들에게 나타났을 때 분명해졌다. 동일한 그리스도-예수가 다른 모습, 즉 사람들을 자신에게 끌어당기는 새롭고 강력한 사람으로 나타났다. 새로운 창조적 중심으로 주변화된 사람들 사이에 등장한 것이다. 흩어진 제자들은 지도자가 죽음에서 부활했다는 소식을 듣고 모인다(마 28:16-20; 눅 24:36-49). 이때 그리스도-예수가 그들에게 주님으로 나타났다. "다른 제자들이 그에게 이르되 우리가 주를 보았노라"(요 20:25). 도마 역시 예수가 "나의 주님이시요 나의 하나님"(요 20:28)이라고 고백한다. 그리스도-예수의 주됨은 주변화된 사람들에게 창조적 중심이 되었다.

그리스도-예수의 능력은 오순절 성령 강림과 더불어 한 곳으로 모아졌는데, 새로운 중심은 성령이었다(행 2:1-13). 각 나라에서 온 사람들은 공통된 중심을 발견했고, 공통의 언어 없이도 서로 이해할 수 있었다. 베드로는 그리스도-예수의 이름으로 이 강력한 중심에 대해 증언했으며(행 2:14-42), 새로운 생명이 베드로를 통해 형성되었다(행 2:43-47). 마침내 신앙인들의 새로운 공동체가 탄생했고, 그 머리는 그리스도-예수 자신이었다(고전 12:12-26).

이 창조적 중심이 아버지와 아들과 성령이 현존하는 자리이다. 이 중심에서 아들은 아버지와 성령을 만나고, 똑같이 아버지는 아들과 성령을 만난다.[30] 이 창조적 중심은 성서에서 전치사 '안에in'로 표현된다. "내가 아버지 안에 거하고 아버지께서 내 안에 계심을 믿으라"(요 14:11). 성령 또한 그의 이름 **안에서** 보내졌다(요 14:26). 하나님도 우리에게 그리스도-예수의 이름 **안에서 알려진다**(요 16:23). '안에'서 모든 것은 하나가 된다. 예수는 이렇게 기도했다. "아버지여 아버지께서 내 안에 내가 아버지 안에 있는 것 같이 그들도 다 하나가 되어 우리 안에 있게 하사"(요 17:21). 이 중심은 신적 삼위일체일 뿐만 아니라 세상까지 통일하는 힘이다. 이 중심에 존재한다는 것은 하나님과 함께하는 것이다. 그것은 거룩한 것 중에서도 거룩한 것, 성스러운 중심으로 하나님이 모세에게 "나는 스스로 있는 자니라"(출 3:14)고 말씀하신 자리다. 우리는 이 중심 안에 있지만, 이 중심은 하나님만큼이나 규정하기 어렵고 이해하기 힘들다.

창조적 중심은 사람들이 추구하는 중심과는 다르다. 사람들이 추구하는 중심은 중심 중의 중심이자 거짓 중심이다. 그것은 실제로 존재하는 것이 아니다. 우리가 중심을 찾는 이유는 그것이 지배의 자리, 안전한 위치라고 생각하기 때문이다. 한국전쟁 당시 피난민 대열에 끼어 있던 경험을 떠올리면 생존의 중심을 찾으려는 인간의 투쟁이 쉽게 이해된다. 백 명도 넘는 피난민들은 적군 포대의 공격을 받으면 한사코 무리의 한가운데로 뚫고 들어가려 했다. 중심부가 가장 좋고 안전한 장소라고 무의식적으로 느끼기 때문이다. 아무도 가장자리에 있고 싶어 하지 않는다. 자신이 무리 밖으로 밀쳐지고 있음을 발견하면, 한가운데로 돌아가기 위해 부리나케 움직였다. 사람들 모두 한가운데 있어야 안전하다고 생각했기 때문에 너도나도 주변으로 밀려났다. 이런 몸부림은 끝이 없었다. 아무도 중심에서 안전할 수 없다. 중심이 계속 변했기 때문이다. 모든 것은 실제로는 존재하지 않는 중심 주위를 돌고 있는 것처럼 보인다. **우리가 추구하는 중심은 우리가**

만들어낸 것일 뿐이다. 그것은 실제가 아니다. 바퀴의 중심이 비어 있는 것과 같다. 우리가 만들어낸 중심은 이해할 수도, 도달할 수도 없다. 새로운 중심인 창조적 중심이 사람들을 찾아가는 데 반해, 거짓 중심은 사람들에 의해 추구된다. 그래서 창조적 중심, 새로운 중심은 그것을 찾는 사람들에게 발견되지 않는다. 예수는 말했다. "무릇 자기 목숨을 보전하고자 하는 자는 잃을 것이요 잃는 자는 살리리라"(눅 17:33). **하나님은 중심을 찾는 자들에게는 중심이 아니지만, 주변을 찾는 자들에게는 중심이다. 진정한 중심은 창조적인 중심, 주변성 중의 주변이기 때문이다.**

따라서 창조적 중심은 그리스도-예수와 함께 있다. 창조적 중심은 그의 부활과 새로운 생명에 연결되어 있고, 주변 중의 주변은 그의 사역과 죽음에 연결되어 있다. 즉 창조적 중심과, 주변 중의 주변은 하나이다. 두 가지 모두 두 세계 사이에 있으면서 부정되고 비어 있다.[31] 창조적 중심은 양자 거부neither/nor의 사고를 하는 장소이며, 모든 주변을 연결하는 고리이다. 동시에 아래 그림 4에서 설명하는 것처럼 두 세계 모두를 포용하며, 양자 긍정both/and의 사고를 하는 장소이다.

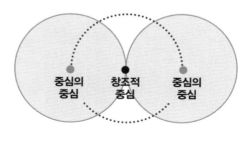

그림 4

그림 4처럼, 창조적 중심 또는 새로운 중심은 중심 중의 중심을 주변화시키고 주변들을 창조적 중심으로 향하게 한다. 그럼 이전의 중심이 주변이 되며, 주변은 새로운 중심이 된다. 새로운 변화하는 중심은 중심성의 중심을 결코 대체하지 않는데, 동시에 주변 중의 주변이기 때문이다. 변화하는 중심은 지배하는 대신 주변과 공존하면서 조화를 이루기 때문에 역동적이고 창조적이다. 모든 사람은 이 역동적인 과정에서 주변 중의 주변인 진정한 중심을 향해 움직이는데, 진정한 중심이 있는 곳에서 주변성은 주변성에 의해 극복된다. 이전의 주변성이 새로운 주변성에 의해 극복될 때 창조적 중심이 다시 형성된다. 이런 방식으로 셀 수 없이 많은 새로운 주변성의 중심이 형성되는데, 각각의 중심에는 그리스도-예수가 현존한다.

창조적 중심은 화해를 부른다. 바울의 말대로 하나님은 세상과 화해하시기 위해 그리스도-예수 안에 계셨다(고후 5:19). 새로운 주변부 사람은 두 개의 서로 다른 세계, 심지어는 적대적인 세계까지 화해시킬 수 있다. 두 가장자리 사이에 존재하면서 각각의 세계를 화해시키고 두 세계를 넘어서 살아간다. 그는 창조적 중심에 있는 것이다. 화해가 있는 곳마다 새로운 주변성이 있고, 새로운 주변성이 있는 곳마다 그리스도-예수가 창조적 중심으로 현존한다. 전 세계가 화해될 때까지 이 과정이 계속되는 동안 그리스도-예수는 주변성 중의 주변으로 남아 있을 것이다.

그리스도-예수를 다른 새로운 주변성의 중심들과 구별 짓는 것은 그가 **최고의** 새로운 주변부 사람이라는 점이다. 그리스도-예수 안에서 모든 주변부의 결정요소는 무효가 되고, 모든 사람이 자신의 주변성을 극복할 수 있기 때문이다. 그리스도-예수의 창조적 중심 안에서 인종차별이 사라지고, 성차별이 중지되고, 가난한 사람들이 자립하며, 병든 사람이 건강을 찾을 것이다. 모든 사람이 조화와 평화 속에서 산다. 그리스도-예수의 창조적 중심은 모든 것을 포용하기 때문이다. 하나님이 통치하는 곳이 바로 이곳이다. 창조적 중심을 인식한다는 것은 주변 중의 주변이신 하나님 안에 우리의 중심을 둔다는 의미이다. 그 주변 중의 주변에 있을 때, 우리는 하나님의 현존을 어렴풋이나마 감지하고 화해를 이루어가는 행위주체가 되는 것이다.

새로운 주변성의 개척

그리스도-예수는 진정 **최고의** 주변부 사람이었다. 그는 슬픔과 애통과 사랑의 사람이었다. 사랑 속에서 살고 죽었으며 사랑을 가르쳤다. 율법과 제도만을 따라 사는 사람들은 그를 알지 못했다. 종종 제자들도 그를 오해했다. 이런 오해와 편견이 예수를 거절하고 조롱하게 만들었고, 기어이 십자가로 내몰았다. 하지만 예수는 십자가 위에서 자유로워졌으며, 부활로 새로운 주변부 사람이 되었다. 부활을 통해 예수는 종에서 주로 변화했다. 그리스도-예수는 새로운 주변성의 개척자이며, 모든 주변부 사람의 모범이다. 예수 안에 하나님이 현존하는 창조적 중심이 있으며, 우리는 주변성 덕분에 그 중심에서 함께 만나게 된다. 바로 이 중심이 하나님이 우리를 찾으시는 곳이며, 우리를 새로운 주변으로 이끄는 곳이다. 하나님은 이 중심에서 진정한 다원주의로 통치하신다. 비록 이 땅에서는 우리의 주변성으로부터 완전히 자유로워질 수 없지만, 하나님이 통치하시는 나라는 분명 다원주의 세상이리라 확신한다. 그리스도-예수의 이름으로 기도한다. "당신의 나라가 이 땅에 임하소서."

제5장

진정한 제자도

: 하나님의 새로운 주변부 백성

누구든지 나를 따라오려거든 자기를 부인하고

자기 십자가를 지고 나를 따를 것이니라.

누구든지 자기 목숨을

구원하고자 하면 잃을 것이요

누구든지 나와 복음을 위해

자기 목숨을 잃으면 구원하리라.

마가복음 8:34-35

예수-그리스도가 새로운 주변부 사람을 앞서 이끄는 스스로 자신을 비운 하나님이라면, 예수-그리스도를 따르는 우리는 하나님의 새로운 주변부 백성으로 불려야 한다. 하나님의 새로운 주변부 백성이 된다는 것은 무엇을 의미할까? 사실 하나님의 자녀로서 우리의 상태는 하나님과 동등함을 의미하지 않는다. 하나님의 자녀는 하나님과 우리의 관계를 설명하기 위한 가족적 상징이다. 그리스도인의 관점에서 우리와 하나님의 관계는 하나님의 아들이며 주변 중의 주변인 예수-그리스도에 근거한다. 우리는 예수-그리스도를 통해 하나님의 자녀가 되었기 때문에, 예수와 함께 거룩한 삼위일체 가족 안에 들어가게 되었다. 예수-그리스도는 하나님 앞에서 우리를 대표한다. 주변성의 개척자인 그분이 우리를 대표하기에 우리는 하나님의 주변부 백성이 된다.

우리는 주변성에서 결코 자유로워지지 않는다. 그리스도를 따르는 사람으로서 우리는 항상 주변부 사람이다. 주변성에서 해방은 주변을 지배하는 중심에 서게 되는 것이 아니라, 주변성의 한 형태에서 주변성의 다른 형태로 전환하는 것을 의미한다. 즉 인간 중심의 주변성에서 하나님이 이 세상에 현존하시는 새로운 주변성으로 전환하는 것을 의미한다. 예수-그리스도를 따르는 한, 우리는 주변성으로부터 결코 자유로울 수 없는데, 이는 예수-그리스도 자신이 주변적이기 때문이다. 또한 우리가 주변적이 되도록 창조되었기 때문이다. 주변성이 창조의 본래적 측면임을 이해하기 위해서 창조 이야기를 살펴보겠다. 오늘날의 주변적 상황이 주변성으로 인한 인간 소외와 다르지 않음을 알게 될 것이다. 이어서 예수-그리스도를 따르는 자들로서 어떻게 본래의 주변성으로 돌아갈지에 대해 논의할 것이다.

창조와 주변화

요한복음 1장에 따르면, 세상은 말씀으로 지어졌는데 그 말씀은 육신이 되어 우리와 함께 머물렀다. 즉 창조와 성육신은 말씀에서 하나가 된다. 창조는 하나님의 주변성 안에 표현된 외적 과정인 반면, 성육신은 하나님의 주변성 자체를 나타낸 내적 과정이다. 이 점에서 주변성은 창조와 성육신을 이해할 수 있는 열쇠이다. 하나님이 성육신 속에서 주변화되셨기 때문에, 창조는 주변에서 발생한다.

전통적으로 창조는 하나님에 의해, 구속은 성자에 의해 이뤄진 것으로 이해되었다. 삼위일체의 신성Godhead에 창조자Creator, 구원자Savior, 유지자Sustainer라는 명칭이 주어졌다. 이런 식의 상징적 삼위일체는 노동을 분할하는 인간의 개념에 근거한 것으로 보인다. 삼위일체는 셋이 하나이며 하나가 셋임을 의미한다. 이 삼위일체 형식에서, 창조주와 구원자는 분리되지 않고 기능도 통합되어 있기에, 창조는 구속으로부터 분리될 수 없다. 따라서 창조를 창조주의 관점만이 아니라, 구원자 예수-그리스도의 관점에서 생각해볼 필요가 있다. 예수-그리스도는 창조의 동역자partner라기보다 창조의 대행자agent로 알려져 있다. 신적 창조성을 아들의 관점에서 이해하는 해석학적 장점은 구약과 신약의 창조 개념에 대한 통일이 가능하고, 하나님이 주변부 백성을 창조하셨음이 분명해진다는 것이다.

하나님이 창조 당시 당신의 백성을 주변부 사람으로 의도하셨음을 분명히 하기 위해 창조에 관한 신구약 구절을 살펴보자. 구약의 창세기, 신약의 요한복음과 골로새서가 주가 될 것이다. 신구약 모두에서, 예수-그리스도는 말씀이며 주변성의 창조적 중심인 창조의 대행자이다. 그리스도나 말씀이 대행자라는 것은 예수-그리스도가 단지 창조의 도구가 아니라, 창조의 열쇠이며 도장이라는 뜻이다. "만물이 그로 말미암아 지은 바 되었으니 지은 것이 하나도 그가 없이는 된 것이 없느니라"(요 1:3). "만물이 그에게서 창조되되 하늘과 땅에서 보이는 것들과 보이지 않는 것들과 혹은 왕권들이나 주권들이나 통치자들이나 권세들이나 만물이 다 그로 말미암고 그를 위해 창조되었고 또한 그가 만물보다 먼저 계시고 만물이 그 안에 함께 섰느니라"(골 1:16-17).

분명 그리스도는 모든 창조물에 그 흔적이 새겨져 있다. 맨 처음 태어난 존재이자 원형인 그리스도는 창조를 위한 도구 이상으로, 모든 것들 위에 찍힌 도장이다. 창조성과 주변성이 만나는 지점인 '주변성의 창조적 중심'인 것이다. 이 관점에서 창조는 주변성이 지닌 근원적인 창조성을 긍정한다.

창세기의 창조 이야기와 요한복음의 창조 이야기가 상호 관련된 점은 창조성의 근본인 그 말씀the Word, 즉 예수이다. 창조가 혼돈에서 질서로의 전환이라면, 그 일을 행한 것은 우주적 질서의 원리이자[1] 창조성의 힘인[2] 그 말씀이다. 창세기에서 하나님의 창조는 창조자의 말씀("하나님이 말씀하시니라")에서 비롯되었는데, 그 말씀은 요한복음 1장에 나온 '말씀'과[3] 일치하는 듯하다. 창세기의 창조 이야기를 다시 읽으면서, 나는 존재하는 혼돈에 질서를 부여하는 과정이 창조의 핵심임을 재확인했다.

태초에 "땅이 혼돈하고 공허하며 흑암이 깊음 위에 있고"(창 1:2). 이 구절에서 무에서의 창조creatio ex nihilo 개념은 발견되지 않는다.⁴ '흑암' 은 무nothing로 간주될 수 없다. 그것은 혼돈이나 분화되지 않은 전체 에 대한 상징일 수 있다. 창조는 어둠에서 빛을 분리하며 시작되었다. "하나님이 빛과 어둠을 나누사"(창 1:4). "하나님이 빛을 낮이라 어둠을 밤이라 부르시니라"(창 1:5). 빛을 어둠에서 분리한다는 것은 창조 전 에는 빛이 어둠 속에 있었음을 의미한다. 하나님이 빛이 있으라고 말 씀하시기 전에 어둠과 빛은 공존했다. 그 다음에 물의 분리가 있었다. 궁창 아래 있는 물을 궁창 위에 있는 물과 나누었다(창 1:7). 또 마른 땅 이 바다로부터 분리되어 드러났다(창 1:9-10). 분리는 분리 이전에 하 나였던 존재를 전제하므로 양자택일either/or이 아니라 양자 모두both/ and의 관점에서만 이해될 수 있다. 또 분리는 주변성을 동반하며 '두 세계 사이'와 '두 세계 모두'로 표현된다. 즉 주변적 사고는 창조의 모 든 순서에 깊이 각인되어 있다.

이처럼 창조는 하나로 되어 있는 것을 분리하는 과정이었다. 세포 가 분리되어 기관 안에 새로운 세포들이 만들어지는 것처럼 어둠에서 빛이 나뉘고 물에서 마른 땅이 분리되면서 세상이 태어났다. 분리한 다는 것은 차이를 나타내는 것인데, 창조가 바로 분화이다. 창조는 사 물을 서로 **다르게** 하는 것이다. 혼돈 속에서 사물은 차이가 없었지만 창조 안에서 변했다. 종들species이 생겨난 것이다. 하나님은 "땅은 풀 과 씨 맺는 채소와 각기 종류대로 씨가진 열매 맺는 나무를 내라"(창 1:11)고 말씀하셨고, 그대로 되었다. "하나님이 큰 바다 짐승들과 물에서 번성하여 움직이는 모든 생물을 그 종류대로, 날개 있는 모든 새를 그 종류대로 창조하시니"(창 1:21). "하나님이 땅의 짐승을 그 종류대로, 가축을 그 종류대로, 땅에 기는 모든 것을 그 종류대로 만드시니 하나님이 보시기에 좋았더라"(창 1:25). '그 종류대로'가 반복되는 것은 창조 과정에서 다양성의 중요성을 암시한다. 차이는 창조에서 분리가 기본 질서임을 이해하는 열쇠이다.

동일한 논리로 인간을 보자. 하나님은 "우리의 형상을 따라 우리의 모양대로 우리가 사람을 만들"(창 1:26)자고 말씀하셨다. 하나님은 인간을 남자나 여자보다 자신의 이미지에 맞춰서 명시하셨다. 이를 다른 방식으로 표현한 다른 구절을 살펴보자. "하나님이 자기 형상 곧 하나님의 형상대로 사람을 창조하시되 남자와 여자를 창조하시고"(창 1:27). 인간 창조의 맥락에서 두 구절은 동일한 것으로 볼 수 있는데, 그렇다면 하나님의 형상이란 남성과 여성 사이의 관계성으로 이해할 수 있다.[5] 물론 관계성 이상의 성적 차이도 의미한다.

이제 주석적인 논의로 넘어가자. **만약 인간의 창조와 다른 피조물의 창조 사이에 연속성이 있다면**, 창세기 1장 27절을 이렇게 바꿔 말할 수 있을 것이다. "하나님이 인간을 그 자신의 종류대로 (하나님의 형상대로) 창조하셨다." 즉 하나님은 인간을 자신의 종류대로 남자와 여자로 창조하신 것이다. 창세기 1장 26절은 이렇게 바꿔 말할 수 있다. "우리의 모양을 따라 모든 다양성 속에서 인간을 만들자." 이 구절에서 다양성으로서 하나님의 형상은 인종·문화 차이를 의미할 수 있다. 27절에서는 하나님의 형상이 성이라는 불변의 변수를 나타낸 반면, 26절에서는 인종이라는 불변의 변수를 의미한다. 이렇게 인종과 성은 창조 질서에 속하며, 우리는 다르게 존재하도록 창조되었다. 다원성은 창조 질서의 본질이자 하나님의 의도로, 인종 차이는 하나님의 창조에서 본래적인 계획이다. 하나님이 다원성이시기에 "우리가…하자"(창 1:26)는 삼위일체적 본성을 함축한다고 할 수 있다. 창조된 것은 본질상 다원적이어야 한다. 우리는 하나님의 다원성을 물려받아 서로 다르게 존재하도록 창조되었다.

다원성을 전제로 하는 차이는 모든 피조물에 표현된다. 심지어 하나의 개체도 다원적인데, 이는 하나님이 삼위일체적 다원성을 통해 창조하셨기 때문이다. 우리는 하나님의 자기 형상을 따라 창조되었기 때문에, 하나님 형상의 다원성을 나타낸다.[6] 나는 '우리의' 형상, 즉 신적 다원성의 형상 안에서 창조되었기에 복수이다.[7] 복수의 자아로서 나는 무엇인가what I am는 또한 우리는 누구인가who we are이다.[8] 나는 황인종이지만 내 노란색 피부는 흰색, 갈색, 붉은색, 검정색도 포함한다. 즉 인종의 다름은 내 존재에 덧붙여진 것이 아니라, 내 존재에 내재한다. 따라서 내가 내 안에 있는 다른 존재를 이해하지 않는다면, 나는 나 자신도 이해할 수 없다. 나는 그들 속에 포함되며, 그들은 내 안에 포함된다. 이 개념은 예수의 기도를 생각나게 한다. "아버지께서 내 안에, 내가 아버지 안에 있는 것 같이 그들도 다 하나가 되어 우리 안에 있게 하소서"(요 17:21). 이 연합은 다원성 안에 존재하는 차이를 전제한다. 다름의 통일은 조화를 통해 가능하며, 조화는 개인적 다원성으로 인해 가능하다. 그러므로 우리는 전 지구적인 포용을 긍정할 수 있으며, 우리의 정체성을 상실하지 않으면서도 우리가 다르게 존재할 수 있는 권리가 있다. 모든 종류의 사람이 조화롭게 함께 존재하는 것이 가능한 것이다.

다름과 다원성은 창조성의 본질적 측면이다. 이들은 창조과정에서 상호의존적인 변수들을 구성한다. 상호의존적 관계성은 구약성서의 역동성과 창조성을 이해하기 위한 열쇠인 듯하다.[9] 이 다원성이 바로 주변성의 조건이다. 모든 것이 똑같은 하나라면 주변성은 가능하지 않다.

창조 이야기에서 다원주의적 다름은 수직적 차원과 수평적 차원을 갖는다. 수직적 차원은 위계적 질서와, 수평적 차원은 평등적 질서와 관계된다. 수직적 차원은 다른 종에도 적용할 수 있지만, 수평적 차원은 각각의 종 안에서만 적용할 수 있다. 예를 들어 인간은 다른 모든 피조물 가운데 중심을 차지하는데, 이로 인해 다른 모든 피조물은 인간에 대해 주변적이다. 인간이 하나님의 창조세계에서 청지기의 책임을 맡았을 때, 다른 피조물에 대한 '책임'이라는 개념은 피조세계의 위계적 질서 때문에 받아들여질 수 있다.[10] 여기에서 인간은 중심 중의 중심이라기보다는 주변 중의 중심이다.[11] 한편 인간은 하나님에 대해 주변적이기 때문에, 창조주로서 하나님은 인간의 주변성의 중심에 계신다.

인간 안에서 평등적 질서(수평적 차원)는 성과 인종과 계급에 관계없이 평등하다는 뜻이다. 지배라는 계층구조적 이념은 창조 세계의 본래적 질서를 뒤엎지만 **인간의 평등에 근거한** 다름이 인간 사회의 토대가 되어야 한다. 창조세계의 수평적 차원과 수직적 차원 때문에, 우리는 주변화되지 않으면서도 주변적이다. 피조물로서 창조주 하나님에 대해 주변적이지만, 동등한 다른 인간을 주변화해서는 안 된다. 하지만 하나님의 주변부 백성이 되도록 창조된 우리는 온 인류에 봉사하기 위해 서로가 서로에게 주변적이 되는 것을 자유롭게 선택할 수 있다. 창조되었다는 것to be created은 주변부가 되는 것을 의미하지만, 창조적이 된다는 것to be creative은 주변 중의 주변, 즉 창조적인 중심에 머무르는 것이다.

하나님은 주변성의 창조적 중심이기에, 중심성의 중심을 추구하는 사람들은 적극적으로 하나님의 창조성에 참여하는 데서 스스로 멀어진다. 하나님의 주변부 백성이 됨으로써 이런 창조적 중심에 참여할 수 있다. 우리가 주변부 사람이 되도록 창조된 까닭은 주변성이 창조적이기 때문이다. 주변성과 창조성은 분리할 수 없고 주변적이 되는 것은 창조적이 되는 것이며, 창조적이 되는 것은 주변에at the margin 있는 것을 의미한다. 중심의 중심은 그 자체를 창조성의 영역에서 제외시키고 지속적인 변화를 가로막는데, 이는 창조적 중심이 주변에 있기 때문이다.

예를 들어 나무는 테두리나 가장자리를 따라 자라고, 중심이 가장자리와 교류하지 않으면 메마른다. 태풍으로 손상된 거대한 나무가 중심이 썩은 것을 볼 수 있는데, 썩은 중심에도 불구하고 나무의 테두리 부분은 단단히 살아 있다. 창조성은 나무의 테두리나 가장자리에서 일어나고 있는 것이다. 나무의 중심이 가장자리와 교류하지 않으면 나무는 결국 죽는다. 도시를 예로 들면 도시 근교와 교류가 없는 도심지가 쇠락하는 것과 같다. 도심지를 다시 활기차게 만들려면 도심지를 다시 주변으로 만들어야 한다. 도넛 모양의 도시는 속이 썩은 나무가 서 있을 수 없는 것처럼 결국 붕괴할 것이다. 중심이 창조적이 되기 위해서는 다시 주변으로 돌아가야 한다.

한편 우리는 창조적이 되도록 창조되었기 때문에 주변적이다. 창조성의 원천인 하나님은 예수-그리스도가 있는 주변에 계신다. 중심의 중심에 있는 하나님은 썩은 중심을 가진 나무처럼 죽은 하나님이며 우리의 관념에서만 존재한다. 죽은 하나님은 중심성과 지배 집단의 하나님으로 창조적인 하나님의 주변부 백성을 다시 주변화시킨다. 이 주변화는 **이차적 행동**, 즉 사회, 정치, 경제, 종교의 영역에서 인간을 주변화시키는 행동이다. **일차적 행동**, 즉 창조에서 하나님이 행하신 주변화는 중심에 있으려는 우리의 이기적 성향 때문에 희미해진다. 이것은 동일성과 단일성을 진리의 기준으로 여기는 그릇된 개념에 근거한 잘못된 중심이다.

중심성과 죄

인종과 성의 차이가 창조적 질서의 토대라면, 그런 차이를 부정하는 것은 가장 심각한 죄다. 이런 부정은 존재론적 죄로서 하나님의 창조 계획을 거부하는 것이기 때문이다. 그 어떤 피조물도 창조를 바꿀 수 없다. 창조된 정체성을 부인하려는 것은 어떤 시도든 인간 범죄의 근원이다. 사회적 불의, 범죄, 폭력, 간통, 절도와 같은 죄들은 존재론적 죄와 관련된다. 차이를 없애는 것은, 차이를 부정하려는 사람들의 의도적인 시도로 모든 죄의 뿌리다. 그것은 하나님의 창조 질서에 대항하는 교묘한 형태의 반역이다. 또 피조물과 창조주 사이의 차이를 거부하는 것으로 인간이 타락한 원인이다(창 3:5). 죄는 인간 사회에서 일어나는 억압과 주변화의 뿌리이다. 차이가 진지하게 다뤄지지 않으면 질서는 사라지고 불의가 발생하고 조화가 깨진다.

차이를 없애는 것은 하나님의 창조성을 부인하는 것이다. 동일성과 단일성은 창조적이 될 수 없다. 같은 성끼리는 생식력을 가질 수 없으며, 단일한 민족성은 새로워질 수 없다. 동일성과 단일성 개념은 중심주의자들의 표준적인 접근방식으로, 중심이 썩은 나무처럼 죽어 사라질 것이다. 창조는 차이와 다원성에 근거한 것으로, 여성이 남성과 다른 것처럼, 흑인은 백인과 다르며, 황인은 흑인이나 백인과 다르다. 아무리 성이나 인종을 바꾸고 싶어도 그렇게 할 수 없다. 사람들은 서로 다르게 태어났기 때문이다. 차이 사이에 놓여 있는 상호의존적인 관계성은 주변들 때문에 가능하다. 차이는 주변들을 가능하게 하지만, 주변들은 차이를 창조적이게 한다. 주변들은 두 세계 사이에서와 두 세계 모두에서의 차이들이다. 차이가 동시에 (두 세계 사이에서) 부정과 (두 세계 모두에서) 긍정이기 때문에, 주변들은 창조적이다. 만약 차이가 존재하지 않는다면, 주변성이나 창조성도 존재하지 않을 것이다. 따라서 인종·민족의 차이는 하나님의 주변부 백성을 위해 창조적으로 계획된 것이라고 할 수 있다.

북미에서 코카시아계와 같은 지배 집단에 의해 인종·민족의 차이가 부정되면, 소수민족의 조화로운 공존은 불가능하다. 민들레 이야기에서처럼 소수민족이 존재하기 위한 권리는 이미 거부되었다. 동일성이 지배하면 차이가 설 자리는 없다. 또 지배 집단은 대개 다른 사람들이 자신들처럼 생각하고 행동하기를 기대하는데, 이는 그들이 다름을 멀리하고 동종성을 고집하기 때문이다.[12] 이들의 규범은 특정 민족만을 위한 규범이다. 단일한 규범은 다원주의적인 규범을 가진 소수 민족을 억압하고 이들을 주변화시킨다. 차이와 다원성 위에 동일성과 단일성을 강요하는 것은 중심주의자들의 지배 이데올로기로, 피조세계의 본래 질서에 반하며, 사회 관습에 따라 만들어진 대안적 창조에 책임이 있다. 중심주의자들의 단일한 규범은 하나님의 주변부 백성을 주변화시키는 것이기에 하나님의 질서를 확실히 전복하는 것이다. 동일성과 단일성이라는 중심주의 이데올로기는, 차이를 부정하면서 하나님의 창조적 질서까지 거부하는 이중 부정을 만들어낸다.

차이를 거부하는 것은 힘없는 사람들을 이중으로 주변화시킨다. 그들은 (첫 번째 주변화 행위인) 창조의 본래적 질서와 (두 번째 주변화 행위인) 본래적 질서의 전복이라는 두 세계 사이에서 살아야 한다. 두 세계 사이에서 사는 것은 두 세계 모두에서 사는 것을 의미한다. 주변성이 존재의 부정과 긍정 모두를 포용하기 때문이다. 중심 집단에 의해 주변화된 사람들은 신적 창조성의 중심에도, 인간적 중심성의 중심에도 존재하지 않는다. 즉 양자 부정neither/nor의 자리에 있다. 하지만 신적 창조성과 인간적 중심성의 주변에 존재하며 양자 긍정both/and의 위치에 있기도 하다.

주변화의 첫 번째 행위는 신성과 함께 시작했으며, 주변화의 두 번째 행위는 인간의 사회적 질서와 함께 시작했다. 이중의 주변화는 중심을 추구하는 인간의 중심주의적 성향 때문이다. 이 성향은 창조의 본래적 주변성에 대항하는 반역이다. 우리가 추구하는 중심은 인간 스스로 만들어낸 것으로, 동일성과 단일성 개념에 근거한 것이다. 하나님에 의해 창조된 진짜 중심은 이와 달리 다원적이다. 하나님 자신이 삼위일체 안에서 다르면서도 다원적이시기 때문이다. 중심을 추구하는 사람들이 차이를 부정하는 것은 다른 사람들이 존재할 권리, 자유를 누릴 권리, 자신들의 역사와 문화를 만들어나갈 자신들만의 공간을 가질 수 있는 권리를 배제하는 것이다. 나아가 서로 다름을 부정하는 것은 평등을 거부하는 것이다. 차이를 포용함으로써 우리는 다른 사람을 존중하고 인간의 평등을 인정하는 법을 배울 수 있다. 또 차이와 평등을 긍정하는 것은 모든 사람이 각자의 인종과 성에 따라 하나님의 백성으로 공존할 수 있는 다원주의 사회의 토대이다. 이런 다원주의 사회는 하나님의 창조 질서의 축소판이며 이 세계에서 하나님의 통치가 이루어지는 비전이다.

단순히 차이의 인식만으로는 충분치 않다. 우리는 다원성이 하나님의 창조적 질서이며 단일성으로 환원될 수 없음을 확신해야 한다. 단일성이 다원성보다 낫다고 여기는 곳에서는 사람들에 대한 소외가 나타날 것이다. 예를 들어 백인 미국인이 소수민족을 주변화시키는 까닭은 자신들의 단일성인 백인성whiteness을 폭넓은 다원성보다 더 중요하게 생각하기 때문이다. 이것이 바로 백인우월주의로, 백인과 비슷할수록 더 가치 있게 평가받는 것이다.

백인우월주의와 비슷하게, 자민족중심주의도 다원성과 차이보다 단일성과 동질성에 더 가치를 둔다. 그들은 자기 민족성을 중심 규범으로 삼아 다른 민족적 배경을 가진 사람들을 주변화시킨다. 단일한 민족의 규범만이 인정되는 것이 인종차별이고, 가장 극단적인 형태의 인종차별이 바로 인종 '청소' 개념이다.[13] 단일한 민족 집단을 궁극적인 가치 기준으로 높이면서, 획일화를 통한 통일을 강조하는 것은 다원성이라는 창조적 질서에 반한다. 중심 집단이 가지는 획일적 규범은 창조성을 결여하고 있기 때문에 사라질 수밖에 없다. 창조성은 차이와 다원성에만 있는 고유한 것이기 때문이다.

중심주의적 접근은 하나님의 주변부 백성을 주변화시킨다. 중심주의자들은 차이를 거부함으로써 하나님의 백성을 주변화한다. 이는 중심주의자들이 다른 모든 인간처럼 자신들도 주변적인 존재임을 인식하지 못했거나, 이 사실을 거부했기 때문이다. 중심성을 추구하면서 개인의 개별성이라는 원래 가진 본성을 거부한다. 주변성이라는 자신의 원래적 본성을 거부하면서, 그들도 원래적 본성으로부터 주변화된다. 하나님의 백성을 주변화시키는 사람들 역시 스스로 주변화되는 것이다. 중심을 추구할수록 하나님의 본래 창조 질서에서 멀어지고 더욱 주변화된다. 주변화를 시키는 사람이나 당하는 사람 모두에게서 이중의 주변화가 일어난다. 중심의 중심을 찾는 사람은 자신이 지닌 주변성의 원래적 본질을 거부하면서 스스로 주변화하는 반면, 중심주의자들에 의해 주변화되는 사람들은 창조될 때 최초의 주변화로부터 다시 주변화된다. 그런데 중심주의자들에 의해 많이 주변화될수록, 본래적 주변성에 더 가까워진다. 그래서 가난하고 주변화된 사람들이 하나님의 통치에 더 가까울 수 있다.

창조 이야기는 차이와 다원성에 관한 것이다. 창조주로서 하나님은 다원적이면서도 단일적이시다. 우리는 이 신적 신비의 어느 한 쪽도 온전히 이해하지 못한다.[14] 이것을 도와줄 수 있는 적절한 은유가 바로 하나님의 부모 됨이다. 하나님은 어머니이면서 아버지로서 모든 인간이 이 세상에서 통일성과 다원성을 이해할 수 있도록 도우신다. 다원주의적 부모로서 하나님의 예는 인간에게 다원성을 위한 모델을 제시한다. 하나님의 우주적 부모 됨은 우주적 친족관계도 의미하는데[15] 여러 부족과 민족 집단이 하나님의 가족 안에서 조화를 이루는 것이다. 이런 공존은 차이를 전제로 한 것이다.

하나님의 주변부 백성

이스라엘과 그리스도교의 역사는 다시 주변부 백성이 되도록 부르시는 하나님의 은혜의 빛 속에서 이해될 수 있다. 우리가 하나님의 주변부 백성이 되도록 창조되었다면, 구원은 본래의 계획으로 돌아가는 것을 의미한다. 바벨탑은 하나님의 본래 의도에 대항한 인간 반역의 상징으로 중심화의 상징이다. 하나님은 백성을 뿔뿔이 흩으신 것으로 구원의 역사를 시작하셨다. 즉 모두가 한 곳에 모이지 못하도록 분산시킨 것이다. 이스라엘 백성의 역사는 사람들을 사방으로 흩어버리고 아브람과 사라를 낯선 땅으로 옮겨온 데서 시작한다. 이스라엘의 역사는 바벨의 상징인 우르 땅에서 떠나는 이들의 여정에서 시작된다.[16] 이 점에서 아브람과 사라의 여행은 하나님이 바벨에서 사람들을 분산시킨 것을 나타낸다. 아브람과 사라의 여정이 신적 의지와 관련해 함축성을 지닌 것은 그들이 고향에서 떠나는 것은 **하나님의 부르심**에 근거했기 때문이다. "너는 너의 고향과 친척과 아버지의 집을 떠나 내가 네게 보여 줄 땅으로 가라"(창 12:1). 이 부름은 아브람과 사라와 가족들을 주변부 사람으로 만들었다. 이주자, 주변이 되라는 부르심을 받아들이게 한 것은 아브람과 사라의 믿음이었다. "믿음으로 아브라함은 부르심을 받았을 때에 순종해 장래의 유업으로 받을 땅에 나아갈 새 갈 바를 알지 못하고 나아갔으며"(히 11:8). 하나님의 원래 계획에 복종해야 한다는 확신에서 이처럼 깊은 수준의 믿음에 도달한 것이다.

아브람과 사라의 이야기는 이주나 낯선 땅에서의 체류가 주변부 사람이 되기 위한 시작 단계임을 암시한다. 이스라엘의 믿음은 본질적으로 땅의 안팎으로 여행하는 것이었다.[17] 이주는 주변성에 대한 가장 생생한 상징이다. 이주를 통해 자신을 보호하던 것으로부터 완전히 분리되기 때문이다. 즉 이주는 예전에 자신을 보호했던 중심성으로부터 멀리 떨어지는 것이다. 우리는 다른 곳으로 옮겨져 다시 적응해야만 하는 것이다.

미국에 살고 있는 이주자들은 아브람이 낯선 땅으로 여행하면서 무엇을 겪었을지 잘 이해할 수 있을 것이다. 특히 아시아 국가에서 온 사람들은 북미에서 극적인 삶의 변화를 경험했다. 1장에서 다룬 것처럼, 초창기 아시아계-미국인들은 완전히 주변화되었는데, 그들이 전적으로 새로운 환경에 놓였기 때문이다. 미국을 건설한 청교도들도 동일한 경험을 했을 것이다. 미국으로 이주해오는 사람들은 가진 것을 다 팔고 몇 가지만 지닌 채 비행기나 배를 타고 온다. 이런 이주의 경험이 있다면 아브람과 사라의 여행을 좀 더 실감나게 이해할 수 있을 것이다.

그런데 구약성서는 주로 아브람과 사라의 신앙과 그들이 받은 복에 초점을 맞춘다.[18] 새로운 땅에서 그들이 겪은 소외와 고통에는 그다지 큰 관심을 기울이지 않는다. 다른 이주자들처럼 아브람과 사라도 새로운 땅 가나안에 대한 매력과 함께 혐오를 느꼈을 것이다. 그들은 두 세계 사이에 있었다. 이주는 확실히 주변화되는 경험이다.[19] 아브람과 사라는 주변부의 개척자들이었으며 임시 체류자들에 대한 완벽한 상징이다. 아브람과 사라의 인생이 이스라엘의 믿음을 상징한다면, 믿음은 낯선 땅으로의 흩어짐과 주변화됨을 요구한다. 하나님의 흩으심으로 중심 집단으로부터 주변화된 사람들은 그 속에서 하나님을 경험하게 된다.

북미가 이주자들의 땅인 것처럼, 가나안은 하나님의 주변부 백성이 될 수 있는 약속의 땅이었다. 제단을 쌓는 아브라함처럼(창 12:7, 13:3) 미국은 자국에 온 이주자들에게 **새로운** 예루살렘, 즉 '언덕 **아래에** 세워진 도시'가 될 수 있다. 옛 예루살렘(언덕 **위에** 세워진 도시)에서 하나님은 중심의 중심에 모셔져 있었지만, 새 예루살렘에서는 존재의 창조적 중심인 주변 중의 주변이 되신다.

구약성서는 대체로 중심주의자의 편견과 함께 기록되긴 했지만, 주변부 사람이 되라는 하나님의 부르심이 **첫 번째 행동**이고, 믿음이 **두 번째 행동**이라는 점을 분명히 한다. **세 번째 행동**은 약속으로 땅을 받고 강력한 나라가 되고 위대한 이름을 얻는 것(창 12:1-9) 등을 포함한다. 이 세 가지 행동은 분리될 수 없다. 첫 번째와 세 번째 행동은 서로 모순처럼 보이지만, 두 번째 행동으로 인해 서로 연결된다. 이런 행동들의 순서는 뒤바뀔 수 없다. 세 번째 행동이 첫 번째가 되면 결과는 바벨탑의 건설처럼 권력과 지배의 인간화이다. 유대교와 그리스도교의 역사에 비극이 발생한 것은 순서가 뒤집혔기 때문이다. 동일한 실수가 인간 역사에서 계속되고 있다. 주변부 사람이 되라는 하나님의 부르심이 먼저 있었다. 이 첫 번째 행동은 하나님의 부르심에 대한 인간의 응답인 두 번째 행동과 공존한다. 이들의 역설적인 통일은 주변성의 원리로 이해될 수 있다. 즉 첫 번째 행동인 주변성과and 세 번째 행동인 중심성 모두both 두 번째 행동인 믿음 안에서 연결 가능하다. 두 번째 행동이 없다면, 첫 번째 행동과 세 번째 행동의 관계성은 무너지고, 첫 번째 행동 아니면or 세 번째 행동이라는 상극의 관계가 된다. 양자택일either/or의 관계에서 첫 번째 행동은 하나님의 주변부 백성이 되라는 부름이 아니라, 중심의 주변부 사람이 되라는 부름이 된다. 주변성과 중심성을 연결하는 원리인 두 번째 행동인 믿음을 상실하면, 세 번째 행동, 즉 위대하게 되리라는 약속만이 인간 존재의 유일한 목적이 되고 첫 번째 행동은 잊혀진다. 다윗 왕국은 약속이 성취되었을 때 자신들이 하나님의 주변부 백성이었다는 사실을 잊고 바벨탑처럼 동질성의 새로운 상징이 되었다. 그래서 하나님은 아브람과 사라에게 했던 것처럼 유다 백성을 사방으로 흩으셨다. 즉 아브람과 사라의 삶은 유다 역사의 축소판이다.

출애굽은 히브리 백성을 이집트의 노예상태에서 해방시키고 가나안으로 이주시킨 하나님의 행동이었다. 아브라함의 후손들은 이집트에서 사백 년 이상 살면서 영구적인 이집트 정착민이 되었다. 요셉의 권력으로 형편도 좋았다. 요셉의 죽음 후에도 "이스라엘 자손은 생육하고 불어나 번성하고 매우 강하여 온 땅에 가득하게 되었더라"(출 1:7). 히브리인들은 이집트에서 더 이상 임시체류자가 아닌 영주권자였으며 시민과 비슷했다. 이집트는 그들의 나라였다. 그들은 6세대나

7세대 아시아계-미국인들에 비교할 수 있다. 본인들은 미국인으로서 정체성을 의심하지 않지만, 남들에게는 그렇게 받아들여지지 않는다. 히브리인들도 히브리 뿌리 때문에 본토 사람으로는 받아들여지지는 않았겠지만, 스스로는 이집트 사람으로 여겼을 것이다.

히브리인들이 이집트에서 중심 자리를 차지할 만큼 강해졌을 때 히브리인들에 대한 억압으로 새로 태어난 아이들에 대한 인종 학살이 시작되었다. 이집트의 새로운 왕은 "이 백성 이스라엘 자손이 우리보다 많고 강하도다"(출 1:9)라며 한탄했다. 하지만 히브리인의 민족성은 이집트의 지배 집단으로 편승하는 것을 가로막았다. 그들의 민족성은 주변화의 원인이었던 것이다. 그들은 수세기 동안 거주해온 이집트에도 온전히 속하지 못했고, 그들에게 약속된 땅에도 속하지 못한 채 두 세계 사이에서 살고 있었다.

출애굽은 이집트에서 주변화된 이스라엘 백성을 하나님께 돌이킨 하나님의 부르심으로 해석된다. 즉 출애굽은 인간의 주변화에서 신적 주변화로 초점을 옮긴다. 이스라엘 백성은 이집트의 지배에서 해방되었지만 주변성에서 자유로워진 것은 아니었다. 그들은 세상을 섬기기 위해 하나님의 주변부 백성이 될 예정이었다. 파라오의 종이었던 이들이 출애굽해서 하나님의 종이 된 것이다.

모세는 새로운 주변부 인간이다. 그는 레위 지파에서 태어나 파라오의 궁전에서 이집트 왕자로 자랐지만, 두 세계 사이에서 있던 사람이다. 생물학적 부모는 히브리인이었지만, 입양한 부모는 이집트의 지배자였다. 이집트의 왕자로 양육되었기 때문에 히브리인일 수 없고, 히브리인으로 태어났기에 이집트인도 아니었다. 따라서 양자 부정neither/nor이자 양자 긍정both/and의 상태에 있었다. 모세는 두 세계 사이와 두 세계 모두에 존재한 주변부 사람의 완벽한 모델이다. 모세의 주변성은 하나님의 부르심의 신호였으며, 하나님의 종으로서 선택 받은 표시였다.[20]

하나님의 부르심은 주변부 사람이 자신의 정체성을 발견하는 것과 관련된다. 많은 아시아계-미국인 2세와 3세들은 백인 앵글로계-미국인 공동체에서 자라면서 아시아인으로서 정체성을 잃었다가 훗날 자신들의 민족·문화 유산을 재발견하고 인정한다. 이집트 왕궁에서 자란 모세도 파라오 공주의 아들로 불리는 것은 거절했지만(히 11:24), 이집트 문화에 완전히 동화되었을 것이다. 하지만 자신의 백성이 이집트 지배자에게 혹사당하는 것을 보고는 그들을 보호할 만큼(출 2:11-12, 14) 히브리인으로서 정체성을 강력히 확인했다. 모세가 히브리인으로서 정체성을 공개적으로 드러낸 사건은 주변부 사람이 되라는 하나님의 부르심의 시작이 된다. 모세는 이스라엘의 먼 혈족인 미디안 사람의 땅으로 달아나야 했다. 망명자가 된 모세는 주변부 사람의 특징인 고독과 소외를 경험했다. 르우엘의 큰 딸 십보라와 결혼해서 수수한 양치기가 된 것이다. 미디안에서의 그의 삶은 이전의 삶과 크게 달랐다. 중심성에서 주변성으로 이동했다. 마침내 소박하고 단순한 주변부 생활에서 하나님을 만나고 히브리인을 이집트에서 구원하라는 명령을 받는다. 이 부름이 **첫 번째 행동**으로 불타는 떨기나무의 신현과 함께 왔다(출 3:1-6). 아브람과 달리 모세는 부름을 받아들이기 전에 하나님이 누구신지 알고자 했다. 하나님은 자신에게 이름 붙이는 것은 거절했지만, 모세의 백성의 하나님이 말하고 있음을 확신시켜 주었다

(출 3:13-16). **두 번째 행동**은 하나님의 부름에 대해 모세가 보인 믿음의 반응이다. 모세는 파라오에게서 히브리인을 구원하는 것이 어려운 일임을 알았기에 아브람보다 더 주저했다. 그러나 하나님은 그에게 확신을 주고 조력자로 아론을 천거했다. **세 번째 행동**은 파라오의 완고함을 복종시키기 위해 이적을 베풀겠다는 하나님의 약속이다. 아브람과 사라처럼 세 가지 행동의 패러다임이 모세에게서도 재현되었다. 이를 통해 믿음의 사람 모세는 새로운 주변부 사람, 하나님의 종이 되어 하나님의 주변부 백성을 구원했다.

히브리인들의 홍해 도하는 한국전쟁 때 내가 38선을 넘던 일을 생각나게 한다. 나는 북한의 공산주의자들로부터 자유를 원했던 수많은 피난민 중 하나였다. 지닐 수 있는 것만 가지고 모르는 길을 따라 여러 날 밤낮을 여행했다. 해방을 향해 남으로 향하는 무리를 따랐다. 그것은 구원을 위한 이주였다. 히브리인들은 구름기둥과 불기둥의 인도를 받아 자유의 땅으로 건너갔다. 홍해는 히브리인을 중심의 주변에서 주변의 주변으로 바꾼 공간이다.

히브리인들이 40년 동안 광야에서 머문 삶도 두 세계 사이에서의 경험이었다. 그들은 이집트에 있는 것도, 약속의 땅에 있는 것도 아니었다. 어느 곳에도 속하지 못하고 뿌리가 뽑힌 것이다. 광야에서의 생활이 견디기 어려웠기에, 그들은 노예가 될지언정 다시 이집트로 돌아가기를 원했다. 주변성을 견디기보다 억압의 고통을 당하는 게 더 쉬울 수도 있다. 고통과 소외, 무력함과 배고픔은 인간 중심성의 권력에 의존하거나, 하나님을 의지하거나 선택하게 만든다. 이때 주변성이 하나님의 백성이 될 가능성으로 작용했다. 주변화된 사람들은 주변성의 주변인 하나님께 더 가까이 나아갈 수 있다.

하나님과 광야의 히브리인이 언약을 맺을 때도 세 가지 행동이 완성되었다. 자신의 주변부 백성이 되라는 하나님의 부르심(첫 번째 행동)은 시내 산에서 하나님 앞에 선 히브리인들에게 받아들여졌다(두 번째 행동). 모세는 백성에게는 하나님을 대신하고, 하나님 앞에서는 백성을 대표하는 언약의 중보자로 행했다(출 20:19, 24:1-2, 9-11). 가장 중요한 명령은 하나님 한 분만을 섬기라는 서약의 요구였다. "나는 … 네 하나님 여호와니라. 너는 나 외에는 다른 신들을 네게 두지 말라"(출 20:2-3). 다른 신들, 즉 중심성의 우상을 섬기는 일은 용납될 수 없었다. 하나님만이 그들이 섬기기로 언약한 주님이다. 이 서약은 히브리인들이 하나님의 주변부 백성이 된 것을 의미했다. 그들이 언약을 실행하는 데 대한 보상이 세 번째 행동으로, 아브람과 사라에 하셨던 하나님의 약속의 성취이다. 이 언약으로 히브리인들은 세상을 위한 새로운 주변부 백성임이 공식적으로 선포되었다. 즉 이 땅에서 하나님나라를 실현하는 하나님의 종이 되도록 선택받은 것이다. 그들은 지배자가 되도록 선택받거나, 중심의 중심에 있도록 선택받지도 않았다. 그들이 세 번째 행동(축복의 약속)을 첫 번째 행동(신적 주변화)보다 먼저 내세우면 그들은 첫 번째 명령을 범하게 되는 것이다.

히브리 역사에서 비극은 이 행동의 순서를 뒤바꾼 데서 온 결과이다. 그들은 주변의 주변에 머물기보다 중심의 중심으로 이동하기를 원했다. 하나님은 그들이 중심이 아닌 주변에 있을 때 복을 주셨는데, 하나님이 주변 중의 주변이시며 언제나 그곳에 계시기 때문이다. 하나님이 히브리인들을 인도하시면 그들은 전투에서 이겼다. 다윗이 주변부 인물일 때 하나님은 그와 함께하셔서 블레셋을 이기게 하셨다(삼상 17:38-54). 하지만 다윗이 자신의 왕국에서 중심의 중심을 차지하자, 하나님의 백성은 다윗의 중심화된 권력 아래서 권력에 의해 주변화되었다. 그들은 언약 대신 정치, 경제, 사회 상황에 얽매이게 되었다. 다윗 왕국은 중심의 중심을 나타낸다.[21] 그 결과 다윗의 가문은 썩은 나무의 중심처럼 색욕과 살인으로 타락한다. 첫 번째 행동보다 세 번째 행동을 앞세웠기 때문에, 다윗은 메시아 희망에 대한 그릇된 상징이 되었다.[22] 다윗 왕국은 몰락하기 시작했고 분열이 일어났다. 마침내 왕국은 두 나라로 나눠지고 흩어졌다.

하나님의 대변인인 예언자들은 권력의 중앙화에 반대하고 경고했다.[23] 이스라엘에 심판을 선포하고 이스라엘 통치자들의 무절제한 사치를 반대하는 아모스의 경고는 주변성의 목소리로 들린다. "여호와께서 이와 같이 말씀하시기를 네 아내는 성읍 가운데서 창녀가 될 것이요 네 자녀들은 칼에 엎드러지며 네 땅은 측량하여 나누어질 것이며 너는 더러운 땅에서 죽을 것이요 이스라엘은 반드시 사로잡혀 그의 땅에서 떠나리라 하셨느니라"(암 7:17). 호세아는 하나님을 간통한 여인의 남편, 즉 주변성의 상징으로 묘사했다. 하나님은 부와 권력을 획득해 중심을 차지하는 사람들을 출애굽 광야에서처럼 다시 천막으로 보내실 것이다. "나는 실로 부자라. 내가 재물을 얻었는데 내가 수고한 모든 것 중에서 죄라 할 만한 불의를 내게서 찾아 낼 자 없으리라 하거니와 네가 애굽 땅에 있을 때부터 나는 네 하나님 여호와니라. 내가 너로 다시 장막에 거주하게 하기를 명절날에 하던 것 같게 하리라"(호 12:8-9). 심지어 예레미야는 하나님은 유다 사람들이 그들 땅에 사는 것보다 유배당하는 걸 원하신다고 주장했다.

너희는 집을 짓고 거기에 살며 텃밭을 만들고 그 열매를 먹으라. 아내
를 맞이하여 자녀를 낳으며 너희 아들이 아내를 맞이하며 너희 딸이 남
편을 맞아 그들로 자녀를 낳게 하여 너희가 거기에서 번성하고 줄어들
지 아니하게 하라. 너희는 내가 사로잡혀 가게 한 그 성읍의 평안을 구
하고 그를 위해 여호와께 기도하라. 이는 그 성읍이 평안함으로 너희도
평안할 것임이라(렘 29:5-7).

흩어지면 다시 회개가 일어난다. 디아스포라는 히브리인의 중심주
의를 해체하고 그들을 다시 하나님의 주변부 백성으로 만들었다. 이
런 점에서 다윗 왕국은 바벨탑이며, 바벨론에서의 포로생활은 흩어진
백성이다. 이 흩어짐으로 중심에서 분리되어 주변 중의 주변으로 귀
속할 수 있게 되었다. 70년 후 고레스 왕의 칙령은 유다 백성에게 고
국으로 돌아갈 기회를 주었다. 새로운 출애굽, 새로운 시작이었다. 첫
번째 행동이 두 번째 행동으로 응답되고 세 번째 행동으로 성취되었
다. 이로써 이스라엘은 다시 하나님의 종이요 주변부 백성이 되었다.
이사야서에 기록되었듯이 하나님의 종들로서 이스라엘에 남은 자들
은 새로운 주변부 사람들로서, 중심을 추구한 다윗 왕조의 메시아에
반대되는 진정한 메시아의 상징이 되었다. 대부분의 히브리 성서 해
설자들은 중심 중의 중심을 표현하기에, 다윗은 그들이 희망하는 메
시아의 상징이 되었다. 그러나 주변부 관점에서는 고난 받는 종이 진
정한 메시아의 상징이며, 이는 새로운 주변성의 원형인 예수-그리스

도 안에서 온전하게 나타났다.

예수 —그리스도의 참된 제자

신약성서는 전체적으로 예수-그리스도를 중심주의 관점에서 접근한다. 특히 마태복음은 예수-그리스도의 족보를 거슬러 올라가면서 다윗 왕의 자손임을 강조한다.[24] 예수가 다윗의 후손인가 아닌가보다는, 하나님의 호의와 은총을 얻은 다윗 왕국을 강조하기 위한 것으로 보인다. 즉 마태복음은 피조물에 대한 하나님의 본래적 질서(첫 번째 행동 하나님의 부름)와 하나님의 주변부 백성이 되는 인간의 반응(두 번째 행동, 믿음)을 다루지 않고, 세 번째 행동(축복)을 강조한다. 그러나 마태복음을 주변성의 관점에서 검토하면, 예수-그리스도가 다윗의 실현이 아닌 하나님의 주변부 백성의 진정한 상징으로서 고난 받는 종의 실현임을 확인하게 된다. 고난 받는 종으로서 예수-그리스도는 유대 역사와 구원 역사의 기대를 충족시킨다. 4장에서 언급한 대로 예수-그리스도는 주변 중의 주변이며 메시아의 완벽한 상징이다. 예수는 제자들을 포함한 히브리인들이 바라고 기대한 중심 중의 중심이 아니었다. 따라서 예수-그리스도를 따르거나 제자가 된다는 것은 창조의 본래적 질서를 회복하는 것, 즉 하나님의 주변부 백성이 되는 것을 의미한다.

중심 집단 사람들은 하나님의 주변부 백성이 되기 전에 먼저 주변부가 될 필요가 있다. 젊은 부자 관원은 중심 집단을 대표하는데, 그가 하나님의 주변부 사람이 될 수 없었던 것은 재산을 위시한 중심부적 지위를 포기해야 했기 때문이다(눅 18:18-30; 마 19:16-30; 막 10:17-31). 재산을 포기했더라면 주변부 사람이 되어 예수-그리스도의 제자로 따를 수 있었을 것이다. 이런 점에서 주변성은 새로운 주변성으로 들어가는, 즉 예수-그리스도의 제자가 되는 전제 조건이다. 중심주의자가 주변화되지 않으면, 새로운 주변부 사람이 되는 것은 불가능하다. 제자가 되려면 떠남을 통해 중심부 집단이나 하나님으로부터 먼저 주변화되어야 한다. 탈중심화, 주변화, 새로운 주변화가 제자도를 향한 길이다. 주변화된 사람들이 하나님나라에 더 가깝다. 예수는 말했다. "너희 가난한 자는 복이 있나니 하나님의 나라가 너희 것임이요"(눅 6:20).

예수-그리스도는 중심주의 집단의 희생자였던 가난한 사람, 약한 사람, 무력한 사람 등 주변화된 사람들에게 선택적 우선권을 두었다. 예수-그리스도가 그들을 우선시할 수 있었던 것은 유대 역사의 중심주의 관점과 달리 예수가 주변부 유대인이었기 때문이다.[25] 주변적 존재로서 예수는 주변부 사람들과 자신을 동일시했다. 그리고 그는 새로운 주변부 사람이었기에 다른 사람들의 주변성을 새로운 주변성으로 변화시키도록 도울 수 있었다. 이 때문에 주변부 사람들은 쉽게 예수의 제자가 되었다. 진정한 변화는 의지하는 인생의 축을 중심 중의 중심에서 주변 중의 주변으로 전환할 때 가능하다. 새로운 주변부 사람의 관점으로 주변의 주변이 중심이 되고, 중심의 중심은 주변이 되었다.

주변부 사람에서 새로운 주변부 사람으로 전환하는 것은 어떻게 가능할까? 축을 옮긴다는 것은 부정적인 주변성에서 긍정적인 주변성으로, 혹은 주변성에 대한 거부에서 주변성에 대한 긍정으로 규범을 옮기는 것을 뜻한다. 부정적인 측면은 긍정적인 측면과 공존한다. 이렇게 모호함이 존재하는 것은 주변부 사람들이 중심부 집단이 지배하는 세계 속에 살고 있기 때문이다. 따라서 주변성의 자기 긍정에 근거한 규범은 주변성을 부정하는 중심성의 규범과 함께 존재해야 한다. 이렇게 동시에 긍정적이면서 부정적인 모순된 경험은 피할 수 없지만, 두 가지 모두는 새로운 주변성으로 극복된다. 새로운 주변부 사람은 주변성에 대한 부정적인 측면과 긍정적인 측면의 공존 속에서, 동시에 이들을 초월해 살고 있다. 따라서 새로운 주변성은 양자 부정과 양자 긍정을 포함하면서 이들을 모두 넘어서는 관점으로 표현된다.

예수-그리스도의 제자라고 불린 사람들은 모두 주변부 사람들이었다. 그들은 중심 집단 사람들이 거리끼는 어부와 세리들이었다. 지배자나 중심주의자 가운데 제자로 지명 받은 경우는 없다. 고넬료, 백부장(마 8:5-8), 유대인 지도자 니고데모(요 7:50) 등은 예수에게 오긴 했지만 핵심적인 제자가 되지는 못했다. 그들이 자신의 중심성을 포기하지 않았기 때문이다. 바울은 자신의 중심적 지위를 포기하고 예수-그리스도의 제자가 되었다. 자신의 힘을 포기하지 않는 한, 제자가 될 수 없다. 주변성이 제자도는 아니지만, 주변성과 제자도는 나눌 수 없고 주변성은 제자도의 조건이다. 주변성이 제자도의 조건이기 때문에 제자도는 항상 주변적이다. 하나님은 어리석고 약하고 비천한 사람들이나(고전 1:27-28) 가난하지만 믿음에서 부요한 사람들을 택하셨다(약 2:5).

제자들은 주변부 사람으로서 주변성의 부정적 특성과 긍정적 특성의 모호함을 지니고 있다. 그들은 억압 집단의 희생자들이었지만, 자신들의 정체성을 하나님의 종에서 찾았다. 예수-그리스도를 히브리 민족을 위해 다윗 왕국을 회복시키는 중심주의 메시아로 여긴 것은 그들이 중심부의 규범에 빠졌음을 드러낸다. 게다가 제자들은 예수-그리스도가 메시아 왕으로 높임을 받을 때, 열두 지파의 머리가 되려는 열망도 있었다. 그들은 예수를 중심부의 규범으로 판단하고, 자신들의 주변성을 중심성을 통해 극복하려 했다. 이런 부정적 특성은 그들이 제자로 훈련받는 동안 끊임없이 계속되었다. 예수-그리스도가 배신당하고 재판받을 때 베드로는 세 번이나 그를 부인했다. 하지만 훗날 베드로는 예수-그리스도의 제자로 확증되었다. 자신이 다른 사람들과 다르다는 것을 알았고, 그 정체성을 분명한 예로 긍정했다. 이 예는 아니오, 즉 그들을 중심성으로 이끄는 주변성의 부정적인 이미지를 극복할 만큼 충분하게 강력하지는 않았다. 이런 긍정과 부정의 역설이 베드로와 제자들의 마음을 사로잡고 있었다. 제자들은 반감과 끌림, 부정과 긍정, 두려움과 황홀함의 역설을 만들어내는 두 개의 규범들 사이에 있었다.

제자들은 확실히 주변적이었지만, 그들을 진정한 제자로 만든 것은 예수-그리스도의 죽음과 부활로의 전적인 참여였다. 예수-그리스도의 십자가는 죽음과 부활의 두 가지 차원을 의미한다. 죽음은 중심성의 힘을 단절했고, 부활은 새로운 주변성을 일으켰다. 십자가는 두 가지 모두를 나타내며 인간을 철저히 변화시키는 근원이다. 그래서 예수-그리스도는 이렇게 말했다. "누구든지 나를 따라오려거든 자기를 부인하고 자기 십자가를 지고 나를 따를 것이니라. 누구든지 자기 목숨을 구원하고자 하면 잃을 것이요, 누구든지 나와 복음을 위해 자기 목숨을 잃으면 구원하리라"(막 8:34-35).

죽음과 부활의 경험은 그리스도교의 입문 의식인 세례 의식으로 상징화된다. 세례를 받은 그리스도인은 죽음과 부활의 상징인 십자가를 지는 사람이다. 죽음은 삶을 새롭게 한다. 예수-그리스도의 십자가 안에서 우리는 새로운 피조물이 되어(고후 5:17), 창조의 본래적 질서가 회복되도록 돕는다. 본래적 질서가 회복될 때, 우리는 하나님의 주변부 백성이 되고, 하나님의 아들이자 창조적 중심이며 주변 중의 주변인 예수-그리스도의 진정한 제자가 된다. 우리가 주변성의 창조적 중심에 참여하는 것은 화해를 위한 창조적 대행자가 되는 길이다. 중심의 중심은 창조적 중심의 주변으로 전환되어 다시 창조적이 된다. 이런 방식으로 창조성은 주변을 통해, 하나님의 통치가 하늘에서처럼 땅에서 실현될 때까지 계속된다.

가짜-그리스도교

중심성의 세계에서 어떻게 예수-그리스도의 진정한 제자가 될 수 있을까? 주변부 사람이 되지 않고서도 예수-그리스도를 따르는 사람이 될 수 있을까? 주변부 사람이 되는 것은 예수-그리스도의 제자가 되기 위한 전제조건이다. 주변부에 있지 않는 한 제자가 될 수 없다. 하지만 오늘날 교회는 주변성보다 중심성을 추구한다. 교회가 중심성에 관심을 가질 때, 우리는 어떻게 주변적이 될 수 있을까? 교회 없이 그리스도인이 될 수 있을까? 예수-그리스도의 진정한 제자가 되기 위해 우리는 교회 밖에 있어야 할까?

초기 그리스도인은 로마의 억압 속에서 다른 종교·문화 집단에게 거부된 주변부 사람들이었다. 그 후 콘스탄티누스 황제 시대에 로마의 국교가 되었다. 콘스탄티누스는 밀비우스 다리 전투에서 개종하긴 했지만 진정한 제자도 밖에 남아 있었다. 그에게는 주변성이 없었기 때문이다. 바울이 자신의 중심성을 포기한 것처럼, 콘스탄티누스가 중심성을 포기했다면 분명 예수-그리스도의 진정한 제자가 되었을 것이다.

콘스탄티누스와 더불어 새로운 형태의 그리스도교, 즉 중심성에 근거한 가짜-그리스도교가 발전했다. 중세의 강력한 교황은 세속의 군주를 지배했다. 세속 권력의 등장도 권력을 향한 교회의 탐욕을 막지 못했다. 일부 급진적인 개혁가들의 예외가 있긴 하지만 종교개혁조차 교회의 중심주의 경향을 파괴하지 못했다. 2차 세계대전 동안 많은 그리스도인이 중심성의 권력을 공유하기 위해 나치 정권과 동맹을 맺었다. 가짜-그리스도교의 비극적인 역사에도 불구하고, 교회는 여전히 지배에 대한 중심부 이데올로기를 조장하고 있다. 이제 가짜-그리스도교는 자본주의와 결탁했다. 초기 유럽 식민지 시대에는 권력의 시녀가 되어 제3세계 국가에 내상을 입혔다.

교회의 자리가 중심부가 아니라면 진정한 제자가 되는 길은 무엇인가? 내 대답은 십자가이다. 예수는 "누구든지 나를 따라오려거든 자기를 부인하고 자기 십자가를 지고 나를 따르라(막 8:34)고 말했다. 그리스도인은 십자가를 지는 사람이며, 교회는 십자가에 달린 하나님에 의해 존재하도록 부름 받은 공동체이다.[26] 새로운 교회가 다시 일어나기 위해 우리는 교회와 함께 죽어야 한다. 중심주의 경향이 죽어야 주변성이 다시 살아날 것이며, 이 부활로 새로운 주변 공동체가 만들어질 것이다. 가짜-그리스도교가 죽어야만 그 유해에서 진짜 그리스도교가 다시 일어설 것이다.

제6장

진정한 교회
: 주변성의 공동체

두세 사람이 내 이름으로 모인 곳에는

나도 그들 중에 있느니라.

마태복음 18:20

교회는 하나님의 주변부 백성의 공동체이다. 교회는 주변 중의 주변인 예수-그리스도의 현존을 의식하기 때문에, 주변부 사람들의 다른 공동체와는 다르다. 그들 가운데 있는 예수의 현존을 의식하는 것이 바로 교회의 핵심이다. 예수-그리스도는 주변 중의 주변이기에 주변에서 현존하며, 중심 중의 중심에서는 빛을 잃는다. 중심 중의 중심을 차지하는 사람들은 주변과 거리를 둠으로써 그리스도의 현존을 무의식적으로 피하게 된다. 따라서 중심부 사람들이 그리스도의 진정한 현존을 경험하기는 어렵다. 그러나 가난하고, 무력하고, 사회의 변두리에 있는 사람들은 쉽사리 자연스럽게 주변 중의 주변인 예수의 현존을 느낀다. 그리스도의 현존을 경험한 주변부 사람들은 **새로운 주변부 사람**이 된다. 이처럼 교회는 새로운 주변부 사람들의 공동체로, 진정한 형제/자매의 교제가 있고, 창조의 본래적 질서가 회복되는 곳이다.

그리스도의 현존을 자각하는 것과 주변부 사람들이 모이는 것은 분리되지 않는다. 주변부 사람들이 그리스도의 현존 안에서 함께 모이는 것처럼, 그리스도는 주변부 사람들의 모임에 현존한다. 이 둘은 분리될 수 없지만, 신학적으로는 그리스도의 현존이 주변부 사람들의 모임에 선행한다. 주변 중의 주변인 그리스도의 현존으로 인해, 주변부 사람들은 함께 모일 수 있다. 자신들의 모임에서 그리스도의 현존을 깨달을 때 주변부 사람들은 교회가 되지만, 그리스도의 현존을 의식하지 못하면 교회가 아니다. 따라서 주변 중의 주변을 의식하는 것은 교회와 주변부 사람들의 단순한 모임을 구별짓는다. 이 자각을 통해 교회는 새로운 주변 공동체가 된다.

그리스도는 주변부 사람이기에 로마황제의 권력으로 상징되는 중심성 중의 중심에서 제거되었다. 이것이 예수가 "가이사의 것은 가이사에게 하나님의 것은 하나님께 바치라"(막 12:17)고 말한 이유일 것이다. 중심주의자들의 지배 이데올로기는 창조 질서에 반하고 왜곡하는 행동이기에, 그것을 떠받드는 사람들은 예수가 현존하는 주변을 떠난다. 중심주의자들의 공동체는 필연적이고도 자명하게 주변성 중의 주변인 예수-그리스도의 현존을 배제한다. 따라서 중심주의 이데올로기를 지지하는 지배 집단의 교회 안에서는 그리스도가 배척된다. 그리스도의 능동적인 현존이 없다. 예수의 현존이 가려지고, 대신 그를 억압하고 모욕하고 십자가에 매단 중심 중의 중심이 자리를 차지한다. 오늘날 교회의 병폐는 근본적으로 그리스도의 실제적 현존을 주변부가 아닌 중심부에서 찾으려는 유혹 때문이다.

교회의 현재 상황

앞에서 언급했듯이 이 책은 시작부터 자서전적이다. 교회에 대한 평가는 내 경험에 근거한다. 주류 교단인 미국연합감리교회의 백인 회중과 한국계-미국인 회중 속에서 일했던 안수받은 교구 목회자로서, 교회에 대한 내 평가는 제한적이다. 교회에 대한 수많은 연구가 행해졌지만, 대부분은 중심부 관점에서 이루어졌다. 따라서 주변성의 눈으로 본 내 견해는 중심주의자들이 쉽게 지각할 수 없는 새로운 관점이 될 것이다. 또한 비슷한 경험을 나누고 있는 다른 사람에게 유용할 수 있을 것이다.

나는 자신의 주변성을 깨닫기 전까지만 해도 내가 섬기던 교회가 표준이라고 생각했다. 교회의 권위나 교회가 대표하는 가치에 대해서 전혀 의문시하지 않았다. 때로 비판적이긴 했지만, 진지하게 정통주의 전통, 제도적 위계 구조, 예전 등에 도전한 적은 없다. 그러나 이제는 상황을 다르게 본다. 내게 주변성은 예수-그리스도의 삶과 가르침을 이해하고, 오늘날 제도화된 교회의 삶과 가르침을 이해하는 열쇠이다.[1] 나는 두 가지 관점에서 교회를 살펴볼 텐데, 이상적인 교회와 현실 교회이다. 예수-그리스도의 삶과 가르침을 볼 수 있는 이상적인 교회를 토대로 현실 교회를 비판해보겠다.

나는 중심성이라는 한 단어로 현실 교회의 상황을 요약할 수 있다. 현실 교회는 중심주의적 동기에 깊이 빠져 있다. 중심부 이데올로기와 신념을 위한 위계적 구조에 근거해 가난한 사람, 소수자, 무력한 사람을 배제하고 통제한다. 이것은 예수-그리스도가 의도한 교회의 핵심에 반대되는 것이다. 예수-그리스도가 주변인이었기에 주변성이 교회의 규범이 되어야 한다. 중심성의 규범에 토대한 교회는 예수-그리스도의 교회에 반대된다. 중심주의적 경향은 인간의 치명적인 죄이므로 이러한 경향 위에 세워진 교회는 예수-그리스도의 교회가 될 수 없다. 죄 많은 인간들로 구성된 교회가 중심주의적 동기를 완전히 제거하기는 불가능하겠지만, 이상적인 교회는 적어도 중심성에서 떠나 교회가 본래 생겨난 자리인 주변성으로 되돌아가야 한다. 중심주의적 동기에 근거한 교회가 오늘날 그리스도교의 근본적인 문제이다.

중심주의적 동기는 대부분의 교회, 로마가톨릭, 개신교회, 복음주의 교회, 자유주의교회에서 분명히 나타난다. 사람들이 세속적인 영역이든 종교적인 영역이든 성공에 집착하는 동기 중 하나는 지배 집단에 속하기 위해서고, 그렇게 함으로써 다른 사람을 지배하기 위해서다. 목회의 성공은 종종 예수-그리스도의 주변부적 가치에 의해서가 아니라 지배 사회의 중심부적 가치에 의해 판단된다. 라틴아메리카 신학, 여성주의 신학, 제3세계 신학 등을 포함하는 다양한 해방신학조차 해방을 위한 신학 작업의 규범으로 중심부적 가치 체계를 사용하는 것은 유감스러운 일이다. 주변부적 접근은 중심부적 가치를 그리스도교적 가치로 받아들일 수 없는데, 그것은 주변부적 접근이 온 세상의 해방을 위한 신학의 규범으로서 주변부적 가치의 실천을 강조하기 때문이다.

중심부적 이데올로기는 지배력을 갖고 있는데, 뚜렷한 특징이 개인적 권력과 부와 명예이다. 이들 각각은 예수의 광야 시험에서 드러났는데(마 4:1-11)[2] 세속 기관, 전통, 지배 집단의 관습에서 신성한 것으로 여겨지는 것들이다. 반면 주변부의 가치는 사랑과 겸손과 섬김이다.

교회는 콘스탄티누스 황제 이후로 지배 집단이 되어 중심주의적 가치를 획득했다. 제국의 관습과 구조를 모방하면서 교회는 피라미드 모양의 위계 구조를 가진 남성 지배적인 기관이 되었다.[3] 교회의 구성원이 늘어났지만, 이는 교회의 정통교리를 확립하기 위해 다양한 종교적 신념을 분쇄한 황제의 권력 때문이었다. 역사가들은 종종 교회의 위대함을 국가나 다양한 사회정치 질서에 영향을 미친 권력, 부, 명예를 기준으로 판단한다. 그레고리 대제가 세상에 대한 막대한 영향력 때문에 가장 위대한 교황으로 간주되는 식이다. 교회를 강력하게 만든 것은 사랑과 섬김이 아니라, 대성당의 부와 토지에 기반한 패권이었다. 세속기관을 짓누르고, 교황, 추기경, 대주교, 주교, 사제, 부제, 평신도라는 위계적 신분 계층을 발전시키며 오랫동안 영광을 누린 것이다. 교회 안팎의 지배 이데올로기는 위계 구조 위에 세워졌다고 해도 과언이 아니다.

과거의 유산을 따라 오늘날의 주류 교회도 현상 유지에 관심을 갖고, 그들의 정체성을 주변부보다는 중심부에 동일시한다. 교회를 성공하도록 자극하는 원동력은 사랑이나 섬김이 아니라 예수-그리스도의 의도와 반대되는 권력과 부이다. 교회가 정치기관과 거의 다르지 않고, 신학교는 관습과 구조 면에서 세상의 교육기관보다 더 권위적이다.[4] 예수의 실질적 겸비의 사례에도 불구하고, 권위에 더 많은 관심을 기울인다. 예수의 이상적인 섬김에도 불구하고, 섬김받기를 기대하는 권력자들과 다를 바 없이 행동한다.

이런 교회에서 권력은 높은 지위를 획득한 사람의 것이다. 예를 들어 미국연합감리교회는 감독직에 막대한 권력이 부여된다. 중심주의적 권력과 위계 구조가 너무나 긴밀해서, 사제와 목회자들이 더 높은 자리를 추구하는 것이 섬기려는 열망 때문인지, 아니면 매력적인 특권 때문인지 알 수가 없다. 섬기는 삶을 살겠다는 맹세에도 불구하고, 중심주의적 패러다임 속에서 사는 것은 분명 섬김받기를 원하는 경향이다.

권력과 지배를 지향하는 중심부 이데올로기는 교의dogma, 전통, 신학적 훈련으로 지탱된다. 교의는 교회의 '바른 신념 체계'로 거의 의문시되지 않으며, 이단에 대항해 중심부 이데올로기를 옹호하기 위해 사용된다. 교의는 확실한 통제를 돕는다. 다양한 해석을 배제하고 억압하는 지배 이데올로기에 근거해 진리의 다양하고 미묘한 차이를 인정하지 않는다. 교의라는 '유일한'the 진리로서 다른 견해를 지닌 사람을 배제하거나 주변화시킨다. 나는 교회가 교의적 입장에서 떠나 현대적 삶을 반영한 다양한 신학적 견해들을 기꺼이 받아들이기를 희망한다. 교의를 재해석하는 것으로는 충분하지 않다. 주변성의 관점에서 볼 때 재해석은 뿌리를 제거하는 대신 그 통치를 영속화시키기 때문이다. 신앙에 대한 지속적인 재구성과 자유로운 대화가 없다면, 중심주의적 경향을 제거할 수 없다. 다양성과 차이가 하나님의 창조 질서의 토대라면, 교회는 모든 사람에게, 특히 다른 문화와 인종과 역사 배경을 가진 사람들에게 하나의 절대적 신념 체계를 강요해서는 안 된다.

대부분의 교회 전통은 중심부의 지배 이데올로기를 지지하면서 주변부 사람들을 억압한다. 대개 서구의 그리스도교 전통은 동양인들, 특히 아시아계-미국인들에게 낯설고 부적절하다. 나는 미국연합감리교회 교인으로 영국 출신 코카시아계-미국인들이 형식을 만든 웨슬리 전통에 서 있다. 하지만 아시아계-미국인이 이 전통을 받아들이기는 어렵다. 내 문화와 인종과 역사 배경 때문에 나는 미국연합감리교회에서 주변화된다. 그들 전통에 속하려고 애쓰며 나는 '두 세계 사이에' 존재하는 느낌을 경험했다. 내 문화와 인종과 역사 배경을 거부하지 않고는 감리교회 전통의 일부가 될 수 없기 때문에 나는 주변화된 감리교회 교인이다. 또 미국연합감리교회 교인이기 때문에 주변화된 아시아인이다. 그리스도교 회중에 있는 다른 아시아계-미국인이나 아프리카계-미국인, 북미 원주민계-미국인도 이렇게 느낄 것이다. 로

마가톨릭이든 개신교이든 교파는 배타성의 원리에 근거하므로 억압적이다. 교파와 전통은 본질적으로 비슷한 것은 포함시키고 다른 것은 배제하는 종교적 분류이다.

교회의 전통은 우리가 매주 일요일에 행하는 의례에서 가시적으로 표현된다. 주변성을 의식하기 전에는 아무런 의문 없이 전통 의례를 받아들였지만 이제는 다르게 생각한다. '전통적인' 그리스도교의 융통성 없는 예배 형식은 많은 소수 인종 집단의 문화 감수성을 거스른다. 예를 들어 내가 다니는 교회에서는 예배 중 서로 인사를 나누는 짧은 시간이 있다. 이런 관습이 한국계-미국인에게는 익숙하지 않다. 지배 집단 구성원은 일요일 오전 예배에 자유를 경험했겠지만 주변부 사람인 내게는 억압적인 경험이었다. 특히 그 예배는 나로서는 순서에 따르는 게 자못 불편한 방식으로 구성되었다. 노래를 부를 때 음이 틀리거나 성서를 교독할 때 발음을 잘못하면 부끄러움을 느끼게 된다. 몸은 경직되고 마음은 정확히 발음하는 데만 사로잡힌다. 성서를 읽으며 실수하는 것은 거슬리는 일이기 때문이다. 나는 적절한 옷을 입고 '야만인'이지만 '신사'처럼 행동해야 한다. 그 의례를 따름으로써 지배 집단에 동화될 수 있었다. 하지만 이런 종류의 동화는 고통스럽고, 뱃속이 돌로 가득한 통증 같았다.[5] 예배시간 동안 나를 표현할 어떤 자발성이나 자유가 허용되지 않는다. 모든 것이 미리 준비되어 순서에 따라 정확히 이루어져야 한다. 이런 방식으로 모든 참여자가 예배 전통에 깊이 간직된 중심부 이데올로기에 통제되었다.

흑인교회에는 이런 엄격함이 거의 없다. 공동체가 스스로 생생하고 정서적이며 자기 문화를 우선시하는 예배 의식을 만든다. 한국계-미국인도 자발적으로 보다 한국계에 맞는 예배 형식을 발전시킬 필요가 있다. 예배와 예전과 형식을 비인간화하고 동질화시키는 위계적 계층 구조는, 새롭고 대안적이며 주변부적인 예전과 예배를 발전시키도록 허용하는 비위계적 정치체제에 자리를 내주어야 한다. 현존하는 교회가 단순히 새로운 형식의 예배를 '인정하는 것'만으로는 충분치 않다. 그런 온정주의는 무례하며 불필요하다. 예전과 음악과 예배를 개혁하는 것은 중심부 교회 개념으로부터 회중을 해제시키고 그들이 자신의 주변성을 표현할 수 있도록 자유를 허용하는 데 반드시 필요하다.

한편 교회는 부를 통해 위상을 획득한다. 교회의 성공은 종종 구성원과 예산의 크기로 측정된다. 교회에 사람이 많이 모일수록 교회는 더 큰 힘을 행사할 수 있고, 돈을 많이 모을수록 더 많은 자원을 갖는다. 성공에 대한 이런 생각은 중심부적 가치이다. 예수는 결코 자신을 따르는 무리의 숫자에 주의를 기울인 적이 없다. 나아가 돈에 탐욕을 가진 사람을 비난했다. 지배층인 부자 청년에게 제자가 되려면 가진 것을 모두 포기하라고 말하지 않았던가? 부자들은 천국에 가는 것이 어렵다고 말하지 않았던가? 돈과 하나님을 동시에 섬길 수 없다고 말하지 않았던가? 그렇다면 왜 교회는 돈을 사랑하는가? 이는 교회가 예수-그리스도의 가르침을 받아들이는 대신, 구원의 도구로서 부를 가치 있게 여기는 중심부 이데올로기를 받아들였기 때문이다. 교회의 자본주의적 구조는 가난한 사람과 약한 사람을 소외시킬 뿐이다. 어떻게 교회의 성공을 교인 숫자와 재산 규모로 판단할 수 있는가? 중심부 이데올로기에 깊이 빠진 나머지 교회가 사업이 되고 말았다. 많은 교회가 교인을 모으기 위해 마케팅 기법과 광고를 채택한다. 교회 재정 상황을 개선하기 위해 기금 모금 전문가를 초빙한다. 자본주의의 우상인 돈이 교회를 지배하는 듯하다. 자본주의로 통제되는 사회에서는 부가 권력이며, 교회는 그 패거리가 된다.

또 중심부적 가치에서는 장식도 매우 중요하다. 자연적인 아름다움과 대조적으로 인위적인 아름다움이 강조된다. 교회 건물이 웅장하게 설계되고, 본당은 무한한 주목을 끌기 위해 주의 깊게 꽃을 배열하고, 값비싼 재료로 실내 장식을 완성하고, 귀금속으로 십자가를 만든다. 교회가 인공적인 아름다움에 사로잡힌 것은 부와 명예를 반영하는 중심부적 가치에 근거한 것이다. 나는 소박한 나무 십자가가 더 좋다. 가난과 겸비와 단순성을 반영하는 아름다움은 주변부 사람들을 표현한다. 예배당은 자연과 창조적 질서의 아름다움을 드러내야 한다. 소박하고 고적하며 겸손해야 한다. 장식을 통해 인공적인 아름다움을 드러내려 해서는 안 된다.

성직자들이 입는 복장 또한 흥미로운 주제다. 미국연합감리교회의 주변부 교인으로서 나는 점점 강력해지는 예전운동에 비판적이다. 많은 목회자들이 예배 시간에 긴 예복과 다채로운 스톨을 선호한다. 직위가 높을수록 예복은 더 화려해지고 정교하게 디자인된다. 감독과 교회 지도자들이 손에는 목자의 겸손한 지팡이를 쥐고 황금십자가로 장식된 빛나는 가운을 입거나, 목사들이 특별 예배에서 길고 화려한 예복을 입는 것을 보면 기분이 이상하다. 자각한 주변부 사람 눈에는 허식이자 지배 이데올로기를 증명하는 것일 뿐이다. 예수는 황금 관을 쓰지 않았고, 화려한 예복도 입지 않았으며, 아름답게 고안된 지팡이를 들지도 않았다. 주변부의 관점에서 보면 그것들은 예수의 가르침과 삶이 아닌 명예와 지배 같은 세속적 관심을 반영한다. 목사와 사제들이 하나님보다 자신들의 영광에 더 관심을 갖게 된다면, 하나님은 더 이상 영광을 받지 못하신다. 그런 교회는 필시 주변 중의 주변인 예수-그리스도라는 이상 뒤에 숨어서 중심 중의 중심을 추구하고 있을 것이다.

목회자를 훈련시키는 신학교는 어떤가. 교회처럼 신학교도 중심부적 가치를 영속시키고 조장하고 있다. 신학교 훈련에서 종 됨은 전문직업의식으로 대체되었다. 신학 교육, 교의학 등의 배타적 사유방식은 종종 신학에 대한 독립적 사유나 자유로운 접근을 좌절시킨다. 신학교 교수들은 다문화와 학제간 접근에 약간의 관심은 있지만 여전히 다른 문화나 종교 가치를 과소평가하는 유럽 중심 사고에 빠져 있다. 신학 교육의 표준은 수세기 동안 지속된 비판적, 합리적, 분석적 접근 방식이다. 세속 교육의 기준을 따르다 보니, 신학 훈련도 시장 지향적이 되고 교육 우선순위는 인기나 필요에 따라 결정된다. 다른 자질보다 학문적 탁월함을 강조하지만, 이때의 학문적 초점은 전통적인 유럽 중심의 규범에 근거하기에 소수민족 학생은 경제 지원이나 장학금 문제로 차별당한다. 신학교 교육은 소위 '완벽한 언어 숭배'로 소수민족을 억압한다. 이는 백인 지배 집단에 의한 일종의 검열 형식으로,[6] 모국어로 목회를 하려는 사람들은 이 규칙 때문에 냉대를 받는다.

신학교 교수들은 예수의 가르침 중 핵심이 사랑과 섬김이라고 알고 있으면서도 승진과 특권을 포기하지 못한다. 사랑으로 살기보다 사랑을 대상화하고, 정의를 위해 행동하기보다 정의를 지성적으로 분석한다. 도덕은 추상적인 형태로 표현되며 실천과 아무런 관계가 없다. 나는 신학교 안에서 사랑과 교제의 진정한 공동체를 찾지 못했다. 실천은 신학교육에서 흔히 쓰이는 말이지만, 그저 지적 과정을 상징하는 것으로 바뀌었다.

중심주의자들의 사유방식은 양자택일either/or이라는 배타주의를 옹호하며, 비판적 분석에서 중심 역할을 한다. 신학교가 비판적 훈련에 몰두하기 때문에, 신학 교육은 창조적 성찰이나 영적 훈련에 종종 실패한다. 대부분의 신학교는 주변성에 가치를 부여하지도 않는다. 신학교에 빈곤은 거의 존재하지 않고, 겸비는 거의 실행되지 않으며, 직업적인 성취만이 지배하고 있다. 그렇다면 신학생들은 어떻게 새로운 주변부 사람이 되도록 배울 것인가?

교회가 더 이상 예수-그리스도의 교회가 아니라는 사실을 받아들이기는 어렵다. 하지만 오늘날 대부분의 교회는 바리새인의 교회이다. 예수는 바리새인이 무리 앞에서 화려한 예복을 과시하고, 공중 기도에서 강한 인상을 주려 하고, 오랜 시간이 걸리는 예식을 즐겼기 때문에 그들을 비판했다. 우리도 바리새인처럼 되지 않았는가? 정교한 예복과 경건하게 보이는 것과 예배 중 긴 기도를 좋아하는 우리도 위선자들이 아닌가?(마 23:1-36) 가난한 사람과 여성과 유색인을 주변화시킴으로써 중심부에게 대가로 받는 부와 권력과 명예를 예수의 이름으로 추구하는 것은 아닌가? 그렇다면 우리는 어떻게 주변성의 공동체인 예수의 교회로 돌아갈 수 있을까?

교회가 중심부를 추구하는데도, 역설적으로 오늘날 교회는 세상으로부터 더욱 주변화되고 있다. 교회는 더 이상 강력하지 않다. 오히려 목소리는 점점 영향력이 줄고 있다. 교회가 더 이상 중심성의 중심에

있도록 내버려두지 않으신 것은 하나님의 은혜이다. 주변으로 돌아감
으로써 교회는 새로운 주변부 사람들의 공동체가 될 수 있다. 그리스
도인이 된다는 것은 주변부 사람이 되는 것을 의미하는데, 그 이유는
예수-그리스도 때문이다. 내 워크숍에 참석했던 한 목회자는 이렇게
말했다. "마침내 우리가 있어야 할 곳에 속하게 되었네요. 우리는 하나
님의 주변부 백성이 되도록, 하나님의 종이 되도록 부름 받았습니다.
주변부 사람이 되는 일에 자부심을 가집시다." 우리가 주변부 사람임
을 깨닫게 되면, 더 이상 중심부 가치에 집착하지 않아도 된다. 새로운
주변부 사람으로서 진정한 정체성을 발견하려면 주변부 사람의 가치
를 알아야 할 필요가 있다. 교회가 세속 중심의 지배 이데올로기에 사
로잡혀, 인종과 성과 계급을 이유로 다른 사람을 지배하고 배제하려
는 중심부적 경향을 바탕으로 삼으면, 그것은 예수-그리스도의 교회
가 아니라 예수를 십자가에 못 박은 중심주의자들의 교회이다.

새로운 교회를 향한 비전

진정한 교회가 주변부 사람들의 공동체이며, 예수-그리스도가 교
회의 가장 높은 기준이라고 믿는다면, 교회는 철저히 개혁되고 재구
성되어야 한다. 이때 개혁이란 16-17세기에 일어난 종교개혁을 의미
하지 않는다. 개신교의 종교개혁은 충분히 성공하지 못했다. 단지 초
기 교부들의 정통주의 전통으로 돌아갔을 뿐이다. 종교개혁은 '만인사
제설'로 평신도의 권위를 회복하려고 시도했지만, 사회적 권력의 계층

구조는 극복하지 못했다. 결국 거룩한 권위를 이미 세속적 권위를 가지고 있는 사람들, 즉 귀족이나 부유한 기업가나 그와 유사한 사람들에게 넘기고 말았다.[7] 그래서 교회는 다시 제도적 이해 추구에 안주하며 현상 유지에 급급하게 된 것이다.

오늘날 우리에게 필요한 것은 교회를 진정한 주변성의 공동체로 만드는 근본적인 변혁이다. 우리는 그리스도교의 뿌리, 즉 어떤 전통에도 제한되지 않으며 예수-그리스도의 삶과 사건에 중심을 둔 공동체로 돌아가야 한다. 예수-그리스도가 모든 전통의 원초적인 근원이므로 모든 전통은 존재의 주변부로 돌아가야 한다. 사회는 중심의 관점에서 주변을 규정하지만, 교회는 주변의 관점에서 중심을 규정해야 한다. 예수-그리스도 때문에 교회는 중심 중의 중심에 남아서는 안 된다. 자신의 존재를 주변부에서 발견해야 한다. 진정한 교회를 재발견하려면 교회가 시작된 장소인 주변으로 돌아가야 한다.

주변 중의 주변은 창조적 중심으로서 그곳에서 주변이 형성되고 창조성이 생겨난다. 창조적 중심이 없다면 교회는 죽고, 건물은 박물관이 되며, 십자가는 장식이 되고, 교인들은 경직된 군중이며, 예전은 무의미한 의례가 될 것이다. 살아 있는 교회는 주변에만 존재한다. 교회가 주변으로 존재하기를 거부한다면 태풍에 쓰러진 나무의 썩은 중심처럼 될 것이다. 중심주의자의 교회는 썩은 나무처럼 죽어가도, 주변부 교회는 나무 끝에서 싱싱한 잎들이 쉼없이 자라날 것이다.

중심성의 중심에 있는 교회가 죽어야만 주변성의 진정한 공동체가 부활할 수 있다. 죽음 없이는 부활이 가능하지 않은 것처럼, 낡은 교회의 죽음 없이는 새로운 교회의 부활도 없다. 이런 점에서 중심주의자들의 교회는 자체적으로 새로워질 수 없다. 겉모습과 형식만 변할 뿐이다. 예컨대 개신교 종교개혁이 철저히 이루어지지 못한 까닭은 그들이 로마 가톨릭교회라는 중심주의적 전통 안에서 교회를 개혁하려고 시도했기 때문이다. 중심주의 경향이 교회를 통제하는 한, 교회는 결코 스스로 변화될 수 없다. 중심 중의 중심에 있으려는 인간적 성향, 그 치명적인 죄가 진정한 개혁을 위해 제거되어야 한다.

또한 정통주의적 전통 안에서 스스로 새로워지려고 시도하는 교회는 성공하지 못할 것이다. 오늘날 우리는 철저한 개혁에 직면하라는 도전을 받고 있다. 철저한 개혁이란 예수가 이루었던 것, 즉 주변성의 새로운 공동체를 설립한 것만큼이나 근본적이어야 한다는 뜻이다. 이런 변혁은 교회의 기원으로 되돌아가는 것을 의미하는데, 그때 비로소 교회는 중심부적 가치를 스스로 비우는 **케노시스**(빌 2:7) 교회가 될 것이다.[8]

주변성 공동체는 중심주의자들의 공동체에 온전히 속할 수 없다. 지배적인 사회 속의 아시아계-미국인들처럼, 예수-그리스도의 교회는 전혀 이 세상의 일부가 아니다. 교회를 소외시키는 것은 세상 자체가 아니라, 인간 존재의 중심주의적 경향이다. 중심성으로의 유혹은 악으로 상징된다. 예수가 이렇게 기도했다. "내가 아버지의 말씀을 그들에게 주었사오매 세상이 그들을 미워했사오니 이는 내가 세상에 속하지 아니함 같이 그들도 세상에 속하지 아니함으로 인함이니이다. 내가 비옵는 것은 그들을 세상에서 데려가시기를 위함이 아니요 다만 악에 빠지지 않게 보전하시기를 위함이니이다"(요 17:14-15).

예수의 교회는 중심성의 중심이라는 악을 반대하기에 세상에 속하지 않지만 세상 안에 존재한다. 주변부 피조물로서 그리스도인 역시 이 세상에 존재하지만 세상에 속하지 않는다. 디오그네투스에게 편지를 쓴 사람은 자신이 그리스도인들의 삶에서 관찰한 것을 이렇게 기록했다. "그들은 자신의 나라에서 살지만 외국인으로 살고, 시민으로서 모든 것을 누리지만 외국인들처럼 모든 것을 견딥니다. 모든 이방 땅이 그들의 조국이지만 그들에게 조국은 이방 땅과 같습니다."[9] 그리스도인은 자신의 나라에서 외국인이 되는 것을 의미한다. 마찬가지로 그리스도인의 공동체로서 교회도 지금 세상과 앞으로 올 세상이라는 '두 세계 사이에' 존재해야 한다. 두 세계는 하나이며 나눌 수 없기에 교회는 두 세계 사이와 두 세계 모두에서 동시에 존재하게 된다.

주변성은 변화와 변혁을 특징으로 한다. 변화와 변혁이 이루어지지 않는 교회는 진정한 교회가 아니고 이미 죽은 것이다. 교회는 살아 있는 유기체와 같은 '그리스도의 몸'이다. 다른 살아 있는 유기체처럼 교회의 본질은 변혁이다. 사람이 교회를 변혁하는 것이 아니라, 교회를 지배하려는 중심주의적 경향을 포기하면 교회가 스스로 변혁한다. 교회는 홀로 남겨지면 스스로를 정화하는 호수와 같다. 사람이 호수를 청소하려고 하면, 오히려 더 오염시키거나 자연적 균형을 어지럽힐 수도 있다. 마찬가지로 교회가 교회되도록 가만히 두면 교회는 스스로 변혁할 것이다. 예수-그리스도 자체가 창조적 중심이기 때문이다.

변화와 변혁에 저항하는 중심성은 불변과 안전함이 특징이다. 변화와 창조성은 불안정을 만들어낸다. 안전함을 찾으려고 중심성을 추구하면, 교회는 안정적인 기관이 된다. 중심주의적 경향은 교회가 변혁되고 창조적으로 되는 것을 막는다. 이처럼 통제하려는 욕망은 그리스도를 온전히 신뢰하지 못하는 불안정과 소심함에서 나온다. 주변성을 받아들이면 안전함을 포기하고 하나님께 의지하게 된다. 신앙은 주변성의 경계에 있는 불안정 속에서도 하나님을 신뢰하는 용기이다. 이러한 용기를 지닌 주변부 사람들은 "교회를 교회답도록 만들자!" 하고 용기 있게 외친다.

운동으로서 교회

교회가 예수-그리스도에 속해 있으며 주변부 사람들의 살아 있는 공동체라면, 그것은 지금과는 완전히 다른 종류의 기관이 될 것이다. 중심부화는 원칙적으로 해로운 것이지만 피할 수는 없는데, 이는 교회가 인간의 조직이기 때문이다. 안정과 안전은 우리에게 매력적이다. 우리는 우리에게 편하고 위로를 주는 것은 빨리 바꾸려고 하지 않는다. 예상치 못한 세계적 사건으로 생긴 새로운 상황에 적응하는 데 어려움을 겪는 우리의 기관들도 그렇게 지체한다. 교회는 그들 가운데 예수-그리스도의 현존을 의식하는 주변부 사람들의 운동movement이 가장 큰 특징이 되어야 한다. 세상의 변혁을 위한 이 운동을 촉진하기 위해, 현재 교회에서 일어나고 있는 중심부화는 사라져야 한다. 이 운동은 신약성서의 기원으로 돌아가는 것으로 시작된다. 주변부 사람들의 운동으로서의 교회는, 주변화된 사람들이 세상 속에서 하나님의 약속을 실천해간다는, 남은 자 사상과 관련될 수 있다(미 4:6-8, 5:2-9; 사 4:2-6, 10:20-22). 이 개념의 부활은 열두 사도들의 임명 속에 반영되어 있는 것으로 보이는데, 그들 모두 주변부 사람이었던 것이다. 심지어 이 제자들보다 더 주변화되었던 사람들이 있었는데, 그들은 바로 예수를 따르던 여성들이었다. 누가복음의 주목할 만한 구절들에서 볼 수 있듯이, 그들의 주변성은 그들의 섬김과 밀접히 관련되어 있었다.

그 후에 예수께서 각 성과 마을에 두루 다니시며 하나님의 나라를 선포하시며 그 복음을 전하실새 열두 제자가 함께하였고 또한 악귀를 쫓아내심과 병 고침을 받은 어떤 여자들 곧 일곱 귀신이 나간 자 막달라인이라 하는 마리아와 헤롯의 청지기 구사의 아내 요안나와 수산나와 다른 여러 여자가 함께하여 자기들의 소유로 그들을 섬기더라(눅 8:1-3).

이 작은 예수의 무리가 교회의 **최초의 전승**primordial tradition이었다. 주변부 사람들의 운동으로서 교회를 재발견하기 위해 우리는 최초의 그리스도인들이 했던 것처럼 변화를 일으켜야 한다. 시공간의 제약을 초월하는 성령으로서 예수-그리스도 위에 우리의 교회가 세워져야 하며, 그 위에 주변부 사람의 공동체로서 우리 존재의 기반이 닦여야 한다. 우리는 함께 예수에게 나아가 그와 함께 행동해야 한다. 예수의 주변부 공동체로 살려면, 예수의 운동으로 시작되었던 것들이 다시 그의 것이 되어야 한다.

예수의 사역에는 어떤 형식적 구조도 없었다. 주변부 사람들은 주변성 중의 주변인 예수-그리스도에 대한 헌신 때문에 자발적으로 함께했다. 그들은 주변성의 선구자였던 아브람과 사라의 참 자녀들로 간주되었으며(갈 3:6-9, 14, 16; 롬 4:11-12), 광야에서 오랜 시간을 보낸 이스라엘의 새로운 언약 백성으로 여겨졌다(고후 3:5-18; 히 8:6-13). 무리가 함께 지키고자 한 것은 예수의 지배가 아니라 그의 사랑이었다. 제자들과 따르는 이들을 향한 예수의 사랑은 그들을 하나로 묶는 접착제였다. 그의 사랑이 서로를 향한 우리의 사랑이 되었다.

그리스도교의 핵심은 사랑이다. "내가 너희를 사랑한 것 같이 너희도 서로 사랑하라"(요 15:12). 사랑은 활력이 있으며, 인종, 계급, 성에 관계없이 모든 것을 포용한다. 그것은 지배하지도, 계층적이지도, 거만하지도 않다. "모든 것을 참으며 모든 것을 믿으며 모든 것을 바라며 모든 것을 견디느니라"(고전 13:7). 사랑은 조화의 원리이다. 그것만이 진정한 주변부 공동체를 가능하게 만든다. 사랑 때문에 교회는 늘 구조와 형태를 초월해 생기 있을 수 있다. 사랑 때문에 교회는 운동이 될 수 있으며, 결코 중심주의자의 기관 안에 갇히지 않는다.

셀 그룹, 교회의 기본 단위

교회가 하나의 운동이긴 하지만 인간적 제도화를 피할 수는 없기에 교회의 변혁으로도 제도적 요소가 완전히 제거되지는 못한다. 하지만 이런 요소 때문에 중심주의자가 될 필요는 없다. 형식을 최소화하고 중심부적 요소를 제거함으로써 교회는 다시 운동이 될 수 있다. 주변부 공동체로서 우리에게는 최소한의 구조가 필요하다. 어떤 요소든 운동이 최소한의 구조가 되는 데 방해된다면 제거해야 한다. 최대한 권력이 분산될 수 있도록, 교회 구조는 임시적ad-hoc 토대에서 나와야 한다. 상설위원회는 꼭 필요한 지역, 국가, 국제 조정을 위해서 구성하고 유지하면 된다. 위원회 구성원은 교회의 기본 단위인 셀 그룹에서 선출되어 자발적으로 섬겨야 한다. 어떤 위원회나 구조도 영원불변하지 않다. 대부분의 결정은 임시 위원회가 내리되 주어진 업무가 완결되면 위원회도 해산해야 한다. 교파도, 교의도, 전통도, 예전도 영원하거나 보편적이지 않다. 이런 점에서 형식적인 교회 구조는 유연해져야 한다. 예수-그리스도만이 영원하고 현존한다. 그가 새로운 주변부 사람들의 창조적 중심이기 때문이다. 공동체의 다양성은 창조성과 변화의 근원인 하나의 주님one Lord 안에서 조화를 이루게 된다.

다양한 주변부 셀이 하나의 주님, 예수-그리스도 아래서 하나가 되므로 그들은 서로에게 열려 있어야 한다. 우리는 각각의 셀이 자신만의 방식으로 성서를 해석하도록 허용해야 한다. 동시에 그 해석이 서로 대화를 통해 검증되고 교정되게 해야 한다. 철저히 개혁적인 교회는 역동적이며, 정통 교의나 실천을 다른 사람에게 강요할 수 없는 살아 있는 운동이다. 각각의 셀은 그리스도교 신앙에 대한 각 셀의 고유한 이해를 바탕으로 만들어진다. 신앙에 대한 다른 이해나 성서에 대한 다른 해석을 통일시키거나 보편화하려고 하는 것은 바람직하지 않다. 개별적인 셀의 신념을 통일하려는 시도는 창조의 본래 질서에서 나타난 다양성의 표현에 반대하는 것이다. 신앙의 다양한 표현이 새로운 주변부 교회에 존재하므로 대화와 상호 의존은 필수적이다. 대화는 서로의 성장과 성숙을 촉진한다.

폐쇄된 집단은 스스로에게 파괴적이며 전체 공동체에 암 같은 영향을 미친다. 특정 셀이 죽으면서 전체 몸에 부작용을 일으키기 때문이다. 주변부 사람들의 살아 있는 공동체는 다른 공동체와 연관되어 있어야 한다. 소수파 공동체의 위험하고도 공통적인 경향은 지배 집단으로부터 소외와 주변성을 막고 일시적으로 거짓된 감정적 안전을 얻으려고 폐쇄적이 된다는 점이다. 이런 경향은 중심 중의 중심을 추구하는 것만큼이나 악하다. 한국계-미국인 교회에서 분열은 일반적이다. 분열이 항상 나쁜 것이라고 생각하지는 않지만, 분리된 집단이 폐쇄되면 암적인 영향을 준다. 주변부 셀 그룹은 전체를 지지하기 위해 서로 의존할 필요가 있다.

지배 구조에서 주변 구조로 전환하는 것은 교회의 권력이 셀에 부여될 때만 가능하다. 오늘날 권력은 회중(셀 그룹 연합), 교구diocese, 연회conference, 대회synod, 기타 이와 유사한 기구에 있다. 예를 들어 미국 연합감리교회의 권력은 수백 개의 교회들(회중들)이 모이는 연회annual conference에 있으며, 연회를 주재하는 감독이 권력을 행사한다. 이 구조는 그리스도인을 주변화시키는 위계 구조적 이데올로기를 토대로 한다. 권력이 셀 그룹에 귀속된다면 주변화는 제거될 수 있다. 셀 그룹은 회중을 구성하고, 회중은 다시 연회를 구성한다. 결정권이 셀에 주어지면 교회의 지도력은 셀 그룹의 대표들로부터 선택된다. 거기에는 사람을 지배하는 거대 구조가 없다. 회중은 셀 그룹의 연합이며 지역, 국가, 국제 운동은 셀 그룹들의 연합이다. 모든 대표나 조정자가 셀 그룹에서 나오기 때문에 어떤 영구적 권력도 불가능하다. 제도주의를 제거하기 위해 모든 대표에게는 임기가 정해져야 하고, 그들의 봉사는 자발적이어야 한다. 회원 자격만이 유일한 항구적인 지위다. 모든 행정은 평신도 자원봉사자들에 의해 이루어져야 한다.

목회자는 행정적인 책임에서 자유로워져, 설교하고 조언하며 자신의 회중을 상담하는 데 전념해야 한다. 목회자는 겸손과 감사로 다른 사람을 돕는 종이자, 설교자로서 정의와 평화를 말하는 예언자이고, 선생으로서 진리와 영적 성취로 인도하는 지혜로운 사람이자, 치유자로서 영혼을 치유하고 사회적 병폐를 풀어내는 의사이며, 위로자로서 주변부 삶의 기쁨과 슬픔을 나누는 친구다.

예배는 종이 드리는 것이 아니면 진정한 것이 아니다. 마찬가지로 주변부 사람을 위한 목회자는 주변부 사람이 되어야 한다. 따라서 목회자의 가장 중요한 자격은 주변부 사람이며 종이라야 한다. 다음으로 자신의 셀 그룹에 의해 목회를 위해 추천되고 지지받아야 한다. 또한 회중의 대표, 즉 그의 신학교육에 책임이 있는 셀 그룹의 모임에서 승인되어야 한다. 신학 교육은 새로운 목회의 요구에 맞추어 철저히 변혁되어야 한다. 끝으로 목회자는 회중에게 초청받아야 하며 그들의 필요에 따라 급여를 받아야 한다. 셀 그룹처럼 회중도 너무 커지면 또 다른 회중을 형성하도록 분리해야 한다. 이런 방식을 통해 회중은 너무 커지지 않고, 목회자는 자신이 섬길 수 있는 능력을 넘어서는 부담을 지지 않고 충분히 다른 사람들과 소통할 수 있을 것이다. 이렇게 될 때 계층구조는 제거되고, 제도주의는 최소화될 수 있다.

셀 그룹 활동

셀 그룹을 교회의 기본 단위로 만들 때, 각 그룹은 자신의 특성과 상황에 맞는 자신들만의 프로그램을 계획할 수 있다. 이 프로그램은 예배시간에 다른 회중들과 공유되어야 한다. 예를 들어 주로 아시아계-미국인들로 구성된 셀 그룹이라면 그들의 독특한 문화 및 역사 관점을 다른 셀들과 함께 모였을 때 공표하며 예전 예배에서 활용하는 것이다.

몇 년 전 여름, 나는 한국에서 무속 의례에 참여하고 나서[10], 샤머니즘 속에 있는 내 뿌리를 발견하고 본토 한국인들이 하는 것처럼 노래하고 웃고 춤추고 먹는 것이 내게 얼마나 자연스러운 일인지 깨달았다. 특히 그들의 자발성은 한국계-미국인의 그리스도교 제의에 적용할 만한 것이었다.

나는 몇 년간 한국인 여성들로 구성된 셀 그룹에서 목회를 했는데, 미국인 남편을 둔 이들은 삼중으로 주변화되어 있었다(한국에서는 미국인이므로, 미국에서는 한국인이므로, 여성으로서는 외국인과 결혼했기에 주변화되었다). 이들을 목회하면서 가장 창조적이고 의미 있는 예배와 활동은 그들의 일상생활 방식에서 채택된 것들이었다. 지배 집단의 전통적인 예배 형식을 사용했더라면, 그들에게 무의미했을 것이다.

한국계-미국인 셀 그룹은 이야기를 좋아하는데, 성서 이야기를 듣는 것뿐 아니라 자기 이야기를 말하는 것도 좋아했다. 성서 이야기가 자신의 삶과 얽힌 이야기 형식으로 연관되면 설교와 가르침과 신학이 더 의미 있게 여겨진 것이다. 평범한 이야기도 그리스도를 믿는 사람들의 집단 속에서 이야기될 때 성스러워진다. 우리가 나눈 대부분의 이야기는 일상에서 그리스도인으로서 경험한 간증이었다. 내 설교는 대개 예수의 이야기와 엮인 내 이야기거나 비유들이었다. 즉 주변부 사람으로서 겪은 고통과 소외로 가득했다. 또 사회 정의를 향한 우리의 분투를 증언하고 있었다.

한국계-미국인 셀 그룹은 쉬운 복음성가를 반복해서 부르는 것을 좋아한다. 이들은 노래의 의미보다는 함께 노래 부를 때 일어나는 감정에 더 많은 관심을 갖는다. 복음성가를 부르는 것은 단체의식을 형성할 뿐 아니라 예배의 분위기를 강화시킨다. 또 인쇄된 악보 없이 노래를 부르고 싶어 하는데, 악보가 이런 분위기를 흩뜨리기 때문이다.

한국계-미국인 셀 그룹은 기도하기를 좋아한다. 기도는 그리스도인으로서 그들 삶의 진정한 토대이다. 그들은 쉬지 않고 기도한다. 침묵, 느낌, 큰소리 등 다양한 방식으로 기도한다. 성령의 감동을 받는 기도는 일관성 있거나 지적일 필요가 없다. 우리의 예배는 자발적이었는데, 그것이 일상적인 삶의 일부였기 때문이다. 예배 시간에 우리는 웃고, 소리치고, 울고, 침묵했다. 우리는 경직되고 냉정한 사람들이 아니었다. 우리는 성서를 함께 소리 내어 읽었는데, 읽는 도중에 실수도 했지만 부끄러워하지 않았다. 성서를 읽다가 실수를 하면 대개 웃었다. 우리의 예배는 살아 있는 진정한 예배였다. 우리는 주변부 사람으로서 예배에서 우리 자신이 되어야 했기 때문이다.[11]

한국계-미국인 셀 그룹은 예배 후 함께 먹는 것을 좋아했다. 제대로 식사를 준비해서 먹었는데, 이것이 우리의 영적 친교였다. 조그만 빵 한 조각이나 플라스틱 컵의 포도주는 피했다. 예수가 제자들과 함께 먹었던 것처럼 우리도 주변 중의 주변인 그리스도의 현존 속에서 함께 먹었다. 그리스도의 현존을 우리 가운데서 인식한다면 우리의 식사는 거룩하다. 우리는 예수가 그랬던 것처럼 식사에 대해 감사하고 그를 기억하며 먹었다. 간단한 예식으로 충분했다. 오랜 시간이 걸리는 전통교회의 성찬 예전은 중심 집단에 의해 정교하게 만들어진 것이지만, 우리의 교제는 단순하고, 자연스럽고, 일상적이었다. 식탁의 교제나 사랑의 만찬이 끝나면 우리는 정치사회적 관심사에 대해 토론했고 공동체를 개선하기 위한 행동을 계획했다. 계획된 행동의 결과는 보고 및 평가되었으며, 새로운 행동으로 이어졌다. 목회자는 조언하고 자원을 제공하는 사람이지, 단체 행동을 지배하거나 지시하는 사람이 아니다. 셀 그룹은 스스로 완전한 책임을 갖는다.

셀 그룹이 보다 큰 회중으로 다른 그룹과 만나면 자신을 다른 그룹에 개방하고 서로에게 뭔가를 배운다. 회중의 예배와 활동은 셀 그룹의 예배와 비슷한 방식으로 이루어질 것이다. 보다 큰 회중의 효과는 다양한 셀들을 어떻게 조화시키고 조율할 것인지에 달려 있다. 셀이 교회의 기본 단위이기 때문에 회중이 아무리 커도 각 셀의 의지에 반해 회중의 뜻을 강요할 수는 없다. 독특한 각각의 셀은 큰 전체에 흡수되지 않는다. 개별적인 자체로 전체의 일부이다. 그리스도의 몸으로서 교회는 그리스도의 지도력 아래서 함께 기능할 수 있다. "눈이 손더러 내가 너를 쓸 데가 없다"(고전 12:21)고 하지 못하는 것처럼 단일한 셀 그룹은 다른 셀 그룹 위에 군림하며 자신의 특별함을 주장할 수 없다. 마찬가지로 숫자나 활동 면에서 아무리 하찮은 셀 그룹도 다른 셀 그룹만큼 중요하다. 회중의 모임에서는 하찮게 보이는 셀 그룹들이 더욱 존중받아야 한다. "우리가 몸의 덜 귀히 여기는 그것들을 더욱 귀한 것들로 입혀 주며 우리의 아름답지 못한 지체는 더욱 아름다운 것을 얻느니라. 그런즉 우리의 아름다운 지체는 그럴 필요가 없느니라"(고전 12:23-24). 셀 그룹은 대화를 통해 새로운 것을 배우며 그리스도인의 삶으로 성장하고 성숙한다.

신학 교육

대부분의 젊은이들이 공교육 체계에서 중심부 이데올로기를 주입받는 것처럼, 제한된 신학적 사유는 신학교 교육에서 비롯된다. 신학교도 똑같은 모양으로 사람을 빚어내는 것이다. 신학교가 중심부 이데올로기를 따르면, 주변부 사람을 위한 유능한 목회자를 키워내리라 기대할 수 없다. 가난한 사람과 주변부 사람을 억압하는 이데올로기에 토대한 신학교가 해방신학을 진지하게 가르칠 수는 없다(라틴 아메리카 해방신학, 아프리카계-미국인 해방신학, 여성주의 해방신학, 아시아 해방신학, 제3세계 해방신학 등). 대부분의 신학교에서 해방신학 수업은 여전히 지배적인 신학에 의해 영향을 받은 백인 교수들이 가르친다. 그들은 민들레가 아니고 민들레가 될 수도 없지만, 민들레가 존재한다는 '생각'에는 동의하는, 푸른 마당 속 두세 잎의 잔디와 같다. 하지만 민들레의 존재를 배제하는 푸른 마당의 일부분인 이상, 그들은 여전히 민들레를 억압하는 것이다. 지배 집단의 특권과 자원을 공유하는 교수가 주변부 사람들의 해방을 옹호한다고 해도 큰 의미는 갖지 못한다.

신학교에서 주변부 사람을 위한 목회자를 교육하려면, 신학교 구조, 직원, 프로그램 등에서 근본적인 변화가 있어야 한다. 신학교 과정이 주변성의 필요에 대응해 구성되어야 하고, 신학 훈련은 지적인 추구 이상이 되도록 초점을 맞추어야 한다. 특히 신학 훈련에 대한 역사적·전통적 접근은 주변부 공동체들이 특정 이데올로기로 영구화되는 것을 피할 수 있도록 고려해야 한다. 성서와 설교, 상담과 영적 지도를 연구하기 위한 새로운 방법을 발전시킬 뿐 아니라, 주변부의 맥락에서 사회 정의를 위해 이들을 체계화할 수 있어야 한다. 또 신학교는 학생들이 자신의 신학을 구성할 수 있도록, 다시 말해 자신들의 개인적 맥락에서 이야기 신학을 구성하도록 격려해야 한다.

이와 더불어 나는 셀을 위해 모본이 되는 일차적 장소로 신학교를 구상한다. 신학 교육은 서로가 종으로 조화롭게 사는 실천을 강조해야 한다. 교수의 주된 기능은 학생들이 목회를 위한 재능을 계발할 수 있도록 북돋아주는 것이다. 현재의 전통적인 강의 형식은 일방적인 의사소통 방식으로 의욕 있는 학생들의 잠재력을 가로막을 수 있다. 학생들은 모든 신학적 주제에 열린 마음으로 임하고 대화에 참여할 수 있어야 한다. 지배 집단 신학자들이 선호하는 전문용어를 피하는 것이 중요하다. 예수처럼 이야기로 신학적 사유를 전달할 때는 비전문 어휘들이 사용되어야 한다. 학생들은 비전과 상상력이 풍부한 사유에 대해 칭찬과 격려를 받고, 전적으로 추상적인 사고는 삼가도록 지도받아야 한다. 신학적 사유가 지배 이데올로기를 제거할 수 있는 개인적, 사회적, 정치적 행동을 위해 구체적이고 실제적인 의미를 지녀야 고려할 만한 가치가 있다. 즉 이론과 실천에서 총체적 사유와 통합이 절대적으로 필요하고, 지배 집단에 의해 발전된 이원론적, 분석적, 비판적 사유가 아닌 보완적, 창조적, 상상력 풍부한 성찰이 강조되어야 한다.

이와 같은 새로운 신학 교육에서는 교수 한 명이 12~15명 정도의 셀 그룹을 지원하는 것이 바람직하다. 한 셀은 한 학기를 기준으로 특정 신학 분야를 연구하기 위해 함께 공부한다. 신학생들은 셀의 조언자나 상담자로 훈련받기 때문에 다양한 셀을 방문하고 결과를 신학교 셀에 보고해야 한다. 신학교 교수는 목회를 경험하고 깊이 헌신된 사람이어야 한다. 그리스도인의 품성뿐 아니라 도덕적, 영적 자격도 갖춰야 한다. 보다 중요한 것은 주변화되어 셀 그룹 안에서 능동적으로 활동하는 것이다. 당연히 신학생들 역시 전문 직업의식보다는 그리스도인의 사랑의 덕을 갖추고 종 됨이 강조되어야 한다.

신학교에 들어오는 데 가장 중요한 것은 입학 희망자가 진정성, 정직, 섬김에 대한 자신의 열망을 증명하는 것이다.[12] 시험 제도가 필요하지 않은 까닭은 그런 시험 결과는 중심부 사람들이 주변부 사람들을 통제하고 배제하기 위해 사용해왔던 것이기 때문이다. 신학교는 자신이 속한 회중에서 추천받은 입학 희망자들을 받아들여야 한다. 학생의 수행 능력을 판단하기 위해 경쟁적인 학점 체계가 사용되어서는 안 된다. 필수과목이 획일적이지 않아서 영적, 실천적 훈련을 마치는 데 더 오랜 시간이 필요한 학생을 도울 수 있어야 한다. 평가는 상호 과정이 되어야 할 필요가 있으며, 교수와 학생은 어떤 영역을 연구할 때 특정 요구사항들을 충족시켜야 한다는 데 반드시 상호 동의해야 한다. 졸업은 학생과 그의 공부에 참여한 교수들 간의 동의로 이루어져야 한다. 졸업 후 목회자로 일하던 사람이 연구나 가르침을 위해 신학교로 돌아올 수 있다. 마찬가지로 교수들도 때로 교회로 돌아가 일해야 한다. 변화하는 교회의 역동성에 모순되는 종신교수직에 대한 중심부적 실행은 검토가 필요하다. 셀 그룹처럼 신학교도 변화의 흐름에 맞추기 위해 다시 평가받아야 한다.

학생과 교수들을 위한 재정 지원은 셀 그룹의 자발적 기부로 이루어져야 한다. 이런 기금은 목회자 훈련을 지원하는 회중을 통해서 올 수 있다. 하지만 중심주의 집단으로부터의 재정적 지원은 피해야 한다. 신학교 삶의 수준은 주변부 사람들의 삶의 수준을 상회해서는 안 되고, 급여도 지위가 아닌 필요에 근거해 결정되어야 한다. 신학교는 배우고, 섬기고, 종으로서 세상에 돌아가는 주변부 교회의 연장선상에 있어야 한다.

중심주의자의 틀 안에서 관습적인 연구를 하는 데 관심이 있는 사람은 비교종교학 등 목회 훈련이 아닌 다른 학문적 신학 연구로 나아가야 할 것이다.

교회의 사명

새로운 주변성이 지닌 사명은 사회적 불의에서 사람들을 해방시키고, 깊이 뿌리내린 지배 이데올로기를 제거해 모든 사람을 화합시키는 것이다. 화해는 정의 없이 가능하지 않고[13] 정의는 지배를 추구하는 중심부 이데올로기를 제거하지 않고서는 불가능하다. 교회는 지배 이데올로기를 제거할 수 없는데, 이는 자신이 그 일부이기 때문이다. 따라서 오늘날 교회의 가장 긴급한 과제는 교회 자체를 해방시키는 것이다. 그렇지만 이 해방은 전 지구적 해방으로부터 분리할 수 없다.

근본적인 개혁이 필요하다. 근본적인 개혁은 예수에게로 돌아가, 진정한 교회는 사람들의 운동, 특히 주변부 사람들의 사회적 환경 안에서 운동임을 이해할 때 가능하다. 예수의 열두 제자는 셀 그룹의 **원형**으로, 이 규모의 셀 그룹에서 예수는 **성령 안에 다시 현존한다.** 다시 말해 예수는 열두 명의 제자 가운데 있었던 것처럼 셀 그룹에 그리스도의 영으로 현존한다. 이 현존은 교회의 사명이 왜 셀을 기본 단위로 교정해야 하는지 근거가 되어준다. 교회를 향한 희망은 성서 연구, 언약, 기초공동체, 코이노니아 등 작은 집단들의 등장을 통해 가능하다. 새로운 셀 그룹(주변부 사람들의 공동체)은 운동이 확장되면서 나타난다. 셀 그룹이 성장하면 분할되어 새로운 셀이 생겨난다. 이런 셀들이 지속적으로 늘어나면서 교회가 성장한다. 교회 성장의 철학은 셀 그룹 운동에서 나와야 한다. 또 회중을 구성하는 셀에게 권력을 나누어줌으로써 교회는 중심주의의 지배가 무효화되고 주변부 사람들의 공동체가 될 수 있다. 중심주의 이데올로기가 지배하는 한, 정의는 없고 정의가 없는 교회는 화해의 공동체가 될 수 없다. 따라서 변혁을 위해 중심주의 이데올로기를 폐기하는 것이 가장 중요하다. 오늘날 교회의 사명은 예수-그리스도의 진정한 교회가 되는 것이다. 한국계-미국인 교회의 소그룹 운동을 논하면서 이를 자세히 설명하고자 한다.

한국계-미국인 교회의 경이로운 성장은 소그룹 구조 덕분이라고 말할 수 있다.[14] 소그룹은 속회나 구역회로 불리는데, 지역별 성경공부 모임이다. 하지만 이 모임은 교회로 기능할 수 있는 기본 단위로서, 단순한 성경공부 모임 이상이다. 참석한 사람들은 기도와 찬송, 성경 읽기, 묵상, 헌금으로 구성된 예배를 드리는데 보통 목회자가 모임을 주관한다. 평신도들이 주관하면 더 좋겠지만, 목회자가 함께 있는 자리에서 평신도들이 예배와 관련된 모임을 인도하기가 불편한 듯하다. 이런 망설임은 그들이 위계 구조적 이데올로기에 깊이 영향받았음을 나타내는 것이기도 하다.

　성경공부가 진행되는 동안 모든 종류의 개인적, 사회적 이슈와 문제들이 논의된다. 성경공부가 끝나면 맛있는 음식이 차려진 성대한 모임이 있다. 이 식사는 구성원들이 다른 사람들을 친밀히 알아가는 기회를 제공한다. 교회에 속해 있다는 진정한 느낌은 속회나 구역회를 통해서만 온다. 성경공부 모임은 구성원의 집에서 이루어지고 해당 가정이 식사를 대접한다.

　속회가 실제적으로 교회이다. 이는 속회가 그리스도의 몸을 이루는 데 필요한 모든 요소를 가지고 있기 때문이다. 그러나 교회가 될 수 있는 속회의 권리는 종종 교회 내 지배 집단에 의해 제한된다. 소그룹의 권한을 회중에게 옮겨 회중이 중심이 되고 소그룹은 주변이 되는 것이다. 회중은 소그룹의 권한과 자율성을 가져가고 교회의 자리를 회중으로 옮긴다. 이 결과 한국계-미국인 교회의 주요 활동은 소그룹보다는 회중 속에서 일어난다. 대부분의 한국계-미국인 교회에서 속회나 소그룹은 한 달에 한 번 만나고, 회중은 매주 일요일 아침예배, 저녁예배, 새벽기도회, 위원회 회의, 친교모임 등을 통해 만난다. 그러나 내가 목회하는 주변화된 사람들을 위한 소그룹들은 매주 수요일마다

만났고, 이로써 교회로서 소그룹은 튼튼해질 수 있었다.

한국계-미국인 교회는 작은 성경공부 모임에서부터 시작했지만, 회중이 만들어지면 작은 모임은 자율성을 잃고 회중에 부수적이고 종속적이 되었다.[15] 내가 구상하는 근본적인 변혁은, 소위 회중적인 교회를 유지하기보다 셀 그룹을 교회의 기본 단위로 회복하고 그 고유한 특성에 권한을 주는 것이다. 교회를 셀 그룹의 운동으로 생각할 때 회중은 단순한 연합이다. 회중이 셀 모임의 모자이크가 되면 교회 안에서 분파 문제가 대두될 이유가 없는데, 분파라고 해야 셀 그룹들 간의 부조화에 지나지 않기 때문이다.

셀 그룹에 권한을 부여하기 위해서는, 교회 중심부를 지향하는 것이 주변부 공동체에 파괴적인 요소임을 가르쳐야 한다. 사람들은 권력을 약속하는 중심부 이데올로기에 마음이 끌린다. 하지만 중심주의는 진정한 교회를 파괴하는 치명적인 죄이다. 교회의 실패는 전문적인 행정 기술이나 흥미로운 설교의 결핍이 아니라, 매력적인 중심주의적 경향(중심 중의 중심에 있으려는 욕망)이다. 이것 때문에 교회는 새로운 주변부 사람들의 공동체가 되는 데 실패한다. 역설적으로, 중심성 중의 중심을 추구하는 경향은 민족적 특성이 강한 소수민족 교회들, 특히 한국계-미국인 교회들에서 더욱 강하게 나타난다.

북미로 이주한 대부분의 한국인 남성 이민자들은 교육수준이 높다. 로스앤젤레스 카운티의 조사에 따르면, 한국 남자의 70퍼센트가 대학을 졸업했고, 그중 절반은 한국에서 전문직, 기술직, 관리직 위치에 있었다.[16] 하지만 미국에 와서는 더 이상 같은 지위에 오를 수 없었다. 인종·문화 배경 때문에 차별을 받았고, 영어 구사 능력이 부족해 직업을 찾는 데 애를 먹었다. 그래서 소매점 같은 자기 가게를 열어서 직업으로 삼았다.[17] 그들은 열심히 일했고, 사회적 위상을 높이기 위해 큰 저택을 구입하고 비싼 자동차를 몰았다. 하지만 미국 사회는 여전히 그들을 알아주지 않았다. 좋은 교육을 받았든지, 돈을 많이 벌었든지 상관없이 그들은 여전히 이등 시민이었다. 그들이 긍정적으로 인정받는 유일한 장소가 한국계-미국인 공동체였다. 한국계-미국인의 70퍼센트 이상이 교회에 출석하기 때문에, 교회는 그들이 원하는 인정을 받을 수 있는 최고의 장소이다.[18] 한국계-미국인들이 교회에 다니는 이유로는 여러 가지가 있지만[19] 그중에서도 인정받는 것은 중요한 동기이다. 한국계-미국인 회중의 거의 모든 구성원은 사무실을 갖기를 원한다. 예를 들어 한인연합감리교회에는 평신도들의 장로위원회, 안수집사위원회, 기타 위원회들이 있는데, 미국연합감리교 안에는 없는 체제이다.[20] 작은 한국계-미국인 회중 구성원의 절반 이상이 장로나 안수집사이다. 더불어 그들이 다닌 학교, 그들이 받은 학위, 그들이 전에 가졌던 직업이 교회 안에서 인정받는다.

여성은 남성보다 더 열심히 일하지만 거의 인정받지 못한다. 교회에서 한 여성이 이렇게 말했다. "전에 목사님께 말씀드렸지만, 대부분의 교회 일을 여자들이 해도 공은 남자들이 다 가져가요. 하지만 그래도 괜찮다고 생각해요. 우리 여자들은 인정받으려고 일하는 게 아니니까요."[21] 여성은 중심을 추구하는 경향이 덜하고, 주변성의 위치를 기꺼이 받아들이는 것으로 보인다.

한국계-미국인들은 사회에서 주변화될수록, 자기 민족끼리 모인 회중에서는 더욱 공적으로 인정받고 싶어 한다. 이를 인정하지 않는 교회는 살아남지 못할 것이다. 목회자들은 재정적 이익을 얻으려고 이런 약점을 이용하기도 한다. 평신도 장로와 안수집사는 십일조를 내도록 요구받는다. 십일조를 내거나 특별 헌금을 한 사람들은 주보에 이름이 실려 공개적으로 알려진다. 교회가 주변화된 사람들에게 매력적인 중심부 가치를 강조하면서 이득을 얻는 것이다. 그들은 주변화된 적이 있기에 교회에서만이라도 중심에 있기를 원하고, 이를 위해 기꺼이 헌금도 한다. 그렇게 그들은 회중의 위계 구조적 특권의 사다리를 오르기 시작한다. 주변부 사람들의 공동체인 교회가 그들을 주변화하고 소외시켰던 지배 이데올로기를 통해 구성원들을 지배하는 것이다. 이제 교회의 기능은 구성원들의 약점을 이용하는 것이 아니라, 구성원들이 추구하는 권력이 실제로는 자신들을 주변화시킬 뿐임을 깨닫도록 돕는 것이어야 한다.

교회의 사명은 주변부 사람들의 자각을 높이는 것이다. 자신의 주변성에 대한 새로운 이해를 통해, 주변성이 자신의 집단에 고유한 정체성을 제공함을 깨닫는 것이다. 자신의 주변성을 의식화하지 못하는 사람은 중심성의 규범에 매달리다 그것에 희생된다. 자신의 주변성을 의식할 때, 사람은 주변의 주변에서 새로운 관점을 발견한다. 즉 의식화된 주변부 사람은 다르게 생각하고 행동한다. 예수-그리스도가 주변 중의 주변이기에 이 새로운 관점은 그리스도교적 관점이다. 주변부 사람들 가운데 그리스도인의 정체성을 갖지 못한 경우도 있지만, 주변성의 관점에서 보면 그들은 익명의 그리스도인이다. 교회의 구성원이 된다는 것은 자신의 관점을 중심 중의 중심에서 주변 중의 주변으로 옮기는 것을 의미한다. 자신의 주변성을 의식화하는 순간, 중심부 관점은 주변부 관점으로 전환되며, 사람들은 회심이나 중생을 경험한다. 이 경험은 주변화된 사람들을 각성시키고 지배 집단에 속한 사람들을 변혁시킨다.[22] 중심에서 주변으로의 변혁은 구원에 필수적이다. 구원은 주변 중의 주변, 예수-그리스도로 인한 것이기 때문이다.

소수민족이 자신의 주변성에 대해 자각하는 것은 교회의 사명을 위해서 꼭 필요하다. 하지만 대부분의 소수민족 교회는 지배 이데올로기에 깊은 영향을 받고 있어서 자신의 주변성을 인식하지 못한다. 교회가 자신의 정체성을 상실하는 것은 비극적인 현실이다. 주변부 사람들이 자신을 주변부 사람으로 깨닫지 못하면, 타율적이 되거나 잘못된 길로 인도될 수 있다. 주변화된 교회는 주변화된 소수민족처럼 정체성을 잃기 쉽다. 북미에서 공부할 때, 나는 내가 살던 기숙사에서 유일한 유색인이었다. 나는 수년 동안 마치 내가 백인인 것처럼 생각하고 행동했는데, 내가 본 모두가 백인이었기 때문이다. 하루는 캘리포니아에 갔다가 아시아인 경찰관을 보았다. 나는 아시아인이 경찰이 된다는 것을 믿을 수 없었다! 이 사건은 내 인식에 전환을 가져왔다. 내가 다른 사람과 다르다는 것을 아는 것이 나 자신의 정체성을 발견하는 시작이다. 소수민족 교회, 특히 한국계-미국인 교회는 주변화된 사람들의 공동체로서 자신의 정체성을 재발견하거나 새롭게 만들어야 한다. 자신이 지배 집단의 공동체와는 다르며 자신의 규범이 주변성임을 자각하지 않는다면, 교회 구성원들이 그들 자신을 발견하도록 도울 수 없을 것이다.

일 년 전쯤 뉴욕에서 목회를 시작한 한국인 목회자에게 북미에서 목회하는 데 대한 생각을 들은 적이 있다. 처음 목회자로 섬기게 된 교회에 갔을 때 그는 교회 벽에 붙어 있는 말을 보고 큰 충격을 받았다고 한다.

나는 미국인인가?
아니.
나는 한국인인가?
아니.
나는 누구인가?

이것을 보고 그는 자신의 사명이 젊은 사람들의 정체성을 찾도록 도와주는 것임을 깨달았다. 한국계-미국인 교회는 자기 정체성을 발견하고 중심부 관점에서 주변부 관점으로 그 규범을 바꿀 때 비로소 한국계-미국인이 정체성을 발견하도록 도울 수 있다. 사람이 바로 교회이므로 하나님의 주변부 백성으로서 정체성을 개인적으로 발견하는 것은 교회가 발견하는 것과 같다. 이처럼 새로운 이해를 통해 개인과 교회가 모두 참된 그리스도인과 참된 교회가 될 수 있다.

한국계-미국인 교회는 (다른 모든 교회와 마찬가지로) 모든 교회 활동에서 중심부 규범에서 주변부 규범으로 바뀌어야 한다. 기도, 성서연구, 주석, 예배, 찬양, 예전, 배타적인 언어 사용, 헌금, 사회적 행동, 주일학교 교육과정, 신학, 상담 기술, 청교도적 윤리는[23] 주변부 관점에서 재해석되고 수정되어야 한다. 이것은 철저한 변화를 의미한다. 한국계-미국인 교회는 다른 소수민족 교회들처럼 철저한 변화가 가능한데,

이는 한국계-미국인 교회가 아직도 한국 민족의 문화와 역사를 보존하고 있기 때문이다.[24]

미국에 사는 소수민족이 주변성의 주변에서 살고 있기에, 한국계-미국인이나 다른 소수민족 교회가 지배적인 백인 미국인 교회의 감독 아래 있어야 한다는 것은 받아들일 수 없는 일이다. 주변부 교회는 교파적인 관계를 넘어서야 한다. 하지만 대부분의 한국계-미국인 교회는 주요 교파들과 관련되어 있다. 예를 들어 한국계-미국인 연합감리교회는 백인 미국인들이 통제하는 미국연합감리교회의 일부이다. 그래서 한국계-미국인 연합감리교회는 주변적인 소수민족의 관점에서 자신의 정책이나 활동을 발전시킬 수 없다. 그것은 감독하는 교회의 지배적인 관점과 갈등을 일으키기 때문이다.[25] 따라서 소수민족 교회가 의식화되면 그들은 우위에 있는 감독 교회에 더 이상 지배를 받을 수 없다. 그들은 독립적이 되어야 하고, 백인 미국인 교회, 아프리카계-미국인 교회, 히스패닉계-미국인 교회, 북미 원주민계-미국인 교회 등 다른 교회들과 공존해야 한다. 셀 그룹처럼 한국계-미국인 교회는 다른 주변부 공동체를 보완하는 자율적이고 제한이 없는 공동체여야 한다. 이런 점에서 소수민족 교회가 주변성의 기능을 발휘하면 지배적인 백인 교회를 향한 선교사가 될 수 있다. 이스라엘의 남은 자처럼, 소수민족 교회는 미국에서 새로운 교회의 빛과 소금이 될 것이다.

교회가 중심부 규범에서 주변부 규범으로 바뀌는 것은 쉽지 않다. 어떤 변화나 전통으로부터 강한 저항을 받게 마련이다. 교회에서 강력하고 영향력 있는 자리에 있는 사람들은 그것을 쉽게 포기하지 못하는 법이다. 자신의 부를 포기하지 못해 예수를 따르지 못했던 부자

청년처럼, 가진 자들은 더 많이 갖기를 원한다. 따라서 주변성에 대한 자각은 아래로부터 시작해 위로 올라가야 한다. 즉 주변에서 중심으로 움직여야 한다. 사람들이 자신의 주변성을 받아들이고 주변성의 능력을 이해할 때 중심부 교회의 이데올로기에 저항할 수 있는데, 이는 예수-그리스도가 주변에서 그들과 함께하기 때문이다. 지속된 제도화를 지탱할 수 있도록 상부구조를 뒷받침하는 것을 거절함으로써, 교회는 하나의 운동이 될 수 있고, 셀 그룹의 연대성을 강화할 수 있다. 이런 방식으로 그리스도교의 규범이 중심부 규범에서 주변부 규범으로 바뀔 수 있다.

진정한 교회의 사명은 세상의 종이 되는 것이다. 중심성에서 주변성으로 규범이 전환할 때, 교회는 세계의 주변에 위치하게 된다. 주변에 위치하는 것은 세상의 종이 되는 것, 심지어 중심에서 세상의 종이 되는 것을 의미한다. 이런 생각은 그리스도교 신앙에서 역설이다. 종의 형체로 이 세상에 온 예수-그리스도가 교회를 주변부에 있게 하고 종이 되도록 이끈다. 종 됨은 주변성의 역할이기에 주변부 사람들은 종이 되어야 한다. 하지만 주변성이 부정적 실체와 긍정적 실체, 혹은 자기 부정과 자기 긍정을 가지고 있는 것처럼, 종 됨도 수동적 봉사와 창조적 봉사의 두 가지 가능성이 있다. 주변부 공동체로서 교회는 사역할 때, 수동적 봉사와 능동적 봉사를 통합해야 한다. 수동적 측면은 부정적이지만 피할 수 없다. 우리는 세계로부터 자유로워지거나 분리될 수 없다. 우리는 세계 속에 있기 때문이다. 세계 속에 있는 우리의 존재를 부인하는 것은 현실에서 도피하는 것이다. 그래서 바울은 그리스도인들은 세상을 나타내는 국가를 존중하고 그것에 복종해야 한다고 말했다(롬 13장).

그러나 세상에 대한 수동적 봉사(복종)는 세상에 대한 능동적 봉사와 분리할 수 없다. 세상 섬기는 것을 거부하는 사람은 결코 그리스도를 섬기지 못할 것이다. 그리스도가 세상을 위해 왔고 세상을 위해 죽었기 때문이다. 세상을 섬긴다는 것은 세상의 중심주의적 경향을 섬기는 것이 아니라, 중심주의적 경향을 가진 세상을 섬기는 것이다. 성서의 언어를 사용하자면, 악을 섬기는 것이 아니라 악이 포함된 세상을 섬기는 것이다. 중심부 관점에서 섬김은 수동적이지만, 주변부 관점에서 섬김은 창조적이다. 따라서 중심에서 주변으로 규범을 전환하는 것은, 교회의 수동적 섬김이 창조적 섬김이 되는 것이다. 섬김을 거부하는 것은 창조성과 변혁을 거절한다는 뜻이다. 섬기고, 받아들이고, 변화하는 것은 사랑의 본성이다. 섬길 수 없는 사람을 섬김으로써 섬길 수 있게 되고, 받아들일 수 없는 사람을 받아들임으로써 받아들일 수 있게 되며, 변화할 수 없는 사람을 변화시킴으로써 변할 수 있게 된다. 사랑은 부정을 긍정으로 바꾸며 수동적 섬김을 창조적 섬김으로 바꾼다. 그러므로 세상을 섬기는 교회는 세상을 변혁한다.

또한 종 됨은 섬김 이상의 것이다. 종이 섬기지만, 주인도 섬길 수 있다. 선교는 섬김이다. 자발적인 종에 의해 이루어진 것이 아니라면 진정한 섬김이 아니다. 자연스럽고 자발적으로 섬기는 것이 중요하다. 한편 지배 집단에 의해 연장된 섬김은 필연적이고 당연하게도 부분적이고 비인격적이다. 섬김이란 누군가가 뭔가를 하는 것이라기보다, 누군가가 가지고 있는 뭔가를 주는 것이다. 따라서 주변부 사람이 행하는 것이라야 진정한 섬김이 가능하다. 분명 교회는 세상을 섬기기 위해 종이 되어야 한다. 지배 집단의 섬김은 억압적이지만 주변부 사람의 섬김은 해방적이다. 주변부 공동체는 언제나 종의 공동체가 되어야 한다. 세상이 교회의 섬김을 받으면 세상도 종으로 변화되어 주변적이 된다. 중심성의 중심에 있는 사람들이 세상의 종이 된다. 이것이 공적 섬김의 진정한 의미다. 교회가 세상을 위한 종이 되고, 세상이 변혁되어 종이 될 때, 중심성이 주변성에 의해 극복될 것이다.[26] 그러면 단 하나의 규범, 즉 주변 중의 주변인 예수-그리스도만이 존재할 것이다.

나는 미국의 민권운동이 절정에 있던 1963년의 워싱턴 행진을 기억한다. 그 운동은 다양한 집단의 사람들이 협력한 결과였다. 당시 나는 하워드 대학 신학대학원의 사서였다. 나는 모든 인간의 통일과 조화에 대한 신념을 지지하고 연대하기 위해 워싱턴에 온 사람들과 합류했다. 흑인과 백인, 황인과 갈색인이 형제자매처럼 손에 손을 잡고 링컨기념관으로 행진했고, 거기서 마틴 루터 킹의 유명한 연설을 들었다. 미국의 꿈을 읊조리는 그의 영감어린 목소리가 지금도 귀에 생생하다.[27] 그때 우리는 함께 "우리 승리하리라"를 불렀다. 나는 미국의 민권운동처럼 교회가 주변성으로 주변성을 극복하기 위해 '행진해가는' 수많은 셀 그룹들의 운동을 보고 싶다. 단지 한 번의 운동이 아니라 영원한 운동, 결코 끝나지 않는 운동이 되어야 할 것이다.

제7장

창조적 변혁
: 주변성을 통한
주변성 극복

골짜기마다 돋우어지며

산마다 언덕마다 낮아지며

고르지 아니한 곳이 평탄하게 되며

험한 곳이 평지가 될 것이요.

이사야 40 : 4

새로운 주변부 사람들의 역동적인 공동체로서 교회는 세상의 종이될 것이다. 그러나 이는 새로운 주변부 사람들이 세상을 지배하는 중심주의자들의 공동체를 섬긴다는 뜻은 아니다. 그보다는 세상이 중심주의자들에게 지배될지라도 교회는 세상을 섬긴다는 뜻이다. 즉 새로운 주변부 사람의 공동체로서 교회는 중심주의자들의 지배로부터 세상을 구하는 대행자가 되어야 한다. 이를 성취하는 과정에서 주변부 사람들은 자신들을 해방시킬 뿐 아니라 중심에 있으려는 강박관념으로부터 중심주의자들까지 해방시킨다. 주변성을 통해 주변성을 극복한다는 것은 무엇을 의미할까? 이것은 어떻게 가능할까? 주변성을 정복하는 데 어떤 정책이 사용될까? 이 질문들에 대한 대답을 시도하며, 이 땅에서 하나님의 통치라는 예수의 가르침에 나타난 새로운 세상에 대한 비전을 제시하고자 한다.

세상을 변혁하는 주변성

우리는 주변부 사람들이 중심부 사람들에게 구원되거나 구조된다고 생각하는 경향이 있다. 중심부 사람들이 사회를 지배하고 있기 때문이다. 중심 집단 사람들이 가난한 사람, 약한 사람, 다른 사람을 주변화시켰기 때문에, 그들에게 다른 사람을 구할 수 있는 힘과 부와 능력이 있다고 생각하게 된 것이다. 중심 집단 사람들은 주변부 사람들의 구원이 자신들 뜻에 달려 있으므로, 주변부 사람들이 자신들에게 자비와 동정을 요청하리라 기대한다. 중심 집단 사람들은 다른 사람들을 주변화시킴으로써 더욱 의존적으로 만든다. 하지만 중심부 사람들을 의존할수록, 주변부 사람들은 더욱 더 자율성을 잃고 중심부적 가치와 규범과 이념에 순응하게 된다. 중심주의자들의 이데올로기를 규범적인 것으로 받아들이는 한, 주변부 사람들이 자유로워지는 것은 불가능하다. 중심부의 관점에서 보자면, 주변부 사람을 해방시키는 길은 그들도 다른 사람을 주변화시킬 수 있는 중심주의자로 만드는 것이다. 그래서 중심부 이데올로기가 세상을 지배하는 한 중심 집단 사람들과 주변부 사람들 사이에 갈등과 분열이 있을 수밖에 없다.

중심부 이데올로기가 표준이 되면 누구나 중심에 있기를 원한다. 중심의 권력과 부와 명예가 사람들을 자석처럼 끌어당긴다. 약한 사람, 가난한 사람, 멸시받는 사람 등 주변부 사람들은 밀어낸다. 모두가 중심 중의 중심을 얻고자 투쟁하기에 경쟁은 피할 수 없는 생존의 수단이다. 경쟁은 갈등을 만들고, 갈등은 승리를 위한 투쟁을 이끈다. 심지어 사람들이 중심에 도달하고 나서도 이를 유지하기 위해 투쟁은 계속된다. 삶이 실제로는 존재하지도 않는 중심을 향한 투쟁이 돼버리는 것이다. 사람들이 추구하는 중심은 진정한 중심이 아니며 중심부 이데올로기가 만들어낸 사고의 산물일 뿐이다.[1] 중심을 추구하는 중심주의적 경향은 미국 사회에서 주변부 사람을 노예로 만들고 억압하는 심각한 죄이다. 그런데 이런 가치 구조가 규범이 되어버렸다. 그래서 역사는 중심주의자들의 경쟁으로 인한 폭력과 갈등의 악순환으로 가득하다.

중심주의자들의 관점에 동조하는 주변부 사람들도 중심을 차지하기 전까지는 중심에 있지 못한다. 주변부 사람들이 자신들의 곤경을 인식하고 지배 집단으로부터 자유를 주장한다 하더라도, 지배 집단과 동일한 규범을 공유하는 한은 결코 자유롭지 않다. 주변부에 있다가 중심을 차지하게 된 사람은 대개 더 강력한 압제자가 된다. 예컨대 출애굽 이야기는 히브리인의 해방에서 끝나지 않고, 가나안 정복과 가나안 원주민에 대한 억압으로 이어진다. 이집트의 억압에서 해방된 이스라엘이 팔레스타인의 압제자가 되었다. 영국인들에게 억압받던 아일랜드 사람들이 북미에 와서 다른 소수민족의 억압자가 되었다. 억압받던 무산계급이 공산주의 혁명을 통해 부르주아의 압제자가 되었다. 중심성의 중심이 규범으로 간주되는 한은 어떤 집단의 해방도 불가능하다. 한 집단이 지배하게 되면, 다른 집단은 필연적으로 억압당하기 때문이다.

진정한 해방은 오직 규범이 중심에서 주변으로 바뀔 때이다. 그럴 때 비로소 주변부 사람의 해방이 가능해진다. 사람들은 아래에서 위로 움직이는 대신 위에서 아래로 움직이게 되고, 주변에서 중심으로 움직이는 대신,[2] 중심에서 주변으로 움직일 것이다. 또한 산으로 오르기보다 계곡으로 내려갈 것이다. 주변은 하나님의 영이 강력한 권능으로 가득 차 있는 장소이다. 선지자는 "골짜기마다 돋우어지며 산마다 언덕마다 낮아지며 고르지 아니한 곳이 평탄하게 되며 험한 곳이 평지가 될 것"(사 40:4)이라고 썼다. 산이 계곡으로 내려갈 때, 계곡은 채워져 올라가고 산은 낮아질 것이다. 모든 것이 평등해질 것이다. 지배 이데올로기가 폐지되고, 모두가 종이 될 것이다. 주변부 관점에서 사람은 모두 다른 사람에게 주변적이며 각 사람은 서로에게 종이 된다. 새로운 주변성, 주변 중의 주변이 고통받는 종의 형상으로 묘사되기 때문이다. 모든 사람이 주변적이 될 때 다른 사람을 주변화시키는 중심은 없다. 이렇게 주변성은 주변성을 통해서만 극복된다.

중심성에서 주변성으로 관점을 바꾸는 것은 주변에 새로운 중심을 만드는 것이 아니다. 주변성은 결코 중심성이 될 수 없는데, 주변성이 포용적이기 때문이다. 중심성은 위계 구조적 가치에 의존하지만, 주변성은 평등주의 원리에 근거한다. 중심성은 지배에 관심을 갖지만, 주변성은 섬김에 관심을 갖는다. 중심성은 통제를 위해 경쟁하지만, 주변성은 협력을 추구한다. 이런 양극성 때문에 주변은 중심이 될 수 없다. 그래서 나는 주변을 '새로운 중심'으로 부르는 것을 피해왔다. 주변은 중심을 갖지 않는다. 하나의 주변이 다른 주변을 만날 때, 거기에는 주변 중의 주변, 즉 예수-그리스도의 현존이 자리하는 창조적 중심 core이 있다. 중심부 사람들이 주변에서 주변부 사람들과 함께하지 않는다면, 주변부 사람에게 진정한 해방은 존재하지 않는다. 다시 말해 중심부 사람들이 지배와 통치 경향으로부터 자유로워지려면, 모든 사람을 위한 종이 되어야 한다. 그때 모든 사람은 형제와 자매로서 동등하게 섬길 것이다. 그러면 모든 사람이 주변부에 있게 되며, 주변성이 주변성을 극복하게 될 것이다. 이렇게 되면 모든 사람을 해방시키고 전 세계적인 평화의 가능성을 제공할 것이다.

주변성의 창조적 잠재성

주변부적 접근으로 어떻게 세계를 변혁할 것인가? 주변부 사람들은 정치사회 구조에 적극적으로 영향을 주는 일을 하기에는 무력해 보인다. 그러나 주변부의 관점에서 보면, 주변부 사람들이 존재하는 것은 단지 지배 집단에 봉사하고 지지하기 위해서만이 아니다. 그들은 세상을 바꾸고 변혁시킬 수 있는 잠재력을 가지고 있다. 주변화된 사람들은 자신들이 예수-그리스도 안에 나타난 하나님의 창조성, 그 창조적 중심의 일부임을 자각할 때 잠재력을 실현할 수 있다. 이런 자각은 주변부 사람을 새로운 주변부 사람으로 긍정하게 하며 자신을 신적 창조성의 능력에 결부시킨다. 새로운 주변부 사람으로서 자신을 구원 역사의 주체로 여기는 것이다. 또한 종 됨을 자신들의 본질이자 지배 이데올로기를 제거하기 위한 수단으로 이해한다. 주변부적 섬김은 왜곡된 이데올로기를 부수고 새로운 세계를 창조하기 위한 것이다.

주변부의 창조적인 잠재력은 둘 이상의 지배 이데올로기 사이에 존재하는 경험에서 온다. 주변부 사람들은 외부인으로 존재하면서 지배적인 이데올로기에 날카롭고 유능하게 비판할 수 있다. 또한 이주자인 주변부 사람들은 두 세계 사이에서 살면서, 그들이 살고 있는 지배 문화와 그들의 뿌리인 조상의 문화 모두를 긍정한다. 내부인의 지식과 통찰을 외부인의 비판적 태도와 창조적으로 결합할 수 있다.[3]

이렇게 충돌하는 문화적 가치들을 창조적으로 통합하는 것은 새로운 비전과 창조적 능력에 잠재력을 제공할 수 있다. 두 세계 사이의 삶은 양자 긍정 또는 전적 긍정으로 특징지어진다. 완전한 분리와 완전한 결합 모두가 동시에 경험될 때 인간의 삶에서 창조적 운동이 일어난다. 그것은 전적 부정(전적 분리)과 전적 긍정(전적 결합)이 함께하는 순간이다. 긍정과 부정, 또는 수동과 능동이 하나가 될 때, 세상을 변혁하는 창조적 에너지를 만들어낼 수 있다. 주변성이 있는 바로 그곳이 창조적인 곳이기에, 하나님은 세상을 변혁하기 위해서 예수-그리스도 안에서 주변 중의 주변이 되셨다.

역사학자 아놀드 토인비는 주변부 사람의 창조적 잠재성을 인지했다. 그는 주변부 사람들이 자기 긍정적이고 영적으로 강할 뿐 아니라 새로운 비전의 가능성과 창조적인 에너지도 부여받았다고 믿었다. 왜냐하면 그들은 불확실한 조건과 상호 충돌하는 문화적 가치를 다루어야 했기 때문이다.[4] 유명한 인류학자 빅터 터너Victor Turner는 한계, 간격, 주변 등을 의미하는 라틴어 *limen*에서 파생된 liminality라는 용어를 통해 주변성의 창조적 잠재성을 이해하는 데 도움을 준다.

사람은 통과의례를 거치면서 한 단계에서 다른 단계로 이동하는데(예를 들어 유아에서 아동으로), 한 단계로부터 다른 단계로 분리하는 liminality 또는 사이성In-Betweenness에는 놀라운 강함이나 초자연적 힘이 균형을 유지하고 있다.[5] 사이의 행위주체liminal agent로서 주변부 사람은 이스라엘의 남은 자와 같다. 그들은 구원을 위한 하나님의 계획 속에서 창조적 소수가 될 수 있다. 할포드 루코크가 말한 것처럼 "하나님의 도구는 창조적 소수minority였다. 하나님의 영에 사로잡혀 하나님 나라에 대한 생각으로 가득하며 그리스도의 인격에 헌신한 살아 있는 작은 무리의 성취를 가로막는 어떤 제한도 있을 수 없다."[6] 주변부 사람들은 창조적 소수로서 세계를 변혁하는 촉매가 될 수 있고, 중심성에서 주변성으로 축을 옮길 수 있다.

주변부 사람들의 창조적 잠재성은 궁극적으로 예수-그리스도 안에 있기에, 새로운 주변성의 진정한 공동체(사이성의 공동체, the communitas of liminality)로서 교회는 세계를 변혁하기 위한 창조적 행위주체agency로 봉사할 수 있다. 교회가 변혁의 행위주체가 되기 위한 첫 번째 과제는 사이성liminality의 반구조적anti-structural 공동체가 되는 것이다.[7] 오늘날 교회는 구조적으로 "극단적으로 관료적이고 남성중심적이며 계층구조적이다."[8] 반구조적 운동으로서 사이성의 공동체는 중심부 이데올로기를 해체하는 행위주체가 될 수 있다. 이 운동의 중요성은 규모보다는 주변성의 창조적 중심인 예수-그리스도에 대한 헌신의 강도에 달려 있다. 사랑 또는 **코이노니아**(나눔)의 성례 공동체를 향한 창조적 소수 집단(또는 셀 그룹)의 진정한 헌신이 세상을 변혁시킬 수 있는 열쇠이다.

새로운 주변성의 공동체, 즉 사이성의 공동체는 항상 세계와 변증법적 관계를 갖는다. 그것은 세상 속에 있지만 세상의 것은 아니며, 세계적 변혁의 행위주체지만 세상과 같아지지 않는다. 그래서 사이성의 공동체는 세상을 해방시키기 위해 중심주의적 이데올로기가 되풀이되는 것을 지속적으로 깨뜨린다. 이 행위주체는 결코 멈추지 않으며 변혁 과정은 모든 사람이 자유로워질 때까지 계속될 것이다.

이렇게 변화시키는 주변부적 힘의 근원은 사랑인데, 이는 하나님이 사랑이시기 때문이다.[9] 새로운 주변성(혹은 **코이노니아**)의 사랑받는 공동체는 그 자신과 사랑에서 벗어난 세계를 변화시킨다. 사랑은 중심성의 권력을 변화시키는 역동적인 촉매이다. 새로운 주변성의 사랑이 포용적이지만 중심성의 권력은 배타적이며, 전자는 섬기지만 후자는 지배한다. 전자는 협력하지만 후자는 통제하고, 전자는 영spirit에서 나왔지만, 후자는 물질에서 파생된다. 다른 사람을 통제하고 지배하고 배제하는 권력은 중심주의적 이데올로기에 근거한 것이다. 권력이 변혁될 때 주변성이 새로운 주변성이 되듯, 중심성은 주변성으로 바뀐다.

사랑을 통한 주변성의 극복

우리는 예수-그리스도의 가르침과 삶을 통해서 사랑이 어떻게 역사하는지 알고 있다. 예수가 우리에게 "내가 너희를 사랑한 것 같이 너희도 서로 사랑하라"(요 15:12, 17)고 명했기에 우리의 사랑은 그의 사랑을 본으로 삼는다. 우리는 예수의 사랑의 방식을 따름으로써 중심성을 극복할 수 있다.

예수의 사랑은 다른 사람들에 대한 그의 섬김으로 표현되었다. 예수는 종의 모습으로 태어났으며(빌 2:7), 종으로서 십자가에서 고통당하고 죽었다. 그의 사랑은 사람들이 있는 아래로 내려와 그들에게 이를 때까지 퍼졌다. 이것은 상승하려는 중심주의적 질서와는 대조적이다.[10] 사랑은 권력을 추구하는 중심주의자들의 가치를 전복한다. 예수가 말한 것처럼 '먼저 된 자가 나중 될 것이며 나중 된 자가 먼저 될 것이다. 가장 큰 사람은 가장 작은 사람이 될 것이며 가장 작은 사람이 가장 큰 사람이 될 것이다'(참조. 마 20장).

예수-그리스도는 섬기기 위해 왔으며, 섬김은 곧 그의 사랑이었다. 유색인, 여성, 극빈자를 지배하기 위해 권력의 수단으로 인종차별, 성차별, 계급차별을 사용하는 중심부 사람들은 섬기기보다 섬김 받기를 원한다. 예수는 바리새인이나 사두개인, 부유하고 힘 있는 중심부 사람들을 섬기지 않았다.

주변부 사람을 섬기는 사랑은 힘 있는 자를 섬기는 데 저항한다. 주변부 사람들은 이렇게 저항함으로써 서로를 섬기고 연대를 활성화한다. 만일 지배하는 권력이 인종차별주의라면, 사이성의 공동체는 그에 봉사하는 것을 거절해야 한다. 그것이 성차별주의라면, 사랑을 통해 저항해야 한다. 사랑으로 지배 이데올로기에 저항하는 것이 창조적인 대응방식이다. 무력으로 저항하는 것은 반작용을 일으키는 대응이다. 사랑의 대응은 중심부 사람들이 회개하고 가난한 이들을 위해 봉사할 수 있도록 여지를 제공한다. 즉 새로운 주변성의 공동체는 중심성의 권력 구조를 분석하고, 그에 저항하는 것을 목표로 삼아야 한다. 이 운동은 중심성의 지배가 사라질 때, 즉 각 사람이 다른 사람의 종이 될 때까지 계속되어야 한다. 정부 관료는 진정한 공무원이 되고, 사업가는 가난한 이들의 종이 되며, 학자들은 학생들의 종이 된다. 모든 사람이 다른 사람에게 종이 될 때, 모든 사람이 주변부 사람으로 행동해도 아무도 주변화되지 않는다. 이렇게 주변성은 주변성에 의해 극복된다.

예수-그리스도가 본을 보인 사랑은 중심주의자들의 권력과 대조된다. 사랑은 전체의 이익을 위해 협력한다. 새로운 주변성의 사랑은 공동체적이며, 따라서 관계적이며 다원적이다. 그것은 전체인 공동체의 관점에서 포괄적으로 행동하고 생각한다. 중심부 권력은 계층구조적이며 개인주의적이다. 중심부 사람은 개인적 이해관계의 맥락에서 배타적으로 생각하고 행동한다. 이렇게 함으로써 그들은 경쟁, 개인주의, 통일성, 동질성을 촉진한다. 양자택일의 배타적 범주는 양자 모두의 포용적 범주 안에서 작동해야 하는 것처럼, 개인주의적 권력은 모두를 위한 사랑 안에서 제한되어야 한다. 사랑은 배타주의적인 사람을 포용하며, 개인주의적인 사람을 예수-그리스도에게 속한 전체와 하나 되도록 변화시킨다. 개인주의에서 공동체주의로 가치 체계를 바꾸고, 예수-그리스도 안에 나타난 사랑을 받아들이면서, 주변부 사람들은 중심성의 권력에 대한 의존에서 자신을 해방시킬 수 있다.

사랑의 공동체(코이노니아)에 대한 주변부 사람들의 헌신은 주변화를 극복할 수 있는 힘이다. 어떤 사람도 개인의 주변성을 혼자서 완전히 극복할 수 없다. 그것은 주변성의 연대 속에서 극복된다. 예수-그리스도는 그들 가운데 현존하며 주변부 사람과 중심 집단 사람을 변화시키는 사랑으로 행한다. 집단의 결속을 깨뜨리려는 힘은 어떤 것이라도 우리의 적이다. 자본주의 사회에서 연대를 파괴하는 힘은 가장 매력적인 지배의 상징, 즉 돈에 대한 탐욕이다.[11] 미국에서 소수민족, 특히 아시아계-미국인은 돈의 유혹을 받아 주변부와의 연대에서 떠난다. 돈의 유혹에 굴복하면서 중심주의 체제의 덫에 걸려 의존하게 된다. 더 많은 돈을 욕망할수록 더욱 이기적이 되고, 그럴수록 생활방식은 더욱 개인주의가 된다. 또 개인주의가 될수록, 그들은 지배 집단에 의해 더욱 주변화된다. 탐욕은 우리의 주변성을 완화시키고 고통과 소외의 원인이 된다. "돈을 사랑함이 일만 악의 뿌리가 되나니 이것을 탐내는 자들은 미혹을 받아 믿음에서 떠나 많은 근심으로써 자기를 찔렀도다"(딤전 6:10). 가족 간의 결속, 사이성의 공동체의 결속, **오이코메니아**(하나님의 가족)의 결속을 파괴하는 것은 돈 자체가 아니라 돈에 대한 탐욕이다. 돈은 자본주의의 원동력이지만 공동체의 삶을 파괴할 수도 있고, 사람에게서 문화적 깊이를 박탈할 수도 있다.[12]

소비자본주의가 극복되지 않는다면, 주변부 사람들은 결코 중심 집단 사람들에게서 해방될 수 없을 것이다. 소비자본주의를 극복하려면 가치체계를 바꾸어야 한다. 새로운 주변부 사람은 단순함, 자연스러움, 영성을 소중히 여긴다. 두 집단의 가치에는 분명한 차이가 있다. 내 문화적 뿌리는 진정한 아름다움이란 단순함과 자연스러움에 있다고 가르친다. 전에 선원Zen monastery을 방문했을 때 병에 꽂혀 있던 소박한 꽃 한 송이를 여전히 기억하는데, 그때 스님은 꽃을 가리키면서 "아름다움은 단순함과 자연스러움에 있습니다. 진리 또한 단순하고 자연스럽습니다"라고 말했다. 스님의 삶도 단순하고 자연스러운 아름다움을 구현한 것처럼 보였다.

한국의 유형기 감독(감리교)이 내가 섬기는 교회에서 설교하기 위해 한국에서 오하이오 주 톨레도로 올 때가 기억난다. 나는 공항으로 그를 마중 나갔는데, 비행기에서 내린 그는 작은 서류가방 하나만 지니고 있었다. 간단히 인사를 마치고 내가 짐을 찾으러 가자고 하자, 그는 그 가방이 가지고 온 전부라고 말했다. 아무 물건 없이 미국에서 2주 동안 지낼 수 있겠느냐고 묻자, 그는 여행이 자신에게 얼마나 쉬운 일인지 말해주었다. "많은 짐은 더 많은 문제를 만들지요." 공항으로 큰 짐을 나르고 짐을 찾기 위해 기다리고 짐을 들고 여기저기 다니다 보면 '짐의 노예'가 된다고 그는 말했다. 그에게는 단출한 여행이 더 쉽고 좋은 일이었다. 그의 옷은 빨아서 바로 입을 수 있는 종류였다. 호텔에 도착해 자기 전에 옷을 빨아 널고 다음날 그것을 입었다. "2주 동안 똑같은 옷을 입어도 아무 문제없어요. 매일 저녁, 옷을 세탁하는 데 몇 분만 쓰면 그만이에요. 그 편이 가는 곳마다 큰 짐가방을 들고 다니는 것보다 훨씬 나아요." 확실히 그의 삶은 모든 그리스도인이 소중히 여겨야 하는 단순한 삶의 모범이었다.

우리가 단순하고 자연스러운 것을 소중히 여기고 영적인 것에 더 많은 시간을 쏟는다면, 우리 삶은 보다 편안하고 건강해지며, 환경도 보다 깨끗이 보존할 수 있을 것이다. 주변부 사람의 공동체는 사랑의 정신에 근거한 단순하고 자연스러운 삶이, 탐욕에 바탕을 둔 강박적인 소비주의보다 우월함을 증명할 수 있어야 한다. 우리는 필요한 것보다 더 많이 가질 필요가 없다. 예를 들어 두세 켤레의 신발이나 몇 벌의 옷은 필요하지만 유행을 따를 필요는 없다. 탄산음료 대신 찬물을 마실 수 있고, 외식하는 횟수를 줄일 수 있다. 비싼 차를 굴리는 대신 대중교통을 이용하거나 걷거나 자전거를 타면서 다른 사람들을 사귀고 자신의 건강을 돌볼 수 있다. 다른 사람과 공간을 공유하면서 공동체 정신을 키울 수 있다. 생활비를 줄이기 위해 값비싼 물건은 공유하고, 공립도서관과 공공시설을 자주 이용할 필요가 있다. 무엇보다도 자연의 아름다움과 소박한 삶을 즐기는 법을 배워야 한다. 이런 일들이 주변부 사람들의 연대 운동의 일환으로 일어나야 한다. 주변부 사람은 가치관을 바꾸고 사랑의 정신에 헌신해 자신을 해방시킬 수 있으며 중심주의적 지배 이데올로기를 물리칠 수 있다. 이런 일이 일어날 때, 주변성이 주변성을 통해 극복되며 중심 집단의 사람들이 새로운 주변부 사람들의 공동체로 유입될 것이다.

사랑은 포용적이며 물처럼 어디에나 스며든다. 사랑에는 저항할 수 없다. 사랑은 사람의 마음을 관통해 그것을 연다. 주변성과 중심성은 사랑을 통해 하나가 될 수 있는데, 이는 사랑이 이 둘을 다시 결합시키기 때문이다. 주변 중의 주변에서 나타나는 사랑은 공감하고 자발적이고 친절하다. 그것은 정의와 타협하지 않는다. 행함에서 정의가 없는 사랑은 낭만적인 환상일 뿐이다. 사랑은 중심성이 열린 자세로 반응할 때까지 끈기 있고 유연하게 기다린다. 사랑을 통해 대화가 시작되는데, 이는 사랑이 곧 대화이기 때문이다.[13]

또 사랑에 근거한 대화는 상호간의 전적인 참여를 요구한다. 사랑은 공감을 통해 일하기 때문에, 주변성은 중심성 안에 참여하고 중심성은 주변성 안에 참여한다. 이런 상호간의 참여 속에서 주변성의 의식화를 통해 변혁이 가능해진다. 예를 들어 중심부에 있는 백인이 아시아계-미국인의 문화·민족 활동과 삶에 공감하며 참여하면, 주변성을 경험하고, 주변화된 아시아인과 구별된 자신의 정체성을 발견하게 된다. 그들이 사랑의 마음으로 참여한다면, 자신들이 야기한 불의를 인식하고 중심주의자의 지배로부터 자신을 해방시키는 일에 나설 필요를 느끼게 된다.[14]

한편 아시아계-미국인이 지배 집단의 활동에 참여하면 그들은 자신들의 주변성을 한층 강화하게 된다. 그들은 현재의 불의한 질서를, 인종 기원, 성적 지향, 계급 차이에도 불구하고 모든 사람이 조화와 평화 속에서 함께 살 수 있는 공정한 세상으로 변혁시키기 위한 자신의 책임을 확신하게 된다. 주변성의 창조적 잠재성은 의식화와 대화를 통해서 실현된다. 우리는 사랑으로 힘을 부여받은 창조적 소수로서 정의로운 세상을 향한 연대 속에 일하기 위해 교육이나 정치를 통해 이용 가능한 수단은 무엇이든 활용해야 한다.

끝으로 사랑, 아가페는 아래로 흐르는 물과 같다. 그것은 가장 낮은 것을 먼저 어루만지고, 모든 것을 가득 채울 때까지 가장 높은 곳을 향해 뻗어나간다. 높은 자리가 낮아지고 낮은 자리가 높아지면서 모든 것은 평등해진다. 이사야의 말대로 골짜기마다 돋우어지고, 산마다 언덕마다 낮아지며, 고르지 않은 곳이 평탄하게 되며, 험한 곳이 평지가 된다. 그러면 여호와의 영광이 나타나고 모든 육체가 그것을 함께 볼 것이다(사 40:4-5). 이 비전은 확실히 새롭다. 이것은 사랑을 통해서만 가능하다. 사랑 안에는 중심성과 주변성, 부자와 가난한 자, 백인과 유색인, 여성과 남성 사이에 갈등이 존재하지 않는다. 모두 다 하나님의 가족으로 똑같은 구성원이자 형제와 자매로서 똑같은 특권과 힘을 공유한다. 그래서 모두가 주변적이며 다른 사람의 종이다. 하나님만이 주변성의 창조적 중심이다. 창조성은 하나님에 의해 지속되지만 그것이 작동하는 것은 전체의 조화로운 상호보완적인 틀 안에서이다. 따라서 진정한 화해의 비전은 바로 사이성의 공동체를 이루는 것이다. 예수가 우리에게 요청한 대로, 우리는 이 비전이 우리의 삶에서 이루어지도록 해야 한다. "나라가 임하시오며 뜻이 하늘에서 이루어진 것 같이 땅에서도 이루어지이다"(마 6:10).

고통을 통한 고통의 극복

이 비전이 실현될 때까지 주변부 사람들에게 계속되는 분투 중의 하나가 고통이다. 구약성서에서 고통은 타락의 결과로 보인다(창 3장). 타락을 원죄로 재해석하면 고통은 다시 말해 죄의 결과다. 고통이 죄의 결과라는 견해는 성서 역사에서 중심 집단에 의해 전해지고 성서의 중심이 되었다. 이 해석에 따르면, 고통은 죄를 제거할 때 종결된다. 고통의 뿌리가 죄이므로 고통의 문제는 곧 죄의 문제인 것이다. 여기에는 고통의 세기가 죄의 강도에 비례해야 함이 암시되어 있다. 죄를 많이 지을수록 더 고통을 받고, 죄를 적게 지을수록 적게 고통받는다는 것이다. 하지만 이런 추론은 오류다. 고통은 모든 사람에게 주어진다. 고통이 죄와 관련되어 악으로 간주되기도 하지만 선한 사람들이 악한 사람들보다도 더 고통받는 경우도 있다. 즉 고통에 대한 전통적인 해석이 언제나 유효한 것은 아니다. 이런 해석에 반대하는 이의 제기가 욥기에 등장한다.[15]

고통은 실존적 실재로서, 불완전한 사람은 누구나 경험한다고 할 수 있다. 불완전할 때 고통이 있는데, 고통은 불완전한 관계 때문에 생기기 때문이다. 주변부의 관점에서 보면, 창세기의 창조 이야기는 창조의 완벽함이나 완성을 다루지 않는다. 오히려 그것은 **창조의 시작**만 다루는데,[16] 창조는 지금까지도 계속되고 있기 때문이다. 창조가 완전을 향해 계속되는 한, 고통은 창조 과정의 일부일 뿐이다. 우리의 창조가 창조적이라면, 또한 주변적이어야 한다. 주변성이 창조적이기 때문이다. 따라서 창조적 과정 자체는 주변성처럼 고통을 포함하고 있다. 창조적 과정의 일부로서 고통은, 정치사회적 혹은 경제적 소외로 인한 고통과는 달리, 창조적인 고통으로 창조 속에 내재한다. 이런 점에서 고통은 타락이 아니라 창조에서 시작된다. 여성의 출산의 고통이나 남성의 노동의 고통은 죄의 결과(창 3:16-19)로 간주되어서는 안 된다. 새로운 생명을 창조하고 새로운 결과를 창조하는 노동은 그 기원이 창조에 있다. 창조에 참여한다면 약간의 고통은 피할 수 없다. 나는 이런 창조적인 고통이 세계를 변혁하는 데 건설적인 힘이 될 수 있다고 믿는다. 중심에 숨어서 고통을 피하려는 시도는 창조성에 반대될 뿐 아니라 그것을 파괴하는 일이기도 하다.

고통은 피할 수 없는 것이지만, 사람이 고통을 피하려고 하는 것은 자연스럽다. 문명의 발전은 주로 고통을 피하려는 인간의 노력에서 비롯된 것이라고 할 수 있다. 의학이나 기술은 감각을 즐겁게 하고 고통을 제거하기 위해 존재한다. 의학의 중요한 목적 중 하나가 환자의 통증과 고통을 경감하는 것이다. 자동차와 비행기는 구보의 고통을 완화하기 위해 만들어졌다. 인간의 편리를 촉진하는 진보는 불편과 통증과 고통을 덜기 위한 것으로 간주될 수 있다. 그러나 어떤 것도 고통을 완전히 제거할 수는 없다. 아스피린이 언제나 통증을 제거할 수 있는 것은 아니다. 삶에서 고통을 완전히 제거하려는 시도는, 생명을 위해 고통의 사건을 제거하려는 중심주의자의 시도로, 양자택일적 사유의 관점이다. 고통과 생명이 분리될 수 없다면, 고통을 배제하는 것은 곧 생명을 배제하는 것이다. 중심부 사람이 지니고 있는 사유방식으로는 고통을 극복할 수 없다.

한편 주변부 사람들은 고통을 피할 수 없는 것이라고 생각한다. 주변부가 된다는 것은 고통받는 종이 된다는 것을 의미한다. 주변부가 된다는 것은 정치사회적으로나 심리적으로나 고통을 견뎌야 함을 의미한다. 지배 규범에서 볼 때 주변성은 표준 밖에 있고 비정상적인 것이다. 고통은 정상적인 관계의 왜곡에서 비롯된 것이므로, 소위 정상적인 관계 밖에 있는 것이 고통이다.

불교의 교리는 왜곡된 관계의 행위로 인해 고통받는 것을 이해하는 데 도움이 된다. 고통은 **둑카**dukkha로 알려져 있는데, 문자적으로 분리된 관계성을 의미한다. 팔이나 다리가 분리될 때가 고통이다. 주변부 사람은 인종·문화에서 지배 집단과 분리되어 있다. 그들은 두 세계 사이에서 존재하는 사람이다. 두 세계 사이에 있다는 것은 분리되어 있다는 것이고, 분리되어 있다는 것은 고통을 의미한다. 강제로 두 세계 사이에 존재하게 되었으므로 그들은 죄없이 고통받는 사람들이라고 할 수 있다. 민족, 인종, 성별로 인해 주변화된 사람들은 무고하게 고통받는다고 할 수 있는데, 이런 차이는 선천적으로 다르기 때문이다. 하지만 차이로 인한 고통은 창조 속에 내재된 창조적인 고통이다. 주변부 사람들은 두 종류의 고통, 즉 중심주의자들의 지배 이데올로기로 인한 고통과 창조과정에서 비롯된 고통을 견뎌야 한다. 따라서 삶에서 고통을 예리하게 의식할 필요가 있다. 살아 있는 동안, 고통에서 자유로워지는 방법은 없다. 고통으로부터 자유로워지는 것은 비존재non-existent가 되는 것뿐이다.

주변부 사람들은 두 세계 사이와 두 세계 모두에서 삶을 살며, 각 영역의 고통을 알고 있다. 인생의 고통에 대처하는 방법은 바로 양자 긍정적 방식이다. 고통은 때때로 고통 속에서 사는 것으로 극복될 수 있다. 어떻게 그것이 가능할까? 동양에는 뜨거운 것은 뜨거운 것으로 극복되고以熱治熱, 차가운 것은 차가운 것으로 극복된다以寒治寒는 말이 있다. 여름에 더위를 극복하기 위해 뜨거운 차를 마시는 식이다. 동상 걸린 손을 얼음물에 담그는 치료법도 있다. 이런 사례들은 극단적인 상황에서 잠시 극단적인 상황에 지체함으로써 고통이 완화될 수 있음을 입증하는 듯하다. 이것이 고통을 어떻게 다룰 것인지에 관해 뭔가 말해주는 게 있을까?

내가 고통을 '극복한다'로 표현한 이유는 고통이란 해소될 수 있는 것이 아니기 때문이다. 극복은 그에 직면해 싸운다는 뜻이다. 우리는 평생 이런 싸움을 맞아야 한다. 고통을 경험할수록 우리는 고통에 직면해 싸우는 데 더욱 적응할 수 있고, 이를 극복할 수 있다는 확신도 얻게 된다. 고통과의 싸움은 삶을 대하는 우리의 의지와 성품을 훈련시키고 존재에 새로운 의미를 부여한다.

예수-그리스도는 고통의 선구자였다. 그는 고통받는 종으로 부름받아 정기적으로 고통과 직면해 싸웠고, 십자가 위에서 이를 극복했다. 주변부 사람들은 예수의 고통, 즉 그가 경험한 고통의 깊은 심연까지 나누고 참여하도록 부름을 받는다. 예수는 자신이 장로들과 대제사장들과 서기관들에게 많은 고난을 받아야 한다고 말했다(마 16:21). 실제로 고통을 피하지 않았다. 고통을 피하는 것은 하나님의 방식이 아니라 인간의 방식, 특히 중심부 사람들의 방식임을 알고 있었기 때문이다. 그래서 베드로에게 "사탄아 내 뒤로 물러가라. 너는 나를 넘어지게 하는 자로다. 네가 하나님의 일을 생각하지 아니하고 도리어 사람의 일을 생각하는도다"(마 16:23)라고 했다. 고통을 극복하는 힘은 왕관이 아니라 십자가이며, 영광이 아니라 비극이고, 부요가 아니라 겸손이며, 미움이 아니라 사랑이다.[17]

주변부 사람으로서 우리는 예수-그리스도의 고통에 참여하도록 부름받았다. 그를 따를 때 그와 함께하게 된다. 우리의 십자가는 험하고 거칠지만, 중심주의자들의 십자가는 화려하고 웅장하다. 우리의 십자가는 무겁지만, 그들의 십자가는 가볍다. 우리의 십자가는 많은 것을 요구하지만, 그들의 십자가는 적은 것을 요구한다. 우리의 십자가는 거룩한 고통을 상징하지만, 그들의 십자가는 고통을 거부한다. 우리의 십자가는 성스러운 힘이지만, 그들의 십자가는 나약함이다. 우리는 십자가를 통해 고통을 극복할 수 있다.

몇 년 전 롤러코스터를 좋아하는 아이들과 놀이공원에 간 적이 있다. 나는 롤러코스터를 무서워하는데, 너무 빨리 움직여서 몸이 저항의 반대방향으로 밀려가기 때문이다. 그래서 나는 저항하지 않기로 결심하고 긴장을 풀고 롤러코스터가 움직이는 것보다 더 빠르게 마음 속으로 움직였다. 이렇게 하자 두려움을 극복하고 롤러코스터를 즐길 수 있었다. 롤러코스터를 타는 것처럼 우리는 고통에 저항하지 말아야 한다. 그럴 때 우리는 고통을 극복할 수 있다. 우리는 우리가 경험하는 고통의 창조적 중심에서 고통을 극복하게 된다.

우리의 고통은 다른 사람과 나눌 때 완화된다. 고통을 다른 사람과 나누면 진정한 우정을 낳고, 그 우정은 우리가 계속 인내할 수 있도록 돕기 때문이다. 예수는 우리의 진정한 친구였다. 예수가 우리를 위해 고통받고 자신의 생명을 주었기 때문이다(요 15:13). 사람은 고통을 서로 나누며 진정한 우정을 이룬다. 전투현장이나 강제수용소에서 함께 고통당하는 이들이 나눈 깊은 친밀감은 고통을 견딜 수 있게 해준다. 마찬가지로 주변부 공동체에서 고통은 진정한 우정을 강화시킬 수 있다. 고통을 피하는 사람에게는 진정한 친구가 거의 없다. 이것이 지배 집단에서는 진정한 우정이 드문 이유이다. 진정한 우정이 고통과 함께하는 까닭은 고통이 우리 마음 깊은 곳까지 움직이기 때문이다. 고통 가운데서 사람들은 서로 신뢰하는 법을 배운다. 고통은 서로 나누면 줄어든다. 예수는 "수고하고 무거운 짐 진 자들아 다 내게로 오라. 내가 너희를 쉬게 하리라. 나는 마음이 온유하고 겸손하니 나의 멍에를 메고 내게 배우라. 그리하면 너희 마음이 쉼을 얻으리니 이는 내 멍에는 쉽고 내 짐은 가벼움이라"(마 11:28-30)고 말했다. 예수와의 우정과 나눔 속에서 우리의 고통은 줄어들고 극복된다.

또 고통은 고통을 통해서 극복된다. 이는 고통이 사랑의 일부이기 때문이다. 고통을 피하는 사람은 어떻게 사랑하는지 알지 못한다. 더 많이 사랑할수록, 더 크게 고통받는다. 하나님은 사랑이시기 때문에(요일 4:17) 고통받으셨다. 키르케고르가 말한 대로 "하나님은 사랑하시는 자들을 고통당하게 하신다."[18] 우리는 고통 속에서 사랑을 경험하는데, 사랑과 고통을 분리할 수 없기 때문이다. 하나님이 독생자를 주실 만큼 우리를 사랑하신다면(요 3:16), 우리를 위해 고통받아야만 한다. 하나님의 고통 속에서 우리는 우리 안에 있는 고통의 의미를 찾는다. 사랑이 없는 고통은 아무 의미도 구속적인 가치도 없다. 고통 속에서 의미를 찾고 고통을 넘어서는 가치를 찾을 때 고통을 견딜 수 있고 극복할 수 있다.

다시 비유로 돌아가면, 사랑은 물처럼 낮은 곳에 있는 자들에게 먼저 이르러 그들을 왕 같은 수준으로 끌어올린다. 사랑은 아래로 움직이는데, 이는 그것이 고통의 일부이기 때문이다. 고통받는 사람들은 사회적 수준에서 낮은 사람들이자 주변화된 사람들이다. 하나님은 진정으로 고통당하는 자들, 즉 주변부 사람들을 사랑하신다. 하나님의 사랑은 보편적이지만 때로는 다른 방식으로 드러난다. 하나님의 사랑은 고통이기에, 고통을 피하는 사람들은 하나님의 사랑을 피하는 것이다. 하나님의 사랑이 주변부에서 고통당하는 사람들에게 강하게 나타나는 까닭은 사랑이 고통의 일부이기 때문이다. 형이나 누나보다 약한 막내를 부모가 더 애틋해하는 것처럼, 하나님은 약한 사람들 편에 계시며 고통을 가하는 사람들보다 죄 없이 고통당하는 사람들을 더 강렬하게 사랑하신다. 반대로 어린 동생을 괴롭히는 손위 자녀를 부모가 벌주는 것처럼, 하나님은 다른 사람에게 고통 주는 사람을 향해 정의로운 분노를 나타내신다. 예수의 고통당하는 사랑도 죄 없는 희생자를 억압하는 사람을 향한 분노로 나타났다. 불의한 고통에 반대하는 분노는 치유적인 요소를 포함하며 고통을 경감시키는데, 이는 분노가 고통받는 사랑의 일부이기 때문이다. 오랫동안 불의의 고통이 누적되면 화산 폭발처럼 강력한 분노를 야기할 수 있다. 로드니 킹을 잔혹하게 폭행한 행위로 고발된 경찰들이 무죄평결을 받자 로스앤젤레스에서 폭동이 일어난 것과 같다. 하지만 고통받는 사랑이 함께하면 축적된 분노는 비폭력 무저항의 방식으로도 강력한 힘을 폭발해 중심주의 체제를 압도하고 마비시킨다. 또 이런 분노는 풍자적 유머나 웃음 같은 건설적인 방식으로도 표현된다. 유머는 불의한 고통에 저항하며 억눌린 좌절을 발산시킨다. 웃음은 종종 비탄과 고통을 초월하는데,[19] 주변부 사람들은 자주 크게 웃으면서 고통의 순간에서 벗어나 불의로 인한 아이러니와 화해할 필요가 있다.

고통을 극복한다는 것은 공동체의 교제를 통해 의미와 지지를 발견하고, 함께하는 신적 현존을 믿으며, 고통에 대처한다는 뜻이다. 예수-그리스도 안에서 주변부 사람들이 겪는 불의한 고통은 예수의 고통받는 사랑과 하나가 되어 창조적인 고통이 된다. 그것은 세상을 창조의 본래 질서로 되돌려 정의와 평화가 부정의와 불합리한 고통을 이기는 곳으로 만들 것이다.

주변적 경험의 변혁

주변부 사람에게는 죄 없이 억울하게 고통당한 경험에서 기인한 특정 감정이 있다. 거부감, 수치감, 소외감, 고독감, 무無, 전체성, 새 삶에 대한 비전 등이다. 1장에 소개한 민들레 이야기에 이 모든 것이 들어 있다. 이런 감정은 주변성에만 고유한 것은 아니지만, 특히 전형적인 주변부의 경험이다. 다음에서는 내 개인적인 이야기를 통해 주변성이 사람의 마음에 일으키는 감정을 드러내고, 주변성의 경험을 극복하는 모범적인 모델로서 예수-그리스도의 삶을 그릴 것이다.

주변부 사람이 자신을 자각하게 되는 최초의 경고 신호는 거부이다. 거부는 자신과 다른 사람을 분리하는 배타주의의 다양한 모습을 통해 다가온다. 민들레의 모양과 색깔이 잔디와 달라 거부당하는 것처럼, 나는 인종·문화 차이로 인해 백인에게 거부당하고 깊은 상처를 받았다. 예상치 못한 거부는 자신의 주변성에 대한 의식을 확연히 일깨운다.

15년도 더 된 오래 전, 나는 백인 여성 베아트리체 브루토를 만나기 위해 노스캐롤라이나의 윈스톤-살렘을 방문했다. 내 출판 원고에 대해 논의하기 위해서였다. 내가 아내와 두 아이들과 함께 도시에 도착했을 때는 오후 4시쯤이었다. 조금 이른 시간이지만 저녁을 먹기 전에 방을 정하려고 홀리데이 인에 들렀다. 직원은 나를 위아래로 훑어보더니 "미안합니다. 방이 다 찼습니다. 다른 데를 알아보시지요"라고 말했다. 몇 개의 다른 모텔에 들렀지만 모두 똑같은 반응이었고, 우리는 잇따라 거부당했다. 결국 우리 가족은 저녁을 먹기 위해 식당부터 가기로 했는데, 거의 6시가 다 되었기 때문이었다. 식당에서는 한 시간 가까이 기다렸지만 아무도 주문받으러 오지 않았다. 아이들은 분노했고 아내도 분을 삭이지 못했으며 나도 화가 났다. 너무 화가 나서 떠날 때 꽝 소리가 나도록 문을 박차고 나왔다. 도시를 떠나기 전에 베아트리체에게 전화를 했더니 공중전화 박스에서 몇 분만 기다려달라고 부탁했다. 그리고는 몇 분 후 "홀리데이 인에 당신과 가족을 위한 방을 예약했어요"라고 알려왔다. 나를 거절했던 바로 그 호텔이었다. 베아트리체가 할 수 있는 예약을 내가 하지 못한 이유는 그녀는 백인으로 중심 집단에 속해 있었기 때문이었다. 지금도 담배 광고에서 '윈스톤-살렘'을 들을 때마다 그 사건과 내 주변성이 떠오른다.

주변성은 교회 안에서도 일어난다. 신학교육을 마친 1961년 6월, 나는 오하이오 주의 레이크사이드에서 열린 미국연합감리교회 오하이오 연회에서 안수받기로 되어 있었고, 연회의 정회원 자격을 승인받을 예정이었다. 그 전에 목회자격심사위원회의 후보자들에 대한 최종 검토가 있었다. 나는 레이크사이드 캠프의 조그만 오두막에서 심사위원들을 만나 그들이 묻는 모든 질문에 대답했다. 질문 시간이 끝나자 위원회 의장은 몇 분간 기다리라고 하더니 얼마 후 자신들의 결정을 알려주었다. 나는 모든 자격조건을 충족시켰기 때문에 좋은 소식을 기대하고 있었다. 하지만 의장은 이렇게 말했다. "우리는 당신이 우리 연회에서 목사 안수를 받고 정회원이 되기 위한 충분한 자격이 있음을 잘 알고 있습니다. 당신은 감리교 신학대학원을 잘 마치고, 1년 전 준회원 안수를 받았고, 2년 동안 부목회자로 감리교회를 섬겼습니다. 또한 우리가 묻는 모든 질문에 답도 했습니다. 우리가 아는 한 당신은 우리 연회에서 정회원이 될 자격을 모두 갖추었습니다. 하지만 당신이 알아야 할 게 있습니다. 당신이 우리 연회의 정회원으로 승인되면 우리 감독은 당신을 지역교회에 지명할 책임이 있습니다. 그런데 우리 연회 안의 회중 중에 당신을 목회자로 원하는 곳이 없습니다. 우리가 무슨 말을 하는 건지 당신도 알 겁니다." "어째서죠?" 나는 다소 감정적이 되었다.

"당신이 다르다는 것을 알아야지요." 의장은 거만하게 말했다.

"예 압니다, 전 황인종이죠." 나는 너무 격앙되어 거의 이성을 잃었다.

"나도 인종이 다르다는 이유로 나를 차별하는 연회에 속하고 싶지 않습니다. 당신들은 바리새인보다 더 나쁩니다." 그리고는 문을 탕 닫고 떠났다. 며칠 후 감독이 개입해서 연회는 나를 받아들였다. 감독이 그렇게 한 것은 내게 자격조건이 분명하므로 그렇게 해야 마땅하다고 여겼기 때문일 것이다.

교회의 중심 집단에게 거부당한 것이 내게 왜 그렇게 고통스러웠을까? 아마도 그때까지 내가 그 집단의 일부라고 생각했기 때문일 것이다. 중심 집단의 일부가 되기를 원할수록, 나는 더 거절과 거부를 당했다. 중심 집단 사람들이 나에 대해 생각하는 것과 내가 그들에 대해 생각하는 것은 매우 달랐다. 그 간극이 너무도 넓고 깊어서 소위 복음을 가르치는 목회자조차 건널 수 없었고, 나도 그 간격을 메울 수 없었다. 그것은 그것을 만든 사람만 건널 수 있기 때문이다. 그들이 나를 받아들일 때까지 나는 그들의 거부를 받아들여야만 했다.

예수는 자신의 백성에게 거부당했고, 건축가들이 버린 모퉁이돌이 되었다(눅 20:17). 그는 고향 사람들과(막 6:1-6), 바리새인, 기타 중심 집단 사람들에게 배척당했으며, 자신의 제자들과 세상으로부터 거부당했다(요 1:11). 그를 따랐던 군중마저도 바라바를 받아들임으로써 그를 거부했다(눅 23:18). 예수는 그들의 거부를 예상했기에 그것을 부인하는 대신 받아들였다. 거부를 있는 그대로 받아들임으로써 거부를 극복한 것이다.

주변부 사람이 겪는 두 번째 감정은 수치심이다. 민들레는 색깔이 다르다는 이유로 거부될 뿐 아니라 다른 잔디들로부터 수치를 당한다. 민들레가 여러 번 뽑혀 길가로 던져질 때마다 잔디는 비웃고 조롱한다. 나도 민들레처럼 수치를 당했다. 목회자격심사위원회에 거절당하고 거칠게 문을 닫고 오두막을 떠났을 때, 나는 너무 화가 난 나머지 무슨 일이 일어난 건지 제대로 알지 못했다. 일단 분노가 가라앉자 다른 감정이 일어났는데 울적해지면서 의기소침해졌다. 나는 미국에서의 내 가치와 삶에 대해 회의하기 시작했다. 자의식이 날카로워지고 중심 집단이 의심스러워지자, 위원회의 거만한 목회자들이 나를 험담할 것만 같았다. 수치심은 확실히 비인간화의 과정이다. 나는 함께 일해야만 하는 사람들을 신뢰할 힘을 잃었다. 나는 수치심을 불가피한 것으로 받아들일 준비가 되어 있지 못했다.

훗날 감독은 나를 연회로 받아들였지만 지역교회에 나를 지명하는 것은 원치 않았다. 나는 교회를 지명받지 못한 목회자였다. 하루는 클리블랜드 지역의 감리사가 내게 큰 대학교회의 관리인 자리를 받아들이겠냐고 물었다. 나는 수치스러웠다. 내 본능적인 반응은 "아니오!"였다. 나는 교회의 관리인이 아니라 복음을 전하는 목사가 되도록 안수받았다고 스스로에게 말했다. 하지만 지금 나는 그 자리를 받아들이지 않았던 것을 후회한다. 관리인 자리를 선택했더라면 겸비한 종이 되는 길을 배웠을 테고, 그로써 수치를 겸손으로 바꿀 수 있었을 것이다.

주변성의 선구자 예수는 가능한 모든 방법으로 수치를 당했다. 산헤드린, 로마 군인, 갈보리 길의 군중, 그리고 십자가. 하지만 예수는 항상 겸비함으로 이를 견디고 받아들였다. 수치를 부끄러워하지도 않았는데, 다른 가치 체계를 지니고 있었기 때문이다. 그는 우리에게 겸비하라고 가르쳤다. "누구든지 자기를 낮추는 자는 높아지리라"(마 23:12). 수치는 주변부 사람을 비인간화하기 위해 중심부 사람들이 사용하는 방식이다. 그러나 수치를 겸비로 받아들이면 그것을 극복할 수 있다. 수치라는 불명예가 겸손이라는 은총으로 받아들여질 때, 규범은 중심성에서 주변성으로 바뀐다.

주변부 사람이 경험하는 세 번째 감정은 소외감이다. 잔디밭 속 민들레처럼 완전한 소외감이 수치의 경험 뒤에 따라온다. 나는 나를 소외시킨 중심 집단으로부터 나 자신을 소외시켰다. 소속 교단인 미국 감리교회의 백인 목회자들로부터 거리를 둔 것이다. 나는 미국에서 영원히 방문자 신세가 될 것이라고 생각했다. 연합감리교 목사들의 월례 모임에 참석할 때마다 그들이 묻는 것은 언제 돌아갈 거냐는 것이었다. 하루는 화가 나서 "난 돌아가지 않아요. 영원히 여기에 있을 겁니다"라고 말해주었다. 동료 목회자들은 나와 인사조차 나누지 않게 되었다. 나는 미국 대학에서 백인 학생들을 25년간 가르쳤지만 여전히 이방인처럼 여겨진다. 내가 미국에서 소수민족이 겪는 불의에 대해 불평할 때마다, 백인들은 그럼 고국으로 돌아가라고 말한다. 내 얼굴, 피부색, 문화 배경 때문에 나는 여기에서 이방인이다. 내가 미국에 얼마나 오래 살았는지는 중요하지 않다. 나는 백인과 다르기 때문에 영원히 이방인이며 외국인이다. 그러나 현재 나는 소외됨이 더 이상 고통스럽지 않은데, 내가 나의 다름을 하나님의 선물이자 창조의 본래 계획으로서 찬양하게 되었기 때문이다.

예수는 중심부 사람들로부터 소외되었고 집에서조차 이방인이었다 (요 1:11-12). 그는 사람들을 구하기 위해 영문 밖에서 고통을 당했다 (히 13:12). 버려진 사람, 아픈 사람, 가난한 사람, 죄인의 친구인 예수는 그 시대 지배 집단으로부터 완전히 소외되었다. 그러나 예수는 소외를 불가피한 것으로 여기고, 세상에서 자신의 고유한 사명을 긍정하기 위한 수단으로 받아들였다. 그리스도인은 예수-그리스도의 진정한 제자가 되기 위한 불가피한 일부로 소외를 받아들여야 한다.

주변부 사람의 또 다른 감정은 고독이다. 이것은 소외에서 비롯된다. 온통 푸른 잔디밭에서 유일한 노란색 꽃으로 존재하다 보면, 자신이 피조물 가운데 가장 외롭게 느껴진다. 푸른 잔디는 물론 자신의 뿌리에게서도 소외된 민들레처럼, 나는 미국의 중심 집단으로부터, 또 고국 사람들로부터 이중으로 소외되었다. 미국에서 소외당하고 나서 나는 안정감을 찾기 위해 고국으로 돌아가려고 했다. 하지만 한국으로 돌아가자 내가 고국에서 이방인이 되었음을 깨닫게 되었다. 나는 서울에 소재한 대학의 종신교수로서 한국에 돌아갔지만, 곧 미국으로 다시 돌아올 수밖에 없었다. 나는 고국이나 북미 어디에도 속하지 못하고 이중으로 주변화된 것이다. 나는 완전히 두 세계 사이에 존재하게 되었는데, 두 세계 사이에 있다는 것은 외로움을 뜻한다. 고독은 주변부 경험, 즉 두 세계 사이에서의 경험이 지닌 본질적인 특성이다.

고독은 피하는 대신 직면함으로써 극복된다. 외로움을 피하려고 할수록, 우리는 자신을 거부한 것의 일부가 된다. 얼음으로 덮인 언덕을 기어 올라가려고 할수록, 더욱 아래로 미끄러지는 것이다. 그래서 나는 항상 불안정했는데, 나를 거부하는 사람들의 일부가 되기를 원했기 때문이다. 외로움은 외로움을 통해 극복하는 것이 최선이다. 외로움을 묵상의 태도, 즉 모든 사람으로부터 전적으로 분리되는 상태로 전환시켜야 한다. 우리는 묵상을 통해 창조적이 되며 존재의 깊이에 도달할 수 있다. 예수도 외로웠다. 중심 집단과 자신의 백성에게 거부되었을 뿐 아니라 하나님에게도 거부당했다. 예수가 가장 도움이 절실했던 순간 창조주는 그 자리에 없었다. "내 아버지여 만일 할 만하시거든 이 잔을 내게서 지나가게 하옵소서"(마 26:39). 그러나 하나님은 반응하지 않으셨다. 예수는 철저히 혼자였다. 참으로 두 세계 사이에 있었지만 기도를 통해 외로움을 받아들이고 이를 극복하고 변화시켰다. 이렇게 우리 존재의 깊이에 도달해서 홀로 설 수 있도록 용기를 주는 것은 바로 묵상이나 기도다. 외로움이 외로움을 만날 때, 외로움은 명상 속에서 사라지고 우리는 우리 존재의 궁극적 기반에 연결된다. 고독감 속에서의 명상이 우리를 신성과 연결시키는 것이다. 외로움이 신성과 연결될 때 고독감은 극복된다.

주변부 사람이 느끼는 다섯 번째 감정은 무nothingness이다. 무는 주변부 경험의 극단적인 형태다. 거부, 수치, 소외, 고독의 경험은 주변성의 실존적 실재를 거부하지 않지만, 무의 경험은 실재 자체를 거절한다. 민들레는 뜰 전체를 환하게 만들기 위해 할 수 있는 전부를 다 했다. 그러나 그것은 전혀 적절하지 못했고, 건설적이지 않고 파괴적이었다. 민들레가 푸른 뜰에 공헌할 수 있는 최선의 방법은 스스로를 소멸시키거나, 아무것도 아닌 것이 되어 뽑혀나가는 것이다. 민들레처럼 나 역시 아무것도 아닌 존재가 되어 중심 집단 사람들에게 거슬리지 말라는 요구를 받았다. 내 실존을 부정당하는 것은 주변성으로 인한 배타주의의 최악의 형태이다. 중심 집단 사람들의 사회적 모임에 초대받을 때마다, 그곳에서 나는 보이지 않는 사람이 되었다. 그들은 종종 내가 존재하지 않는 것처럼 생각하고 말하고 행동했다. 나는 그들을 볼 수 있지만 그들에게는 보이지 않는 유령이 된 것이다.

백 명 이상이 참석했던 한 크리스마스 파티를 기억한다. 나를 제외한 모든 손님이 백인이었다. 나는 두 시간 이상 철저히 혼자였고 파티에서 유령과도 같았다. 심지어 자기소개 시간에서조차 사람들은 나를 기대하지 않았다. 그들에게 귀를 기울였지만, 내가 귀를 기울이거나 말거나 그들은 아랑곳하지 않았다. 주변부 사람이 된다는 것은 보이지 않는 유령이 된다는 의미였다.

예수-그리스도도 주변성의 선구자로서 그의 삶에서 무nothingness를 경험했다. 십자가 상에서 죽음은 예수가 아무것도 아니게 된 최고의 예증이다. 예수의 존재는 십자가 죽음으로 전적으로 거부되었다. 그리스도인들은 세례를 받을 때 상징적으로 예수와 함께 죽어야 한다. 그리스도의 제자가 되기 위해서는 실존적 거부가 필수이기 때문이다. 예수는 죽음을 거부하지 않고 피할 수 없는 사실로 받아들였다. 무는 무에 의해 극복된다. 중심 집단 사람들은 죽음을 예수 존재의 부정으로 여겼지만, 예수-그리스도는 죽음을 자기 사명을 성취하는 길로 여겼다. 주변부 사람인 우리도 무에 긍정적인 의미를 부여해야 한다. 아무 가치가 없는 것처럼 보이지만, 빈 화폭은 창조에 꼭 필요한 것이 될 수 있다. 무에 대한 중심주의적 거부를 주변부적 긍정으로 변화시켜야 한다. 그렇게 할 때 무는 완성을 위한 잠재성이 된다.

주변부 사람의 여섯 번째 경험은 전체성alleness으로, 무에 반대되지만 무로 인해 가능하다. 즉 전체성은 무의 최대한 표현이자 주변성에 대한 긍정이다. 새로운 관점에서 보면 민들레는 결국 밝게 빛나는 태양처럼 아름답고 빛나는 꽃이 된다. 민들레를 제거하려던 사람이 찬미자가 된다. 마찬가지로 중심주의 관점에서 무는, 주변부 관점에서는 전체성이 될 수 있다. 주변부 관점에서 양자 부정은 양자 긍정으로 표현되며, 전적 분리는 전적 결합이 된다. 나는 전체성의 경험 속에서 세상에서 주변부 사람으로서 내 위치를 긍정할 수 있게 되었다. 나는 주변부 사람이지만 외국인이나 이방인이나 타자가 아니다. 민들레가 잔디밭을 자신의 것으로 긍정하는 믿음을 가진 것처럼, 나도 버림당하고 뽑힘당하는 미국 땅에서 더 깊이 뿌리 내리게 되었다. 왜냐하면 이 땅의 진짜 주인인 하나님께 이 땅을 받았기 때문이다. 내가 이 땅을 나 자신의 것으로 긍정할 때 비로소 나는 미국에서 진정한 시민의 권리를 긍정할 수 있게 되었다. 전체성에 대한 감각은 나를 이곳의 시민으로 만들어준다. 나는 미국인일 뿐 아니라 동시에 아시아인이다. 언제나 양자 모두의 사람이 되면 주변성을 극복할 수 있다.

전체성 속에서 나는 내 전부를 긍정한다. 하나님이 지금의 내 모습이 되도록 나를 지으셨기 때문이다. 내 문화 유산, 신체 구조, 피부색, 언어와 가치는 모두 내가 나다울 수 있도록 내게 있어야만 하는 것들이다. 내가 완전한 인간 존재인 까닭은 내가 가지고 있도록 창조된 특성들을 모두 지니고 있기 때문이다. 즉 나는 다른 사람들이 생각하기에 내가 되어야 하는 존재보다 더욱 본래적인 나 자신이 됨으로써 완전해진다. 이 점에서 나의 '전부'는 내 본래적인 창조에 대한 재긍정이다. 나는 내가 아닌 것이 아니라 나다운 것을 기뻐해야 한다. 나아가 나 자신을 긍정하는 것처럼 다른 이의 존엄성을 긍정하고 그들과의 차이를 긍정해야 한다. 전체성 속에서 나는 유색인뿐만 아니라 백인도 긍정하고, 남성과 여성 모두를 긍정한다. 온전한 인간으로 존재한다는 것은 양자 모두의 관점에서만 이해될 수 있다. 이 관점에서 나는 아무것도 아닌 것nothing에서 전체all가 된다.

예수-그리스도의 죽음이 궁극적으로 그의 무nothing를 상징한다면, 그의 부활은 그의 전체성을 상징한다. 죽음과 부활은 십자가에서 하나가 되는데, 무와 전체성이 주변성 안에서 분리될 수 없는 것과 마찬가지다. 부정의 부정은 긍정의 긍정 속에서 나타난다. 예수의 비움이 최저점(모든 종들의 종)을 의미한다면, 그의 충만은 최고점(모든 주들의 주님)을 상징한다. 예수-그리스도의 전체성 안에서, 모든 사람은 주변성 중의 주변으로 화해하고, 그곳에서 중심부 사람들과 주변부 사람들이 만나 변화된다. 예수 안에서 적은 친구가 되고, 갈등은 서로를 보완하는 것으로 변한다. 예수-그리스도 안에 있다는 것, 그의 몸 안에 있다는 것은 그와 하나가 되며 하나님의 주변부 백성이 되는 것을 의미한다.

주변부 사람이 경험하는 최종적인 특징은 예수-그리스도의 부활에서 시작된 새로운 삶의 비전을 실현하는 것이다. 만약 민들레에게 새로운 삶에 대한 비전이 없었더라면, 민들레는 고통을 견디지 못했을 것이다. 민들레의 비전은 자신이 선택한 곳에서 다른 식물들과 조화를 이루며 사는 것이었다. 내 비전은 모든 사람이 바라는 자유와 평등, 정의와 행복의 추구, 평화가 있는 미국을 만드는 것이다. 25년 전 보스턴에서 미국 시민으로 귀화할 때, 판사는 내가 가진 비전이 모든 미국인의 비전임을 일깨워주었다. 미국을 건국하고 세운 (백인계-유럽인) 조상들과 나의 차이는 단지 내가 이 이민자들의 나라에 그들보다 좀 더 늦게 왔을 뿐이라는 것이다. 때로는 실망하고 좌절하지만, 내가 가진 비전이 실현될 것을 의심한 적은 없다. 그것은 집단의 비전, 공동의 비전으로 전 인류의 고군분투 속에 살아 있고, 그 노력에 기반한 것이기 때문이다. 이 비전은 어둠 속에서 사람들을 인도하는 등불처럼 함께 싸워나가려는 희망을 준다. 우리의 고통에 의미를 부여하고, 우리의 약함을 강하게 하며, 실망했을 때 용기를 주고, 의심할 때 믿음을 준다. 이 비전이 살아 있도록 지키지 못한다면, 주변성은 극복될 수 없고, 화해적인 구속은 결코 일어나지 못하며, 세상은 하나님이 통치하시는 곳으로 바뀌지 않을 것이다.

새로운 삶에 대한 비전을 가지는 것만으로는 충분하지 않다. 우리는 지금 이곳에서 비전의 실현을 위해 일해야 한다. 우리가 마지막에 갈 고향 땅을 세상 바깥 어딘가에서 찾는 여행자나 순례자가 돼서는 안 된다.[20] 새로운 삶의 비전을 향해 일하는 것은 우리에게 힘을 부여하고, 함께 일하게 하며, 우리를 창조적으로 만든다. 예수는 우리에게 하나님의 통치가 하늘에서 이루어진 것 같이 이 땅에도 이루어지도록 기도하라고 했다. 새로운 세상에 대한 비전은 투쟁이 없는 유토피아적 삶에 대한 비전이 아니라 투쟁과 함께하는 창조적 삶에 대한 비전이다. 그것은 섬김을 받는 것이 아니라 그 안에서 서로를 섬기는 것이며, 사랑을 받기 위한 것이 아니라 서로 사랑하는 삶이다. 새로운 삶은 차이를 통폐합하는 대신 조화시킨다.

새로운 삶의 아름다움은 푸른 잔디 마당이나 장미 일색의 정원이 아니라 모든 식물이 함께 자라는 정원에서 발견된다. 내가 자주 방문하는 공원은 이 새로운 삶을 상징적으로 보여주는데, 온갖 모양과 색깔의 서로 다른 식물들이 함께 자라고 있다. 민들레, 백합, 들장미, 데이지, 각종 나무와 덤불들이 함께 말이다. 그들은 공원 안에서 자기만의 자리를 차지하고 조화롭게 살아간다. 새로운 세상은 서로의 다름을 존중하고, 모두가 조화와 평화 속에서 함께 살 수 있는 여지를 허용해야 한다. 주변성을 극복하고자 한다면, 이 비전이 살아 있도록 지켜야 한다.

아무리 그리스도교 신앙에 헌신했다 할지라도, 주변성의 공동체와 함께 연대하지 않는다면 주변성에 대한 개인의 경험을 완전히 극복할 수 없다. 주변성을 극복하려는 내 개인적인 분투는 공동체의 분투를 보완한다. 나는 항상 복수로서의 나이거나 공동체로서의 나이다. 나는 전체와 관련되어 있고 그에 의존하는 공동체적인 존재이다. 우리는 함께하는 것이다. 마찬가지로 주변부 사람들의 노력은 중심부 집단의 노력과 결합되어야 하는데, 이는 그들이 전체와 분리될 수 없기 때문이다. 중심부 사람들은 그들이 추구하는 중심이 실재가 아님을 깨달을 때 중심성에서 해방되어 창조적 중심을 찾을 것이다. 이런 전환이 일어나면 중심성은 주변성으로 바뀌고, 주변성은 새로운 주변성으로 변하며, 모든 사람은 주변부 사람이 될 것이다. 모든 사람은 예수-그리스도 안에 나타난 하나님에 대해 주변적이다. 모두가 주변적이 될 때 사랑이 우리 삶의 규범이 되고, 섬김이 창조적으로 추구하는 가장 높은 열망이 될 것이다. 그때 우리는 사랑 안에서 서로에게 종이 될 것이다.

주변부 유대인이었던 예수의 삶과 사명에 뿌리내리라

전에 나는 대부분의 신학자들처럼 그리스도교 신앙을 중심으로부터 해석했다. 하지만 이 책은 이를 주변으로부터 해석한다. 연못의 물결은 중심으로부터 나와 연못의 주변 가장자리에 이른다. 그런데 똑같은 물결이 연못의 주변에 도달하면 다시 중앙을 향해 돌아가곤 한다. 나는 주변부 사람으로서 모든 것을 주변으로부터 관찰하고 생각하는 데 자연스럽다. 과거에는 중심 집단 사람들에 의해 주변부적 관점뿐 아니라, 예수-그리스도의 주변성에 뿌리를 둔 내 그리스도교 신앙까지 박탈당했다. 예수-그리스도가 '주변부 유대인'[1]이었던 것처럼, 나도 주변부 아시아계-미국인이다. 나는 주변성에서 예수-그리스도와 만나며 내 주변성은 그의 주변성에 참여한다. 즉 내게 맞는 신학적 접근은 주변적이고 자서전적이다.

주변부 사람의 자서전에 신학적으로 접근하는 것은 중심부 사람의 자서전과는 다르다. 중심성의 관점에서 자서전적 접근은 배타적이고 개별적인 독특함이나 개인적 관점만을 강조한다. 중심성은 편협함을 낳으며 다른 사람과 단절시킨다. 또 한 개인의 경험을 중심에 놓으면 그것을 다른 사람의 경험보다 더 추켜세우기 마련이다. 그런 점에서 중심주의자가 자서전적 방식으로 신학에 접근하는 것은 끔찍하다. 하지만 주변부 사람의 자서전을 통한 신학적 접근은 포용적이고 무제한적이다. 그것은 개인의 경험이 지닌 독특함을 다른 사람의 경험에 비교하지 않으며 다른 사람과 연대를 구성한다. 주변부 관점에서 보면, 나는 항상 타자로서의 나, 다수로서의 나, 공동체로서의 나인데, 이는 주변성이 둘 이상의 다수 세계(양자 부정이며 양자 긍정인)로 규정되기 때문이다. 그래서 주변부 사람의 자서전은 항상 주변부의 사회적 전기나 공동체적 전기를 포함한다.

나는 이 책을 통해 주변성 신학이라는 신학적 방법이 자서전에 뿌리내리고 있으며 진정한 실천 지향적 접근임을 입증하려고 했다. 신학이 실천에 대한 성찰이라면, 신학은 자서전적이 되어야 한다. 자신이 가난하지 않으면, 누구도 가난한 사람들에 대해 진실되게 생각할 수 없다. 마찬가지로 억압당하는 사람이 아니면 억압당하는 사람들에 대해 깊이 생각할 수 없고, 주변화된 사람이 아니면 주변화된 사람들에 대해 돌아볼 수 없다. 중심부 신학은 중심 집단 사람들에 의해서만 써지고 살아갈 수 있듯이, 주변성 신학은 주변부 사람들에 의해서만 글로 써지고 살아갈 수 있다. 중심 집단 사람은 주변성에 대한 진짜 신학을 쓸 수 없다.

마찬가지로 해방신학은 억압받는 사람들에 의해 이루어진다. 해방신학이 억압 구조를 관장하는 지배 집단의 학자에 의해 이루어진다면, 그것은 실천 없이 추상적인 지적 연습이 될 뿐이다. 억압당하는 사람과의 연대성을 주장하는 억압자들은 억압당하는 사람들을 **위한** 신학이나 그들과 **함께하는** 신학을 쓸 수는 있지만, 억압당하는 사람들**의**

신학을 쓸 수는 없다. 여성차별주의자가 여성들의 신학을 쓸 수 없는 것처럼, 억압하는 사람이 해방의 신학을 쓸 수는 없다. 예수-그리스도가 주변부 사람이었기에, 그리스도교 신학은 주변부 사람에 의해 평가되고 쓰이고 살아져야 한다. 그러므로 진정한 신학은 주변부적이며 자서전적이다.

완성된 결과물에 관심을 갖는 중심주의자의 접근과는 달리, 주변적 접근은 이 책의 사례처럼 미완성의 작업을 강조한다. 주변적 관점에서는 어느 것도 완료되거나 완성될 수 없다. 왜냐하면 주변성은 운동의 과정, 창조성의 과정, 변화의 과정이기 때문이다. 내가 아무리 총체적이기를 바라도 이 책은 결국 미완의 상태로 남을 것이다. 그래서 나는 주변부 신학의 토대를 놓을 수 있는 핵심 주제들을 논의했다. 신학에 새로운 진정한 구조를 세우기 위해 예수-그리스도라는 초석에 돌하나를 덧붙이려고 시도한 것이다. 이 신학의 보다 완전함을 위해 다른 사람들이 여기에 다른 돌을 올릴 수 있을 것이다.

신학에 대한 주변적 접근은 끊임없이 확장되는 모자이크에 비할 수 있다. 이 모자이크에서 내 작업은 전체 그림의 한 조각에 불과하며 전체 모자이크를 완성하기 위해서는 새로운 조각들이 계속 덧붙여져야 한다. 무수한 형태와 무늬를 표현하기 위해서는 아무리 작은 조각들을 덧붙이거나 연결해도 완성할 수 없을 것이다. 주변부 신학은 결코 끝나지 않는다. 예수-그리스도가 주변부 사람들 사이에서 주변성 중의 주변으로 존재하는 한 계속될 것이다.[2]

이 책에서 나는 주변성 안에서 성육신의 하나 됨과 창조를 설명하려고 했다. 성육신과 창조 모두 신적 주변화의 결과이다. 성육신은 신성의 주체적 혹은 내적 주변화이고, 창조는 신성의 객관적 혹은 외적 주변화이다. 하나님의 피조물로서 인간은 주변적인 존재이다. 인간의 주변화를 피하려는 시도는, 창조와 구원의 본래적 질서를 왜곡하는 중심주의적 경향에 가까워지는 결과를 초래할 뿐이다. 중심을 추구할 수록 신적 현존에서 멀어지며, 지배를 추구할수록 다른 사람을 더 두려워하게 된다. 물질적인 부를 많이 얻을수록 영적으로 더욱 파산한다. 구원의 역사는 예루살렘에 있는 다윗 왕의 영광에 속한 것이 아니라, 갈릴리에 있는 고통받는 종의 수치에 속한다. 주변적인 하나님의 본질은 십자가로 상징되는 고통당하는 사랑이다. 우리는 십자가를 지고 가는 사람들이다. 중심부 사람이 아름다운 십자가를 진다면, 주변부 사람은 거칠고 험한 십자가를 진다. 중심부의 그리스도는 금관을 쓰지만, 주변부의 그리스도는 가시관을 쓰고 있다.

주변부 사람에게는 고통이 기쁨보다 의미 있고, 사랑이 권력보다 중요하다. 주변부 사람은 고통 속에서 의미를, 사랑 속에서 권력을 찾는 반면, 중심부 사람은 기쁨에서 고통을 제거하고 권력에서 사랑을 추구한다. 기쁨과 고통뿐 아니라 권력과 사랑도 분리할 수 없기에, 주변부 사람 역시 중심부 사람과 분리할 수 없다. 고통당하는 사랑의 궁극적인 승리는 중심부 사람을 주변부 사람으로, 주변부 사람을 새로운 주변부 사람으로 변화시킨다. 이렇게 해서 모든 사람이 하나님의 주변부 백성이 되는 것이다. 모든 사람이 주변부 사람이 될 때, 모든 사람은 모든 종들의 종인 예수-그리스도 안에서 서로에게 종이 된다 (마 20:28; 빌 2:5-11). 서로에게 종이 됨으로써 슬픔의 눈물은 기쁨의 눈물이 되고, 두 세계 사이에 있는 사람은 두 세계 모두에 존재하는 사람으로 바뀐다. 고통은 고통의 사귐 속에서 극복된다. 모두가 서로에게 종이 될 때, 중심성의 이원론적이며 배타적이고 지배적인 이데올로기를 극복할 수 있다. 기쁨은 섬김 속에 발견되고, 자유는 인간의 빼앗을 수 없는 권리가 되며, 차이는 공통점만큼이나 가치 있게 되고, 아름다움은 모자이크의 조화 속에 발견된다. 중심성의 유토피아적 비전과 대조적인 주변성의 섬김 지향적 비전은 주변부 유대인이었던 나사렛 예수의 삶과 사명에 깊이 뿌리내리고 있다.

서론

1. 뉴욕의 인구학적 변동은 우리 시대에 급격한 변화가 일어나고 있음을 보여준다. 1980~1990년의 뉴욕 인구 변동은 미국 거대 도시에 일어나는 변화를 대변한다. 예를 들어 뉴욕의 브롱스에서는 백인 인구의 32.2퍼센트가 준 대신, 흑인 인구는 5.6퍼센트, 히스패닉 인구는 32.4퍼센트, 아시아계 인구는 87.8퍼센트, 기타 소수민족 집단은 45.4퍼센트가 증가했다. 뉴저지 주에서 가장 살기 좋은 곳 가운데 하나로 유명한 버겐카운티도 10년 사이에 인구학적으로 급격한 변화를 보여주었다. 백인 인구의 10.6퍼센트가 감소한 대신, 흑인은 18퍼센트, 히스패닉은 73퍼센트, 아시아인은 165.6퍼센트, 미국 원주민, 에스키모, 알류트족 등의 소수민족은 23퍼센트 증가했다(〈뉴욕 타임스〉 1991년 4월 19일자 참고). 아시아계 인구는 다른 인종 집단보다 빠르게 증가했는데, 1970년에 150만 명에 불과했던 미국의 아시아계는 1980년에 두 배 이상으로 증가해 350만 명에 달한다. 1985년에는 510만 명에 이르렀으며, 2000년에는 990만 명에 달할 것으로 예상된다. Wesley Woo, "A Socio-Historical Starting Point for a Pacific and Asian american Theology" [미출간 원고, 1987년 1월 23-25일에 캘리포니아 버클리에서 행해진 태평양·아시아계 미국인 신학 컨퍼런스(Pacific and Asian American Theological Conference at Berkeley, California)에서 발표] 9쪽. * 지난 2012년 7월부터 1년간 아시아계-미국인의 인구 증가율은 2.9%, 약 55만여 명이 늘어 현재 1,609만

명을 기록했으며, 현재 전체 인구 중 비중이 5% 정도이나 앞으로 더 늘어날 것으로 전망했다(출처: 〈LA중앙일보〉 2014/06/30 미주판) – 편집자 주.

2. Mearle Griffith, *A Church for the Twenty-First Century: A Planning Resource for the Future* (Dayton, Ohio: Office of Research, the General Council on Ministries, 1989), p. 3.

3. *Living: Press and Sun-Bulletin Sunday*, Binghamton, N.Y., October 22, 1898을 보라.

4. 신학에서 방법과 내용은 분리할 수 없다. 구티에레즈가 말했듯이, "신앙에 대한 가장 위대한 해석학적 원리는… 예수 그리스도이다."(Gustavo Gutiérrez, *The Power of the Poor in History* (Maryknoll, N.Y.: Orbis Books, 1983), 61쪽. 이 책의 3장도 참고하라.

5. 초기 신학자 일부는 신학을 개인적인 편견과 무관하게 독립적으로 추구할 수 있는 객관적인 학문의 하나로 간주했다. 종교학에 대한 대중적인 생각을 따라 객관적인 과학 중 하나로 여겼다. 카를 바르트가 《교회교의학*Church Dogmatics*》에서 전개한 신학의 시작도 이런 개념이다. 하지만 이른바 객관적인 과학도 엄격한 의미에서는 결코 객관적이지 않다. 근대과학에서 하이젠베르크의 불확정성 원리 이후 순수한 객관성이 가능하지 않은 것과 마찬가지다. 이 원리대로 하면 개인적인 관찰은 아원자 입자의 위치와 속도를 결정하는 요인 중 하나이다.

6. Paul F. Knitter, *No Other Name? A Critical Survey of Christian Attitudes towards the World Religion* (Maryknoll, N.Y.: Orbis Books, 1985), xiii를 보라.

7. 이 학위 논문은 Martinus Nijhoff에 의해 1974년에 *God Suffers for Us: A systematic Inquiry into the Concept of Divine Passibility*라는 이름으로 출판되었다.

8. 주변성의 특성에 대한 이들의 관심은 미국 내 아시아인에 대한 편견을 반영한다. 이들이 기술한 주변부 사람의 특징은 모호함, 불안, 성급함, 변덕, 자신감 결여 등이다. 지배 집단의 관점에서 주변부 사람의 부정적인 특징을 본 것이다. 더 자세

한 내용은 이 책의 2장 "두 세계 사이: 고전적 정의"를 살펴보라.

9. 골드버그는 미국계-유대인을 주변부 사람으로 분류하는 데 이의를 제기했다. M. M. Goldberg, "A Qualification of the Marginal Man Theory," *American Sociological Review*, 6: 52-58쪽을 보라.

10. 4장을 보라. 이 개념은 John P. Meier, *A Marginal Jew: Rethinking the Historical Jesus* (New York: Doubleday, 1991)에도 함축되어 있다.

1장 나는 누구인가: 신학의 자서전적 맥락

1. 한국어 '우리'는 영어의 '우리'가 뜻하는 것 이상이다. 이 말은 가축의 울타리, 즉 외양간이라는 뜻으로도 사용된다. 안병무가 말했듯이 한국인은 "'내 집', '내 아내'라고 말하지 않는다. 대신 '우리 집', '우리 아내'라고 말한다. 우리의 사유에서 '나'는 중요하지 않다. '우리'가 더 중요하다." 안병무,《민중신학 이야기》(서울: 한국신학연구소, 1988), 70쪽을 보라.

2. 내 책 *Sermons to the Twelve* (Nashville: Abingdon Press, 1988), 15-20쪽을 보라.

3. Russell H. Conwell, *Why and How* (Boston: Lee and Shepard Co., 1971)에서 인용. 또 Linda Perrin, *Coming to America: Immigrants from the Far East* (New York: Delacorte Press, 1980), 7, 8쪽을 보라.

4. Tricia Knoll, *Becoming Americans* (Portland, Ore.: Coast to Coast Books, 1982), 14-15쪽을 보라.

5. Gunther Barth, *Bitter Strength: A History of the Chinese in the United States, 1850-1870* (Cambridge, Mass.: Cambridge University Press, 1964)를 보라. 또 그의 "Chinese Sojourners in the West: The Coming," *Southern California Quarterly*, 46(1964), 55-67쪽을 참고하라.

6. Perrin, *Coming to America*, 21쪽 이하를 참조하라.

7. Stanford Lyman, *The Asian in North America* (Santa Barbara, Calif.: ABC-Clio, Inc., 1977), 11-24쪽을 보라.

8. 정확한 통계-수치를 알기는 어렵지만 당시 미국에 온 중국인 남자의 최소 절반 이 결혼했던 것으로 드러난다. Mary Coolidge, *Chinese Immigration* (New York: Henry Holt & Company, 1909), 17-20쪽을 보라.

9. 인구조사통계는 미국에 있는 중국인 남자가 1860년에 33,149명, 1870년에는 58,633명, 1880년에는 100,686명, 1890년에는 102,620명, 1900년에는 85,341명 이라고 보고한다. 1860년에서 1900년 사이에 중국인 여성 1명당 중국인 남성의 비율은 놀랍도록 높다. 중국인 남성과 여성 비율이 1860년에 1,858 대 1, 1870년 에 1,284 대 1, 1880년에 2,106 대 1, 1890년에 2,678 대 1, 1900년에 1,887 대 1 이다. U.S. Department of Commerce, Bureau of the Census, *Sixteenth Census of the United States*, "Characteristics of the Non-White Population by Race," p. 7. 또 Stanford Lyman, *The Asian in North America*, 68쪽도 참고하라.

10. Lyman, *The Asian in North America*, p. 70.

11. Thomas Sowell, *Ethnic America: a History* (New York: Basic Books, Inc., 1981), 139쪽을 보라.

12. Knoll, *Becoming Americans*, p. 21.

13. Albert S. Evans, "From the Orient direct," *Atlantic Monthly* (Nov., 1969)를 보라. Perrin, *Coming to America*, 13쪽에서 인용.

14. Ronald Takaki, *Strangers from a Different Shore: A History of Asian Americans* (Boston: Little, Brown and Company, 1989), p. 101.

15. Stanford Lyman, *Chinese Americans* (New York: Random House, 1974), p. 71.

16. "Twelve Hundred More" in *The Blue and Grey Songster* (San Francisco: S. S. Green, 1877)을 보라. Perrin, Coming to America, 32-34쪽에서 인용.

17. Perrin, *Coming to America*, pp. 36-37.

18. 당시 페리는 천황에게 근대식 총, 기계장치, 증기기관차 같은 몇 가지 선물을 가져왔다. 일본 천황은 미국 문명에 대해 깊은 인상을 받았으며, 1860년에서 1870년 사이에 소수의 학생들을 미국으로 보냈다.

19. William Petersen, *Japanese Americans* (New York: Random House, 1971), p. 15.

20. 노리코 오마(Noriko Oma)와의 인터뷰(미출간, Princeton: Visual education Corp.).

21. 아프리카에서 태어난 사람이나 그들의 후손도 미국 시민이 될 수 있었지만 아시아인들은 시민권을 취득할 수 없었다. 아프리카 태생이나 후손들에게 시민권을 허용하는 법은 1870년에 통과되었다.

22. *Sacramento Bee*, November 28, 1921을 보라. Perrin, *Coming to America*, 97쪽에서 인용.

23. 일본인의 성비 불균형은 중국인의 경우처럼 크지는 않지만, 미국에 있는 일본인 이주자들에게는 문제였다. 1890년에 일본인 남성은 여성보다 7배가 더 많았으며, 1900년에는 남성이 여성의 24배나 되었다. 1910년에는 여성 1명당 남성은 7명이었으며, 1920년대에 그 비율은 2대 1이었다.

24. Roger Daniels, *Concentration Camps, USA* (New York: Halt, Rinehart and Winston, 1972), 46n.

25. Jeanne W. and James D. Houston, *Farewell to Manzanar* (Boston: Houghton Mifflin, 1973), pp. 27-29

26. Carlos Bulosan as quoted in "Introduction" by E. San Juan, Jr., *America Journal*, 6 (May 1979), p. 26.

27. Sixteenth Census, *Characteristics of the Nonwhite Population by Race*, p. 105. John Modell, "Class or Ethnic solidarity: The Japanese American com-

pany Union," in *The Asian American: The Historical Experience*, ed. by Norris Hundley, Jr. (Santa barbara: Clio Books, 1976), 68쪽에서 인용.

28. 안창호, 김규식, 박용만, 이승만이다.

29. 첫 번째 배는 1902년 12월에 101명의 한국인들을 수송했다. 1903년에는 15척의 배가 1,133명을, 1904년에는 33척의 배가 3,434명을, 하와이로 직접 이주한 마지막 해 1905년 이주자의 숫자는 2,659명이었다.

30. 1906년 미국과 일본 정부는 당혹스러운 문제를 방지하기 위해 신사협정을 체결했다. 캘리포니아 주는 샌프란시스코 공립교육체제에서 일본인과 다른 아시아인을 분리하는 정책을 취소하도록 했으며, 일본은 미국에 친척들이 있는 사람들의 이주를 제한하는 데 동의했다.

31. 하와이에서 한국인의 성비 불균형은 높았다. 7,226명의 한국인 이주자 가운데 성인 남자가 6,048명, 여성이 637명, 아이가 541명이었다.

32. Warren Y. Kim, *Koreans in America* (Seoul, Korea: Po Chin Chai Printing, 1971), 82쪽.

33. 1910년 일본의 한국 병합 이후 9년 동안 541명의 한국인 학생이 학업을 위해 미국으로 왔다. 1954년까지 한국인은 미국 본토에 약 3,000명, 하와이에 6,500명으로 보고되었다.

34. 1903년 11월에 하와이에 한인 감리교회가, 1905년 1월 한인 감독교회, 1918년 하와이 한인그리스도교회가 세워졌다. 샌프란시스코의 한인감리교회는 1905년 10월에 첫 예배를 드렸고, 로스앤젤레스의 한인 장로교회는 1906년에 세워졌다.

35. Won Moo Hurh and Kwang Chung Kim, "Religious Participation of Korean Immigrants in the United States," *Journal for the Scientific Study of Religion*, 29, 1 (1990), 19-20쪽.

36. Won Moo Hurh, Hei Chu Kim, and Kwang Chung Kim, *Assimilation Patterns of Immigrants in the US: A Case Study of Korean Immigrant in the Chicago*

Area (Washington, D.C.: University Press of America, 1978)을 보라.

37. 드루 대학교에는 약 80명의 학생들이 신학대학과 대학원에서 신학을 전공하고 있다. 프린스턴 신학대학원에는 100명 이상의 학생이 재학중이다. 보스턴 대학교에는 약 50명의 신학 전공 학생들이 있다. 목회를 위해 공부하는 한국 학생이 없는 미국의 신학대학원을 찾기는 거의 불가능하다.

38. 1961~1964년 약 10,000명의 한국인이 미국으로 왔다. 1965~1970년에는 전문 직업인이 포함된 24,000명이 미국으로 이주했다. 1970~1975년 122,000명의 한국인이 직업을 찾아 미국으로 왔다. 1980년 인구통계조사에는 한국인 인구가 354,000명으로 나오는데 1970년대의 다섯 배나 되는 숫자이다. 2000년에 한국인 수는 130만 명에 달할 것이다. Robert Gardner, Bryand Robey, and Peter S. Smith, *Asian Americans: Growth, Change, and Diversity* (Washington, D.C.: Population Reference Bureau, 1985). *지난 2010년 센서스에 따르면, 미국 내 공식 한인 인구는 142만 명이다. 한국 정부가 추산하고 있는 인구는 243만 명이며, 한인사회에서는 300만 명이라고도 한다(출처: 〈LA중앙일보〉 2011/05/26 미주판 4면). 아시아계-미국인과 한인교회의 최근 동향은 〈크리스채너티 투데이〉 한국판 2014년 10월호를 참조하라-편집자 주.

39. Interview with May Ching in *They Chose America*, Vol. 1 (Princeton: Visual education Corp., 1975).

40. *Report of the National Advisory Commission on the Civil Disorder* (New York: Bantam Books, 1968), 1쪽.

2장 두 세계 사이와 두 세계 모두: 주변성의 정의

1. 이는 모든 소수민족 집단에 해당하는 것은 아니다. 예를 들어 유럽에서 온 대부분의 백인들은 다른 민족 배경을 가지고 있지만 인종 기원에서 동일하다. 즉 이들의

인종적 성향은 민족성에 중요한 역할을 하지 않는다. 이들은 북미에서도 지배 집단에 속하게 된다.

2. 성차별과 인종차별은 분리할 수 없다. 벨 훅스(Bell Hooks)는 "현대 페미니스트들이 말하는 자매애(sisterhood) 이데올로기는, 백인 여성들이 이해관계나 정치적 관심을 공유한다고 여기는 다민족 배경의 여성들에 대해 스스로 인종차별, 수탈, 억압하는 현실이 모순임을 전혀 인식하지 못함을 보여준다"고 말했다. Bell Hooks, *Feminist Theory: From Margin to Center* (Boston: South End Press, 1984), 49쪽을 보라.

3. Joe R. Feagin, *Racial and Ethnic Relations* (New York: Prentice-Hall, 1978), p. 9.

4. Manning Marable, "The Rhetoric of Racial Harmony: Finding Substance in Culture and Ethnicity," *Sojourners* (August-September, 1990), 16쪽을 보라.

5. Feagin, *Racial and Ethnic Relations*, 6쪽을 보라.

6. 다른 나라에서는 생물학적 특성이 사회적 범주에서 중요한 역할을 하지 않는다. 예를 들어 남아프리카공화국에서 일본 사람은 '백인'으로 간주된 반면, 중국인은 '유색인'으로 분류되었다. 브라질에서는 유색인이 수입, 직업, 교육수준에 따라 백인, 물라토(mulatto), 흑인로 변할 수 있다. 위의 책을 보라.

7. Won Moo Hurh, "Comparative Study of Korean Immigrants in the U.S.: A Typological Study," in B. S. Kim, and others, eds., *Koreans in America* (Association of Korean Christian Scholars in North America, 1977), 95쪽을 보라. 또 "Called to Be Pilgrims" in Korean American Ministry, ed. Sang H. Lee (Princeton: Consulting Committee on *Korean American Ministry*, Presbyterian Church, 1987), 93쪽을 참고하라.

8. 이 이론의 주된 출처는 Robert Ezra Park, *Race and Culture* (Glencore: The Free Press, 1950)이다.

9. Israel Zangwill, *The Melting Pot: A Drama in Four Acts*, revised edition (New

York: Macmillan Company, 1939)을 보라. 이 책의 초판은 1909년에 출판되었다.

10. 위의 책, 184-185쪽.

11. Robert E. Park, "Our Racial frontier on the Pacific," Survey Graphic, 56, 3 (May 1, 1926), 196쪽.

12. 파크는 제도적 인종차별주의를 진지하게 다루는 데 실패했다. 나아가 인종이라 는 개념 자체를 간과했다. 민족성의 고유함을 알아차리지 못하고, 유럽인 이주민 의 경우를 모든 사람에게 무조건 적용한 것이다. 파크의 지배적인 인종에 근거한 이론에 대한 비판은 Michael Omi and Howard Winant, *Racial Formation in the United States: From the 1960s to the 1980s* (New York and London: Routledge and Kegan Paul, 1986), 9-24쪽을 참고하라.

13. Michael Omi and Howard Winant, *Racial Formation in the United States*, 20, pp. 104-105.

14. 특별히 Rose Hum Lee, *The Chinese in the United States of America* (Hong Kong: Hong Kong University Press, 1960)를 참고하라. 더 진전된 논의를 위해 서는 Stanford M. Lyman, "Overseas Chinese in America and Indonesia," *Pacific Affairs* (Winter, 1061-2), 380-389쪽을 보라.

15. 미국의 주요 잡지들은 인종관계와 정치에 관심을 집중한다. *The Atlantic Monthly* (May, 1991)나 *Newsweek* (May, 1991)의 커버스토리를 보라. 콜로라 도 대학의 정치학과 사회학 교수인 매닝 매러블(Manning Marable)은 1990년대 인종관계의 핵심 특징은 "이해가 결여된 교류" 혹은 "억압받는 사람들에게 권한 을 부여하는 실질적인 내용 없이 인종적으로 조화를 이룬다는 미사여구"라고 말 했다. 그의 "The Rhetoric of Racial Harmony," *Sojourners* (August-September, 1990), 14-18쪽을 참고하라.

16. Michael Omi and Howard Winant, *Racial Formation in the United States*, 21-24쪽을 보라.

17. Roy I. Sano, *From Every Nation without Number: Racial and Ethnic Diversity in United Methodism* (Nashville: Abingdon Press, 1982), pp. 26-38.

18. Brewton Berry, *Race and Ethnic Relations* (Boston: Houghton-Mifflin Co., 1965), p. 135. Stanford M. Lyman, "The Spectrum of Color," *Social Research*, 31 (Autumn, 1964), 364-373쪽도 참고하라.

19. Stanford M. Lyman, *The Asian in North America*(Santa Barbara, Calif.: ABC-Clio, Inc., 1977), p. 26.

20. J. Hector St. John de Crevecoeur's *Letters from an American Farmer* (New York: E. P. Dutton and Co., 1957), 39쪽을 보라.

21. Frank Ichishita, "I Know Who I Am," in *Trends* (March/April 1973), 10쪽을 보라.

22. Ronald T. Takaki, *Iron Cages: Race and Culture in Nineteenth Century America* (Oxford and New York: Oxford University Press, 1979).

23. 동화는 문화적 동화나 문화적 순응과 다르다는 것을 인식하는 것이 중요하다. 후에 '동화'는 '순응'과 구별하기 위해 '구조적 동화'라는 용어로 바뀐다.

24. 내가 미국에서 본 가장 당혹스러운 장면 중 하나가 대학 캠퍼스에서 남학생과 여학생이 공개적으로 사랑을 표현하는 것이었다.

25. Mary Paik Lee, "A Korean/Californian Girlhood," edited by Sucheng Chan, *California History*, 77:1 (March 1988), pp. 45-46.

26. Ronald Takaki, *Strangers from a Different Shore: A History of Asian Americans* (Boston: Little, Brown and Company, 1989), p. 271.

27. Linda Perrin, *Coming to America: Immigrants from the Far East* (New York: Delacorte Press, 1980), 25쪽을 보라.

28. "Twelve Hundred More," *The Blue and Grey Songster* (San Francisco: S.S.Green, 1877) Takaki, *Iron Cages*, 103쪽도 참고하라.

29. 김광정과 허원무에 따르면, "첫째, 아시아계-미국인들이 성공했다면 더 이상 가난한 소수민족에게 혜택을 주기 위한 공공 정책이 필요하지 않을 것이다(혜택 거부 기능). 둘째, 아시아계-미국인의 성공은 미국이 기회의 땅이라는 널리 퍼진 가정을 입증해준다(체제 유지 기능). 셋째, 이 기회의 땅에서 소수 집단이 높은 수준의 사회경제적 위치에 오르는 데 실패한다면 소수 집단 자체에 그 책임이 있는 것이다(소수집단 비난 기능)." Wesley Woo, "A Socio-Historical Starting Point for a Pacific and Asian American Theology" (미간행, Pacific and Asian American Theological Conference, Berkeley, Calif., January 23-25, 1987 발표문), 11쪽에서 인용.

30. Michael Omi and Howard Winant, *Racial Formation in the United States*, 64-69쪽을 보라.

31. Joshua A. Fishman, *Language Loyalty in the United States* (Hague: Mouton, 1966), 29-31쪽을 보라.

32. Donna Dong, "The Asian-American Bi-Cultural Experience" (unpublished manuscript based on her panel presentation on April 20, 1974)를 보라. *The Theologies of Asian Americans and Pacific Peoples: A Reader*, compiled by Roy Sano (Berkeley: Asian Center for Theology and Strategies, 1976), 12쪽을 참고하라.

33. L. C. Tsung, *The Marginal Man* (New York: The pageant Press, 1963), pp. 158-159.

34. Stanford M. Lyman, *The Asian in North America* (Santa Barbara, Calif.: ABC-Clio Inc., 1977), p. 12.

35. Robert Park, "Introduction," to Everett V. Stonequist's *The Marginal Man: A Study in Personality and Cultural Conflict* (New York: Russell and Russell, 1961), xvii.

36. 위의 책, 8쪽.

37. 백인과 황인 사이에 사회적 상호작용에 대한 한 연구에 따르면, 아시아인이 백인 친구와 자신을 보다 긴밀히 동일시할수록 주변성에 대한 감정과 소외감은 더욱 강해진다. Won Moo Hurh, "Comparative Study of Korean Immigrants in the United States: A Typology" (San Francisco: R. and E. Research Associates, 1977), p. 91.

38. 1979년 2월 28일자 〈한국일보〉(미주판)를 보라.

39. Kazuo Kawai, "Three Roads, and None Easy," Survey, May 1, 1926, 164쪽 이하에서 이 문제에 대한 토론을 보라. 또 Stonequist, The Marginal Man: A Study, 105쪽도 참고하라.

40. Joanne Miyamoto, "What Are You?" Roots: An Asian American Reader, a project of the UCLA Asian American Studies Center, published by University of California in Los Angeles, 1971. The Theologies of Asian Americans and Pacific Peoples, 1쪽에서 인용.

41. Ada Maria Isasi-Díaz, "A Hispanic Garden in a Foreign Land," in Inheriting Our Mother's Gardens: Feminist Theology in Third World Perspective, Letty M. Russell, et al., eds. (Philadelphia: Westminster Press, 1988), 92쪽을 보라.

42. Stonequist, The Marginal Man: A Study, 139쪽을 보라. Alan Kerchkoff and Thomas McCormick, "Marginal Status and Marginal Personality," in Social Forces, 44 (October, 1977), 48-55쪽도 참고하라. Sang H. Lee's "Call to Be Pilgrims" in The Korean Immigrant in America, ed. by Byong-suh Kim and Sang Hyun Lee (Montclair, N.J.: AKCS, 1980), 39쪽에서 인용. 비슷한 개념이 베르너 하이젠베르크의 불확정성 이론에서도 발견된다. 이 이론에 따르면 "입장의 위치를 더 정확히 측정하려 하면 할수록, 속도는 덜 정확히 측정되며 반대의 경우도 마찬가지다." Stephen Hawking, A Brief History of Time (New York: Bantam,

1988), 55쪽을 보라.

43. 유수케 히다카(Yusuke Hidaka)는 미국에서 태어난 아시아인들의 동일화 양상을 세 가지로 구분해 '동일화의 차이점들(identificational differences)'을 기술했다. 그는 이주한 조상들의 규범, 신념, 가치, 상징과 정체성을 따르는 전통주의자들은 다른 범주에 속해 있는 주변부 사람들과는 다르다고 여겼다. 전통주의자들이 의식적으로 자신의 주변성을 인식하는 것은 아닐지 모르지만, 나는 그들이 주변성에 대한 집단적인 느낌을 가지고 있다고 믿는다. 그의 미출간 원고 "Developing Ministries with Americans of Asian Ancestries"(originally presented to Korean Ministries Administrative Council, October, 1984), 2쪽을 보라.

44. Donna Dong, "The Asian-American Bi-Cultural Experience," p. 12.

45. Stonequist, *The Marginal Man: A Study*, 217쪽.

46. Manning Marable, "The Rhetoric of Racial Harmony," 16쪽에서 인용. 유럽인 사이에서 살면서 두 개의 성격 유형을 발전시킨 브라질 원주민에게서도 유사한 관찰이 이루어졌다. Max Schmidt, *Primitive Races of Mankind: A Study in Ethnology* (Boston, 1926), 189-190쪽을 보라.

47. Charles H. Cooley, *Human Nature and the Social Order* (New York, 1922), p. 184, Stonequist, *The Marginal Man: A Study*, 145쪽에서 인용.

48. Stonequist, *The Marginal Man: A Study*, p. 149.

49. Stonequist, *The Marginal Man: A Study*, p. 155.

50. 쑹(L. C. Tsung)이 *The Marginal Man*에서 묘사하는 중국인 세탁소 노인은 고전적 정의로 이해되는 주변부 사람에 대한 완벽한 이미지이다. 그런데 노인은 두 세계-사이에 있을 뿐만 아니라 두 세계-모두에서 동시에 존재하고 있다. 물리적으로 북미에 있지만 생각은 중국에 있음으로 두 세계-안에 존재하는 것이다. 즉 겉으로는 두 세계-사이에 있지만 안으로는 두 세계-모두에 머물고 있다.

51. 내가 말하는 아시아계-미국인이란 아시아 각지에서 온 이들 전부를 의미하는

것은 아니다. 나 자신부터가 중국과 한국과 일본의 영향으로 국한되기 때문에, 아
시아로부터 온 모든 개인을 포함하는 것은 적절치 않다. 예를 들어 인도에서 온
사람들은 지배 집단의 사유방식으로는 아시아계-미국인으로 범주화되지만, 인
종의 뿌리나 문화 배경은 전혀 다르다. 피부색도 다르고 신체적 특징도 다르다.
내가 사용하는 아시아계-미국인은 내가 긴밀히 동일시하는 중국계-미국인, 한
국계-미국인, 일본계-미국인을 의미한다. 이 책은 자서전적이기 때문에 나와 인
종·문화 배경을 공유하는 사람들의 자료로 뒷받침된다.

52. Francis Naohiko Oka, *Poems* (San Francisco: City Lights, 1970), p. 31.

53. Genny Lim, "Children Are Color-blind," *The Forbidden Stitch: An Asian American Women's Anthology*, ed. by Shirely Geok-lin Lim, Mayumi Tsutakawa, Margarita Donnelly (Corvallis, Ore.: Calyx Books, 1989), p. 196.

54. 이 책의 1장을 보라. 필자의 *Sermons to the Twelve*, 15-20쪽도 참고하라.

55. Robert Fulghum, *All I Really Need to Know I Learned in Kindergarten* (New York: Villard Books, 1988), 67-69쪽.

56. 로버트 풀검이 민들레 이야기를 할 때 그가 주변성의 현대적 의미에 대한 깊은 함축을 자각하고 있었다고 생각하지는 않는다.

57. Diana Chang, "Saying Yes," *Asian-American heritage: An Anthology of Prose and Poetry*, ed. by David Hsin-Fu Wand (New York: Washington Square Press, 1974), 130쪽에서 인용.

58. *Negro History Bulletin*, 31, 5 (May, 1968), 17쪽을 보라.

59. 다수파 다원주의(majority pluralism)와 구별하기 위해 내가 주장하는 다원주의는 진정한 다원주의로 표현된다. 폴 나가노는 앵글로계-미국인들이 주장하는 다원주의가 소수민족들이 꿈꾸는 진정한 다원주의와 다르다는 것을 인식하는 데 도움을 주었다. 앵글로계-미국인들은 다원주의에 자신들만의 전략을 가지고 있는데, 나가노는 이를 다수파 다원주의라고 불렀다. 다수파 다원주의를 통해

서 백인 앵글로계-미국인들은 가치와 피부색 선호를 통제해 인종·문화 소수자들을 계속 지배하려 한다. Paul Nagano, "Identity and Pluralism from an Asian American Perspective"(미출간, 1989), 38쪽을 보라.

3장 두 세계를 넘어: 새로운 주변성과 신학

1. 우리는 두 가지 반대되는 견해는 합리적인 정의 속에 공존할 수 없다고 배워왔다. 앞으로 더 설명하겠지만, 이런 종류의 생각은 중심부 사람이 지닌 배타적 사유방식에 들어 있다. 아리스토텔레스 논리학의 배중률에 의해 뒷받침되었으며, 주변부 사람을 효과적으로 통제하고 지배하기 위해 모든 사물을 엄격하게 범주적으로 구별하는 지배 집단의 지적 도구로 사용되었다.

2. Bill Bradly, "Economic Relations in the Pacific Rim," *The Commonwealth* (March 29, 1989), 141, 142쪽을 보라. 또 Paul Nagano의 "Identity and Pluralism from an Asian American Perspective"(미출간 원고, 1989), 71쪽을 보라.

3. 아시아계-미국인의 인구는 급속히 증가했다. 1980년에 346만 6,421명으로 전체 미국 인국의 1.5퍼센트에 불과했던 이들은 1985년에는 514만 7,900명으로 미국 인구의 2.1퍼센트가 되었고, 2000년에는 895만 364명에 이르러 미국 인구의 4퍼센트를 차지할 것으로 예측된다. 1980년의 인구조사는 인구조사국(Bureau of the Census)에 의해 이루어졌다(1980 Census of the Population, PC80-S1-12). 2000년에 아시아계-미국인의 인구는 레옹 부비에(Leon F. Bouvier)와 앤서니 아그레스토(Anthony Agresto)가 "Projection of Asian American Population, 1980-2030" in their *Asian and Pacific Immigration to the United States*에서 제시한 예측이다. Paul Nagano, "Identity and Pluralism from an Asian American Perspective," 6-7쪽에서 인용.

4. 로이 사노(Roy Sano), 로저 대니얼스(Roger Daniels), 해리 키타노(Harry H. L.

Kitano)에 따르면, 이 두 범주 체계는 인종에 근거한 것으로 미국에서 백인과 유색인을 분리한다. Roy Sano, *From Every Nation Without Number: Racial and Ethnic Diversity in United Methodism* (Nashville: Abingdon, 1982), pp. 30-32; Roger Daniels and Harry H. L. Kitano, *American Racism: Exploration of the Nature of Prejudice* (Englewood Cliffs, N.J.: Prentice-Hall, 1970), 5-28쪽을 보라.

5. 인종적 구성에서 패러다임의 전환에 관해서는 Michael Omi and Howard Winant, *Racial Formation in the United States: From the 1960s to the 1980s* (London and New York: Routledge and Kega Paul, Inc., 1986) 89-108쪽을 보라.

6. Abraham H. Maslow, *Toward a Psychology of Being* (New York: Van Nostrand, 1968), 40쪽을 보라.

7. 일반적인 가정에서 아시아계-미국인 2세들은 자신들의 민족적 뿌리를 거부하고 지배적인 미국 문화에 완전히 동화되려고 애쓴다. 이는 그들이 두 세계 사이에 존재하기 때문이다. 그러나 시민권이 확보된 아시아계-미국인 3세들은 자신의 민족적 뿌리를 찾는다. 이를 '3세대의 귀환 법칙(the law of third-generation return)'이라고 한다. 이런 구획화된 사례는 더 이상 일반적이지 않다. 내가 아시아계-미국인 2세를 두 명 기르면서 체험한 바에 따르면, 그들은 두 세계를 동시에 경험한다. 일본계-미국인 3세들은 1세나 2세들이 겪었던 소외나 거부를 여전히 경험한다고 말한다. 부정적 경험이 개인별, 세대별로 차이가 있기는 해도, 주변부 사람이 주변성에 대한 부정적인 경험 없이 긍정적인 경험만 하고 사는 것은 불가능하다.

8. Charles V. Willie, *Oreo: One Race and Marginal Men and Women* (Wakefield, Mass.: Parameter Press, 1975), p. 32.

9. 위의 책.

10. 아시아계-미국인들은 대개 세 가지 독특한 범주로 나뉜다. 아시아의 규범과 신념과 가치에 집착하는 전통주의자, 아시아나 미국 어디에도 속하지 않는 주변부

사람, 아시아와 미국의 문화를 종합하면서 새로운 규범과 신념과 가치를 만들어 내면서 새로운 정체성을 찾는 아시아계-미국인이다. Yusuke Hidaka, "Developing Ministires with Americans of Asian Ancestries" (unpublished manuscript, revised, 1984), p. 2-3; "Second Generation Issues Related to the Korean-American Churches," in General Assembly Minutes of Presbyterian Churches in the U.S. (Atlanta, Ga.), 317쪽을 보라. 이렇게 한 단계에서 다른 단계로 직선적으로 발전하는 것은 논리적이지만 실제적이지는 않다. 정체성과 긍정적인 자존감을 발견한다고 해서 그 사람이 처한 주변적 상태, 즉 두 문화 양쪽에 속해 있으면서 '둘 사이에 있는'(and) 상태로부터 벗어날 수는 없다.

11. Ronald Takaki, *Strangers from a Different Shore: A History of Asian Americans*, p. 6.

12. 나는 아시아계-미국인을 쓸 때는 의도적으로 하이픈(-)을 쓴다. 이것은 아시아계-미국인이 아시아인이면서 미국인 '모두(both)'임을 나타내는 것이다.

13. "An Interview with Harry Kitano," in *Roots: An Asian American Reader*, (Los Angeles: University of California Press, 1971), 88쪽을 보라.

14. 코카시아계-미국인들은 주변부 사람이 아닌데, 이는 그들이 지배 집단에 속해 있기 때문이다. 그러나 만약 이들에게 하이픈을 넣어 민족성을 규정하거나 '~와(and)'를 적용하면 그들은 미국인과 동일시될 수 없다. 즉 코카시아계-미국인들은 주변부 사람이지만, 실제적으로는 주변부 사람이 아니다.

15. David Ng, "Sojourners Bearing Gifts: Pacific Asian American Christian Education," in Charles R. Foster, ed., *Ethnicity in the Education of the Church* (New York: Scarrit Press, 1987), p. 14.

16. 일부 여성들이 두 세계 사이에서 존재하는 자신들의 가치나 무(nothingness)의 경험에 대해 말하면서 새로운 방향성이나 자아의식을 찾는 것처럼 보인다. Carol P. Christ, *Diving Deep and Surfacing: Women Writers on Spiritual Quest*

(Boston: Beacon Press, 1980), 9-14쪽을 보라. Sang Hyun Lee, "Called to Be Pilgrims: Toward an Asian-American Theology from the Korean Immigrant Perspective" in *Korean American Ministry: A Resource Book* (Princeton: Consulting Committee on Korean-American Ministry of the Presbyterian Church, 1987), 99쪽도 참조하라.

17. Mark C. Taylor, *De-Constructing Theology* (Atlanta: Scholars Press, 1982), p. 29.

18. 아마도 포스트모던 철학이 양자역학의 발전에 뒤이어 비이원론적(non-dualistic) 해석의 방향으로 이끌 수 있을 것이다. 양자론은 양자택일 논리(either/or logic)의 절대주의적이며 범주적 접근을 거부하는 듯하다. "플랑크의 양자론과 아인슈타인의 상대성이론은 아리스토텔레스적인 '양자택일'적 존재에 의문을 제기하도록 이끌었다. 그 결과 자연은 도약하지 않는다(natura non facit saltus)라는 금언이 더 이상 유지될 수 없게 되었다. 양자론 덕택에 오늘날 우리는 자연이 이런 도약에 아주 능함을 알고 있다. 이는 아리스토텔레스의 '양자택일'에 대한 최초의 침범이었다. ··· 오늘날 우리는 물질이 단순히 공간적인 요소일 뿐만 아니라 시간적 요소이기도 함을 안다. 또 그것은 미립자이기도 하다. '저것일 뿐만 아니라 이것이기도 한' 것은 아리스토텔레스의 '양자택일'에 의문을 제기하도록 이끄는 힘을 갖고 있다. Jean Gebser in P. J. Saher, *Eastern Wisdom and Western Thought: A Comparative Study in the Modern Philosophy of Religion* (New York: Barnes and Noble, 1970), 10쪽을 보라.

19. 아시아인은 항상 전체적인 사유방식에 관심을 갖는다. 전형적인 사례가 맹자의 사유에서 발견된다. "맹자처럼 사고하는 것은 마음과 정신만 아니라 몸까지도 포함한다. 그것은 배움에 대해 전체적이고 통합된 방식을 의미한다." Tu Wei-ming, "The Value of the Human in Classical Confucian Thought, in *Humanitas* (15 May 1979), 168쪽을 보라.

20. Maxine Hong Kingston, *China Men* (New York, 1980), 100쪽 이하 참조. Ronald Takaki, *Strangers from a Different Shore*, 8쪽에서 인용.

21. 무사유(No-thinking)이나 무심(no-mind)은 전통적 도가(Classical Taoism)에 깊이 뿌리내리고 있다. 또 선불교에 깊은 영향을 주었다. 선불교는 종종 열반을 상징하는 무의 종교로 간주된다. 무의 개념에 대한 포괄적 연구가 교토학파(Kyoto School), 특히 니시타니(Nishitani)에 의해 진행되었는데, 그는 무를 통해 불교 철학에 독특한 공헌을 했다. Keiji Nishitani, *Religion and Nothingness* (Berkeley: University of California Press, 1982)를 보라. Donald W. Mitchell, *Spirituality and Emptiness: The Dynamics of Spiritual Life in Buddhism and Christianity* (New York: Paulist Press, 1991), 31–52쪽도 참고하라.

22. 드윗 장군은 일본계 조상을 둔 모든 사람에게 떠나도록 명령했다. "사령부는 미국 시민격리명령 27호에 따라 1942년 4월 30일자로 일본계 조상을 둔 사람은 외국인이거나 비외국인이거나 모두 1942년 5월 7일 12시 정오까지 위의 장소에서 떠나야 한다." Ronald Takaki, *Strangers from a Different Shore*, 392쪽을 보라.

23. Ronald Takaki, *Strangers from a Different Shore*, p. 402.

24. 위의 책. John Tateishi, *And Justice for All: An Oral History of the Japanese American Detention Camps* (New York, 1984), 161쪽도 참고하라.

25. 중심부 사람들은 진리를 분석하고 정당화하는 지적 도구로 '양자택일(either/or)'의 논리를 사용한다. 그들은 실재에 대한 전체적이며 개방적인 접근을 다룰 수 없다. 그래서 종종 '양자 모두(both/and))'와 '양자 부정(neither/nor)'의 사유방식을 신비주의 접근이라고 규정한다. 양자택일의 사유방식을 초월하는 신비주의자는 주변부 사람의 사유방식과 비슷한 특징을 공유한다. 그러나 그들은 인종, 문화, 사회 면에서 주변화되지 않는다. 그들은 주변성의 정신적, 영적 체험을 얻는 데 우선적인 관심을 가지며 일반적으로 특권 집단에 속한다.

26. 이 내용은 내가 1992년 2월 17일에 버클리의 퍼시픽 신학대학원에 있는 줄리의

사무실에서 비공식적으로 나눈 대화를 기록한 것이다.

27. Gustavo Gutiérrez, *The Power of the Poor in History* (Maryknoll, N.Y.: Orbis Books, 1983), p. 61.

28. 중심부의 사유방식에 따르면 하나님의 초월과 내재는 오직 신비나 역설의 관점에서만 표현될 수 있다. 양자택일의 사유방식에 따르면 하나님은 초월적이거나 내재적이거나 둘 중 한 상태이지 초월적인 동시에 내재적일 수는 없다.

29. 가부장제 사회의 결혼에서 지배적인 배우자는 자신의 지배적인 위상 때문에 진정한 사랑을 할 수 없다. 많은 아시아계-미국인 2세들은 아버지로부터 사랑받은 경험이 없다고 호소하는데, 아버지는 전통적인 아시아 가정에서 지배적인 존재이기 때문이다. 반면에 이들이 어머니의 사랑을 체험한 것은 아시아 가정의 어머니들이 사랑할 능력이 있는 주변부적 존재이기 때문이다.

30. Reshad Feild, *Last Barrier* (New York and San Francisco: Harper and Row, 1976), 97쪽에서 인용.

31. 결론을 내리지 않는 열린 사유방식은 과학 분야에서도 중요한 부분이다. 1970년에 출판된 《과학혁명의 구조(*The Structure of Scientific Revolutions*)》에서 토마스 쿤(Thomas Kuhn)은 과학자들이 패러다임이나 이미지 패턴을 적용함으로써 효과적인 성취를 얻게 되었음을 보여준다. 장, 파장, 원자 같은 이미지나 기호를 사용해 자연세계의 움직임을 해석한 것이다. 패러다임은 지속적인 연구와 반복적인 적용에 따라 발전해나가는 상황에 "열려 있으며"(open-ended) … 어느 순간 새로운 패러다임에 의해 원래의 패러다임이 대체되는 시기가 온다. Aylward Shorter, *African Christian Theology* (Champman, 1975), 135-136쪽을 보라.

32. 내가 제시한 새로운 주변성에 대한 개념은 찰스 윌리(Charles Willie)의 개념과 용어상 비슷하지만, 그 안에 담긴 생각은 전적으로 다르다. 위의 각주 8번을 참고하라.

4장 예수-그리스도: 주변성의 극치

1. '그리스도로서 예수'는 예수와 그리스도의 관계성을 이해하기 위해 일반적으로 사용된다. 이 용어는 예수보다 그리스도를 강조하는 경향이 있다. 하지만 예수는 그리스도로서 예수일 뿐만 아니라 예수로서 그리스도이기도 하다. 그리스도의 '예수적인(Jesusly)' 기능보다 예수의 '그리스도적인(Christly)' 기능을 더욱 강조 하는 것은 약함과 고독보다 힘과 위엄을 높이려는 중심주의 경향 탓이라고 할 수 있다. 새로운 주변부 사람으로서 예수-그리스도는 하이픈으로 표현되는 사람이 며, 강력함과 약함, 혹은 중심과 주변 모두를 화해시키는 존재이다.

2. 내가 예수 탄생의 역사적 배경을 지칭하는 것은 역사적 예수에 대한 비판적 연구 나 중심부 학자들에 의해 수행된 본문 비평을 의미하지 않는다. 나는 성서학자도 역사학자도 아니다. 내 관심은 주변성의 관점으로 성서를 다시 읽음으로써 주변 성의 관점을 제시하는 것이다. 즉 나는 예수와 그의 생애를 알기 위한 유일한 원 천으로 성서, 특히 복음서를 진지하게 선택했다.

3. 최근 학자들은 예수가 사생아라는 점을 그럴듯한 논제로 제시했다. 존 마이어 (John Meier)에 따르면 사생아라는 혐의는 새로울 것이 없다. 오리겐의 〈셀수스 에 대한 반박Contra Celsum〉에 따르면, 셀수스는 예수의 어머니 마리아가 로마 군인과 간통했기 때문에 목수인 남편에게 쫓겨났다고 들었다. 마이어는 이런 이 야기가 이미 2세기경 헬레니즘의 영향을 받은 유대인들 사이에서 돌았다고 믿는 다. John P. Meier, *A Marginal Jew: Rethinking the Historical Jesus* (New York: Doubleday, 1987), 222-229쪽을 보라.

4. 마태는 예수의 탄생시기를 BC 40년-AD 4년까지 통치했던 헤롯대왕(Herod the Great) 시기라고 했다. 누가는 서기 7년 아켈라오(Archelaus)의 폐위 이후 구레뇨 (Quirinius)가 인구조사를 실시한 때라고 말한다. 예수의 출생일이나 출생 장소 를 역사적으로 정확히 제시하기는 확실히 어렵다. 예수의 역사성을 재구성하려 는 다양한 시도들은 실패했다. 이것이 바로 내가 예수를 믿으면서도 출생 이야기

를 사실이라기보다 의미 있는 진술로 받아들이는 이유이다. 베들레헴을 예수의 출생 장소로 보는 것도 문제가 있다. 중심주의적 관점에서 보면 예수가 베들레헴에서 탄생했다는 것은 다윗 혈통의 메시아성과 관련되기 때문에 중요하다. 따라서 "예수의 베들레헴 출생은 역사적 사실로서가 아니라 하나의 신학적 주장(예수는 다윗의 진정한 후손, 즉 예언된 왕적 메시아)으로 취급되어야 한다." John Meier, *A Marginal Jew*, p. 216.

5. Ernest F. Scott and Robert R. Wicks, "The Epistle to the Philippians," in *The Interpreter's Bible*, vol. 11 (Nashville: Abingdon Press, 1955), 47-52쪽을 보라.

6. 불교학자들 가운데 교토학파(Kyoto School of Thought)가 이 분야 그리스도교 신학자들과의 대화에 적극적이다. 그들의 주 관심사는 성육신 개념보다는 신적 본성의 절대성에 있다. 이 주제에 관한 많은 저서와 논문들이 있다. 그 중 일부이다. *Buddhist Emptiness and Christian Trinity*, ed. by Roger Corless and Paul F. Knitter (New York: Paulist Press, 1990); Keiji Nishitani, *Religion and Nothingness* (Berkeley: University of California Press, 1982); Kitaro Nishida, *Intelligibility and the Philosophy of Nothingness* (Honolulu: East-West Center Press, 1958); Kitaro Nishida, *Last Writings: Nothingness and the Religious Worldview* (Honolulu: University of Hawaii Press, 1987); John B. Cobb, Jr., and Christopher Ives, eds., *The Emptying God: A Buddhist-Jewish-Christian Conversation* (Naryknoll N.Y.: Orbis Books, 1990); Masao Abe, *Zen and Western Thought* (Honolulu: University of Hawaii Press, 1985); Hans Waldenfels, *Absolute Nothingness: Foundations for a Buddhist-Christian Dialogue* (New York: Paulist Press, 1980); Paul O. Ingram and Frederick J. Streng, eds., *Buddhist-Christian Dialogue: Mutual Renewal and Transformation* (Honolulu: University of Hawaii Press, 1986); Frederick Franck, ed., *The Buddha Eye: An Anthology of Kyoto School* (New York: Crossroad, 1982); Seiichi Yagi and Leonard Swidler,

A Bridge to Buddhist-Christian Dialogue (New York: Paulist Press, 1990);
Donald Mitchell, *Spirituality and Emptiness: The Dynamics of Spiritual Life in Buddhism and Christianity* (New York: Paulist Press, 1991).

7. 불교의 공(空) 개념과 기독교의 케노시스 개념을 비교할 때, 각각의 전통에서 독특하게 강조하는 것을 분명히 밝히지 않으면 오해하기 쉽다. 필자의 견해로는 불교, 특히 동아시아의 대승불교 전통에서 공(空)은 불성(Buddha nature)의 본질이다. 즉 공(空)은 부처의 본래적 본성으로 간주될 수 있다. 하지만 빌립보서 2장에서 공(空)은 하나님의 본래부터 있었던 본성이 아니라 결과적 본성이다. 그것은 하나님의 아들이 근본적으로 자기 비움 상태인 것이 아니라 스스로 자신을 비웠고, 그의 비움, 즉 공(空)이 존귀를 통해서 완성되었음을 의미한다. 예수의 자기 비움의 과정은 일시적인 것이었다. 마사오 아베는 이 본문을 아주 다르게 읽었는데, 그에 따르면 하나님 아들의 본래적 본성은 "본질적, 근본적으로 자기를 비우거나 자기를 부정하는 것이다. … 하나님의 아들이 육체를 갖게 된 것은 단순히 하나님의= 아들이 본래적으로 자기를 비우기 때문이다." Masao Abe의 "Kenotic God and Dynamic Sunyata," in *The Emptying God* (Naryknoll N.Y.: Orbis Books, 1990), 10-11쪽을 보라. 공(空)을 하나님 아들의 본질적이고 본래적 본성으로 생각하는 것이 매력적인 까닭은 부처의 본래적 본성으로 공(空)을 보는 불교의 개념과 정확히 들어맞기 때문이다. 이것이 불교-그리스도교의 대화와 다른 종교들의 보편적(ecumenical) 지평을 여는 것을 촉진했다. 나는 이 대화에 전적으로 동의하며 이런 종류의 지적 작업을 장려한다. 그러나 내게 문제가 되는 것은 하나님 아들의 본래적 본성으로서 공(空) 개념을 요한복음의 서문이나 복음서에 기록된 성탄 구절들에 관련시키는 것이다. 만일 그 기원의 맥락을 진지하게 다룬다면, 요한복음의 말씀이나 로고스를 공(空)으로 생각하기는 어렵다. 불교적 관점이나 동아시아적 관점에서 말씀이나 로고스를 공(空)으로 해석하는 것은 가능하지만, 우리가 그렇게 해석하는 것은 그것이 지닌 본래 의도를 부당하게 대하는

것이다. 말씀이나 로고스가 헬레니즘적 사유방식에 기원을 두고 있다면, 우리는 그것을 헬레니즘적 철학의 관점에서 이해하려고 해야 할 것이다. 동일한 문제가 복음서에 나타난 예수의 출생 이야기에 적용될 수 있다. 불교에서의 공(空)을 부처의 본질로 여기듯이, 공(空)을 궁극적인 실재(하나님의 아들)로 여기는 것이 그리스도교의 표준적인 해석이 될 수 있을까? 빌립보서 2장을 동일한 주제를 다루는 다른 성서 구절들과 분리해서 해석하는 것이 가능할까? 한 가지 개념이나 다른 종교적 전통의 개념들을 비교할 때 그 역사적, 문화적 맥락을 무시할 수 있을까? 나는 중심주의의 기본적 교의 중 하나가 모든 사물에 대해 단 하나의 규범을 제공하는 것이라고 생각한다. 즉 그리스도교의 중심주의자들이 그들의 관점을 일반화하기 바라는 것처럼 불교의 중심주의자들도 자신들의 관점에서 일반화하기를 바란다. 비록 조건을 달긴 했지만, 나는 공(空)의 역동적 본질이 예수-그리스도에 대한 그리스도교의 이해에 새로운 통찰을 줄 것이라는 데 동의한다.

8. 개역개정판에서 인용.

9. Jung Young Lee, *Sermons to the Twelve* (Nashville: Abingdon Press, 1988), 32-33쪽을 보라.

10. 개역개정판에서 인용.

11. 다시 한 번 말하지만, 이 구절의 역사적 증거를 제시하는 것은 나의 의도가 아니다. 그것은 아마 예수-그리스도를 구약성서의 약속을 성취하는 메시아로 정당화하려고 했던 편집자에 의해 덧붙여졌을 것이다. 내가 이 책에서 희망하는 것은 신약성서에서 증언되고 기록된 예수-그리스도에 대한 복음을 다시 읽고, 다시 이해하는 것이다.

12. 마가복음 6장 3절을 보면 예수는 목수로 알려져 있었다. "이 사람이 마리아의 아들 목수가 아니냐. 야고보와 요셉과 유다와 시몬의 형제가 아니냐. 그의 누이들이 우리와 함께 여기 있지 아니하냐." 우리에게 가난한 예수의 이미지가 있는 것은 그가 목수였기 때문이다. 하지만 이런 이미지는 바뀌어야만 한다. 존 마이

어에 따르면, 예수 시대에 갈릴리의 사회 경제적 구조에는 세 계급이 있었다. 아주 부유한 소수의 부자, 장인과 농부로 구성된 중산층, 노예이다. "이런 대략적인 등급표에서 나사렛의 목수 예수는 모호한 중산층의 하단 끝 어딘가에 자리 잡을 것이다. 아마 미국 중하위층 육체노동자와 비슷했을 것이다. … 그의 위치는 일용직 노동자나 도시 노예가 지닌 고통스럽고 품위 없는 것은 아니었다(Meier, A Marginal Jew, 282쪽). 그러나 예수가 다른 사람과 다른 것은 그가 자신의 경제적 안정성을 포기하고 가난한 사람이 되었기 때문이다.

13. 전통적으로 회개는 죄의 용서와 긴밀히 관련되고, 세례는 초대교회 시절부터 원죄를 용서하기 위해 사용되었다. 그러나 예수의 세례는 나라 전체가 회개할 필요가 있음을 나타내는 것을 의미할 수 있다. Sherman E. Johnson, "The Gospel according to St. Matthew," in The Interpreter's Bible, vol. 7 (Nashville: Abingdon Press, 1951), 268쪽을 보라.

14. 모든 공관복음이 "너는 내 사랑하는 이들이라. 내가 너를 기뻐하노라"고 기록한다(마 3:17; 막 1:11; 눅 3:22). 이 구절을 보면 입양설을 정당화하기 어렵다. 하나님이 세례로 예수의 아들 됨을 긍정하거나 확증했음이 아주 분명하다.

15. 사탄은 종종 이 세상의 왕자나 지배자로 알려져 있다(요 12:31). 당시 악마는 로마 제국이나 다른 강대국의 통치자로 묘사되었을 가능성이 크다. S. MacLean Gilmour, "The Gospel according to St. Luke," The Interpreter's Bible, vol. 8 (Nashville: Abingdon Press, 1952), 85쪽을 보라. 이런 점에서 악마는 중심성 중의 중심으로 간주된다.

16. 데스몬드 스튜어트(Desmond Stewart)는 그 유혹이 힘(power)을 다룬다고 생각한다. "세 가지 유혹은 힘과 관련되어 있다. 인간의 경제적 문제를 해결할 수 있는 힘, 경이나 마술로 강한 인상을 남길 수 있는 힘, 무엇보다도 사람을 지배할 수 있는 힘이 그것들이다." 그의 The Foreigner: A Search for the First-Century Jesus (London: Hamish Hamilton, 1981), 65쪽을 보라. 경이나 마술로 깊은 인상을 줄

수 있는 힘은 다른 사람들 앞에서 자신을 과시하는 것, 즉 자신을 영화롭게 하는 것이다.

17. 조지 버트릭(George A. Buttrick)은 작은 뾰족탑을 로마 경비병들이 사용하는 탑으로, 예루살렘에 있는 군중이 탑 위에 있는 사람을 올려다보았으리라 여긴다. 예수는 군중의 수군거림을 상상할 수 있었을 것이다. "봐! 예수가 뛰어내렸어! 그런데 무사해! 이 사람은 정말 메시아인 걸까?" "The Gospel according to St. Matthew," *The Interpreter's Bible*, vol. 7, 271-272쪽을 보라. 이 상상이 현실이 되었다면, 분명 예수는 군중에게 경배를 받았을 것이다. 하지만 예수는 이런 유혹에 빠지지 않았다.

18. 다음 구절들은 군중이 예수의 가르침보다는 기적과 기사에 더 관심을 가졌음을 암시하는 듯하다. "악하고 음란한 세대가 표적을 구하나, 선지자 요나의 표적밖에는 보일 표적이 없느니라"(마 12:39). "어찌해 이 세대가 표적을 구하느냐. 내가 진실로 너희에게 이르노니 이 세대에 표적을 주지 아니하리라"(막 8:12). "너희는 표적과 기사를 보지 못하면 도무지 믿지 아니하리라"(요 4:48).

19. Rabindranath Tagore, *Gitanjali: A Collection of Indian Songs with an Introduction by W. B. Yeats* (New York: Macmillan Co., 1971), 30쪽을 보라.

20. 디트리히 본회퍼(Dietrich Bonhoeffer)는 이렇게 썼다. "그는 '신의 형상'이라는 왕의 옷을 입고 오지 않았다.…그는 거지들 사이에서 거지로, 버림받은 사람들 사이에서 버림받은 사람으로, 절망 속에 있는 사람들 사이에서 절망하는 사람으로, 죽어가는 사람들 사이에서 죽어가는 사람으로 잠행했다. 그는 또 죄인들 속에서 죄인으로 다녔는데, 그 안에서 그는 죄인들 중에 죄 없는 사람으로서 죄인들의 괴수(*peccator pessimus*)가 되었다. 그리고 기독론의 핵심적인 문제가 여기에 있다." *Christ the Center* (New York: Harper and Row, 1966), 111쪽을 보라.

21. 조선 시대는 지방 관리의 행위를 조사하기 위해서 거지 복장을 한 암행어사를 파견했다. 힌두교 전통에서 거지 산야신(Sanyasin)은 깨달은 사람, 신적 존재로

존경받는 성인으로 간주된다. 아시아 전통은 거지에게 특별한 위상을 부여한다.

22. 필자의 이모님은 서울에서 큰 호텔을 운영하면서 인생을 거리에서 허비하는 젊은 거지를 도와주었다. 젊은 거지를 불러들여 호텔 일자리를 준 것이다. 하지만 거지는 "속박하는 직업을 갖기보다는 거지로 자유롭게 살고 싶다"며 도망쳤다.

23. 마태는 '가난한' 앞에 '마음이'를, '주리고' 앞에 '의에'를 덧붙인다. 마태와 누가가 다른 자료를 가졌는지, 아니면 마태가 Q자료에 이런 말을 덧붙였는지 의견이 분분하다. Sherman E. Johnson, "The Gospel according to St. Matthew," 280쪽을 보라.

24. 아시아계-미국인에게 상호성의 법칙이나 반전의 원칙은 아시아 전통에 깊이 뿌리내리고 있다. 고전적 도가사상(classical Taoism)이 이 원리에 근거한다. 필연적인 역전 때문에 도가사상은 약함, 낮아짐, 겸손함, 주변화를 강조하는데, 도(Tao)나 길(way)에 관한 최고의 상징은 낮은 곳으로 흐르며 존재의 깊이를 관통하는 물이다.

25. 이런 일이 지금 미국에서도 일어나고 있다는 게 우려스럽다. 소위 아시아계-미국인이라는 주변부 집단이 중심성의 구조를 뚫고 삶의 영역에서 성공하면 아시아계를 반대하는 인종차별의 경고음이 들린다. 반아시아계-인종차별주의의 등장은 '모범 소수민족(model minority)'의 개념과 직접 관련되는데, 중심성의 삶으로 진출한 아시아인을 가리킨다. 한 신문 기사는 미국 민권위원회의 2년간의 조사를 인용해 "일본을 공격하는 정치인과 아시아계-미국인을 '모범 소수민족'으로 채색하는 고정관념이 미국에서 널리 퍼지고 성장하고 있는 인종차별에 불을 붙이고 인종차별적 폭력을 증가시켜 왔다"고 보도했다. "Anti-Asian Bias Called Rising Threat" in *San Jose Mercury News*, Saturday, February 29, 1992, 1D를 보라.

26. 교회가 중심을 향해 가면서 각종 제의가 등장한다. 중심에 가까워져 갈수록, 제의는 더욱 복잡해진다. 중심에 머물고자 애쓰는 로마가톨릭교회나 감독교회, 감리교회 등은 의식을 복잡하게 만드는 반면, 주변에 있는 비주류 교단이나 교회들

은 의식을 단순하게 유지하는 듯하다.

27. Ron Tanaka, "I hate my wife for her flat face," in *Gidra*, September 1969. *Roots: An Asian American Reader*, ed. by Amy Tachiki, et al. (Los Angeles: UCLA Asian American Studies Center, 1971), 46-47쪽에 재인쇄.

28. Mary Paik Lee, "A Korean/Californian Girlhood," ed. by Sucheng Chang, *California History* 77:1 (March 1988), p. 45-48.

29. 예수가 하나님께 소리 지르는 순간 신체적으로는 죽은 것은 아니지만 외침과 죽음은 동시에 일어났다. 완전한 분리, 즉 죽음에서 예수는 존재하지 않는 상태 (non-being)에 이르렀다. 그래서 마가는 "예수께서 큰 소리를 지르시고 숨지시니라"고 기록했다(막 15:37).

30. 이 새로운 중심은 우리가 실체보다는 관계성 면에서 삼위일체 개념을 이해하는 데 도움을 줄 수 있다. 내 의도는 삼위일체의 내적 공동체를 만들기 위해 그 자체로 집중되는 힘인 신적 공감(하나님의 내적 느낌, God's in-feeling)의 맥락에 있다. Jung Young Lee, *God Suffers for Us: A Systematic Inquiry into a Concept of Divine Possibility* (The Hague: Martinus Nijhoff, 1974), 72-74쪽을 보라.

31. 여기에서 나는 비움(空)이나 무(無)의 개념은 하나님의 본래적 본성이 아니라 결과적 본성임을 상기시키고 싶다. 하나님은 종이 되기 위해서 자신을 비우셨다. 즉 비움은 하나님의 본래적 본성이 아니라 종(주변 중의 주변)의 본래적 본성이다. 그러나 하나님이 종이 되셨기 때문에 비움은 하나님과 종, 모두에 해당된다. 충만(fullness)으로 표현되는 하나님의 본래적 본성과 비움이라는 하나님의 결과적 본성 사이를 분명히 구별하는 것으로 통일성을 유지하는 것이 필요하다. 4장의 미주 6번과 7번에 있는 논의를 보라.

5장 진정한 제자도: 하나님의 새로운 주변부 백성

1. 질서가 평화와 관련된 것처럼, 창조는 질서와 긴밀히 연관되어 있다. 예를 들어 월터 부르그만은 하나님이 질서를 부여함으로써 혼돈의 문제를 해결했다고 믿는 다. Walter Brueggemann, *Living toward a Vision: Biblical Reflections on Shalom* (New York: United Church Press, 1984), 86쪽을 보라.

2. 야훼가 발언한 말은 결코 공허한 빈소리가 아니라 활동 효력이 있는 실제이다. '다바르'라는 용어는 창조적 역동성을 가지고 있다. Edmond Jacob, *Theology of the Old Testament*, tr. by Arthur W. Heathcote and Philip J. Allcock (New York: Harper and Brothers Publishers, 1958), 127-128쪽을 보라.

3. Jacob, *Theology of the Old Testament*, 129쪽을 보라.

4. '무에서의 창조'라는 전통적인 교의는 창세기의 창조 이야기와 거의 관련이 없음을 알 필요가 있다. 무에서의 창조 개념은 마카비서 하권에서 최초로 명시적으로 인정되었다(7:28): "하늘과 땅을 생각해보라. … 그리고 하나님이 이미 존재하고 있던 것들로부터 그것들을 만들지 않았다는 것을 알라." Edmond Jacob, *Theology of the Old Testament*, 143쪽, 각주 1을 보라.

5. 관계성으로서의 하나님 형상은 하나님과 개인과의 관계성 속에서만 주장되었는데, 제이콥에 따르면, "하나님의 형상(imago Dei)은 사람들을 위한 유일한 대변인인 존재와 관계를 맺고 그분에게 의지하는 것을 의미한다." Edmund Jacob, *Theology of the Old Testament*, 171쪽을 보라. 특히 카를 바르트는 하나님의 형상이라는 개념을 관계의 유비(*analogia relationis*) 관점에서 정의했는데, 관계의 유비는 인간에서 나타나는 것으로 두 개의 서로 다른 개인, 즉 남자와 여자의 관계로 나타난다. Karl Barth, *Church Dogmatics, III/1*, tr. by G. W. Bromiley and T. F. Torrance (Edinburgh: T. and T. Clark, 1936-1961), 196쪽을 보라. 또 Jung Young Lee, "Karl Barth's Use of Analogy in His Church Dogmatics," *Scottish Journal of Theology* 22, no. 2(June 1969), pp. 129-151; Jung Young Lee, *God*

Suffers for Us, 99쪽을 보라.

6. Maria Lugones, "Playfulness, 'World'-Travelling, and Loving Perception," in *Hypatia*, 2, no. 2 (Summer, 1987), 14쪽을 보라.

7. 이 구절은 제사장 문서 전통에 속한다. 인간은 엘로힘(Elohim)의 이미지와 모양에 따라 창조되었다. P 혹은 제사장 문서 기자가 구약성서(the Hebrew Bible)의 편집에 책임이 있다면, 서로 다른 문헌을 한데 모을 때 엘로힘과 야훼(Yahweh)가 반드시 히브리 백성의 하나님을 나타내게 했어야 한다. 그런데 창세기 1:26-27에 나온 하나님에 대한 개념은 하나님의 복수성과 긴밀히 연관된다. Edmond Jacob, *The Theology of the Old Testament*, 166-173쪽을 보라.

8. 한국말 우리는 단순히 우리(we) 이상을 의미하는데 이것은 다원성(plurality)에서 나(I)와 가깝다. 이 책의 1장을 보라.

9. 오늘날 우리는 역동적이고 변화하는 세계에서 다름과 다원성의 중요성을 이해하기 시작했다. 양자물리학자들에 따르면 양전하와 음전하 사이의 차이는 물질과 반물질(anti-matter) 사이의 차이이다. 이것은 다원성을 전제할 뿐 아니라 다원성의 토대가 되기도 한다. 다시 말해, 다름과 다원성은 변화하고 전환되는 세계를 이해하기 위한 가장 확실한 핵심이다. Werner Heisenberg, *Physics and Beyond: Encounter and Conversations* (New York: Harper and Row, 1971), 163쪽; Werner Heisenberg, *Philosophic Problems of Nuclear Science* (New York: Pantheon Books, 1952), 15쪽을 보라. 또 Jung Young Lee, *The I Ching and Modern Man: Essays on Metaphysical Implications of Change* (Secaucus, N.J.: University Books, Inc., 1975), 62-80쪽도 보라.

10. 생태기 위기의 관점에서 '지배'라는 용어는 종종 '청지기직'으로 대체된다. Douglas John Hall, *Imaging God: Dominion as Stewardship* (Grand Rapids, Mich.: Wm. B. Eerdmans for the Commission on Stewardship, NCCCUSA, 1986)을 보라. 나를 가장 불편하게 하는 것은 '지배'라는 용어가 아니라 다른 피

조물을 통제하고 조작하려는 이기적인 의도에서 이를 사용하는 방식이다. 우리의 태도를 바꾸지 않는다면 용어나 상징을 바꾸는 것으로는 오늘날 생태 문제에 아무런 영향을 줄 수 없다.

11. 우리는 주변성의 중심에 있으면서 창조적 과정에서 주변성의 일부가 된다. 우리는 우리가 주변부 피조물이라는 사실에서 분리될 수 없다. 이것은 인간이 자연의 일부이며 그 중심적 위치 때문에 다른 피조물 위에 있음을 의미한다. 중심성의 중심에 있으면 자신을 자연과 동일시하는 대신, 자연으로부터 독립된 것처럼 행동한다. 중심 위치에서 자연에 도구적 가치만을 부여하고 이를 지배하려 한다. 식물과 동물이 단지 인간에게 혜택을 주기 위해서만 존재한다고 생각하는 것이다. 중심성 중의 중심에 대한 자세한 설명은 이 책의 2장과 3장을 보라.

12. 이런 유형을 대표하는 것이 '우리에게 좋은 것은 반드시 네게도 좋은 것'이라는 식이다. 이런 태도는 미국의 외교 정책에서도 나타난다. 자신에게 유리한 것과 박애를 혼돈하는 것이다. 이런 종류의 박애는 잘못된 순진함에 근거한다. 우리의 신학 교육과 교회의 사명에서도 종종 이런 태도가 발견된다. 포스트모더니즘과 다원성은 우리에게 다양성의 중요성을 깨우치게 돕는다. 즉 포스트모더니즘은 창조의 원래 계획에 더 가까이 가는 것으로 보인다.

13. 인종차별의 가장 극단적인 형태는 2차 세계대전 당시 나치 독일과, 이슬람에 반대한 세르비아 전쟁에서 타나났다. 미국 도시에서 나치의 십자기장이 종종 나타나는 것은 인종적으로 소수인 유대인들에 대한 백인 우월주의를 상징적으로 나타낸다. 주변화는 유대 역사의 일부로 이에 관해서는 뒤에서 논의될 것이다.

14. 주변성의 양자 긍정의 사유방식이 신의 본성에 관한 수수께끼를 푸는 데 도움을 주긴 하지만, 하나님의 단일성과 다원성은 여전히 신비이다. 창조 이야기가 말씀의 (하나님의 아들의) 관점에서 이해될 때, 삼위일체의 하나님 개념이 창조 속에 내포되어 있음을 알 수 있다. 하나님의 삼위일체 개념은 하나님이 하나이실 뿐 아니라 동시에 셋이라는 것이다. '셋 안에 하나(one-in-three)'라는 삼위일체의 형식

은 '하나 안에 셋(three-in-one)'이기도 하며, 신성의 다원성으로 가장 잘 표현된다.

15. Cain Hope Felder, ed., *Stony the Road We Trod: African American Biblical Interpretation* (Minneapolis: Fortress Press, 1991), 32쪽을 보라.

16. 우르(Ur)는 아브람 조상들의 도시로 메소포타미아에서 유프라테스 강의 남쪽 끝에 위치한다. 고고학 연구에 따르면 이 도시는 놀랄 만한 문명을 이루고 있었다. 수메르 왕조(기원전 약 2800-2360년)의 전성기에 이어, 우르의 제3왕조(기원전 약 2060-1950년)가 시작된다. 이때 아모리인들이 메소포타미아 평원을 침입해 첫 번째 바빌로니아 왕조를 세웠는데, 이 왕조의 마지막 왕이자 가장 위대한 왕이 바로 함무라비(기원전 약 1728-1686년)다. 버나드 앤더슨에 따르면, 아브람이 가나안 땅으로 이주한 것은 아모리인들의 메소포타미아 침입과 관련된 듯하다. Bernhard W. Anderson, *Understanding the Old Testament*, 2d ed. (Englewood Cliffs, N.J.: Prentice-Hall, Inc., 1966), 22-23쪽을 보라.

17. Walter Breuggemann, *The Land: Place as Gift, Promise, and Challenge in Biblical Faith* (Philadelphia: Fortress Press, 1977), p. 14.

18. 일부 여성신학자들과 제3세계 신학자들은 이스라엘 사람들의 공식적 역사로서 성서가, 가난한 사람들과 주변부 사람들을 지배하기 위한 통치자의 이데올로기를 지지한다고 주장한다. Phyllis Trible, *Texts of Terror: Literary-Feminist Readings of Bible Narratives* (Philadelphia: Fortress Press, 1984), pp. 93-116.; Nam Dong Suh, "A Counter-theological Approach in the Story-telling," from In *Search of Minjung Theology* (Seoul: Hangilsa, 1983), 299쪽을 보라.

19. Sang Hyun Lee, "Called to Be Pilgrims: Toward a Theology within the Korean Immigrant Context," 48쪽 이후를 참고하라.

20. Sang Hyun Lee, "Called to Be Pilgrims," p. 49.

21. 다윗 왕국이 자리한 예루살렘은 지배 계층의 중심, 가장 높은 권위의 자리, 부의 장소로 여겨졌다. 반면 갈릴리 사람들은 예루살렘의 지배 엘리트들에게 억압받

는 주변부 사람이었다. Joachim Jeremias, *Jerusalem in the Time of Jesus* (Philadelphia: Fortress Press, 1981), 74-76쪽, 95-97쪽을 보라.

22. 다윗의 죽음은 이스라엘 지파를 다시 통일하고 만국에 명성을 날리도록 예루살렘을 다시 회복시킬 메시아(기름부음 받은 자)가 다윗의 후손으로 올 것이라는 희망을 불러일으켰다(이사야 9, 11장을 보라). Bernhard W. Anderson, *Understanding the Old Testament*, 149쪽도 보라.

23. 모든 예언자가 히브리인의 중심주의 이데올로기를 유지하는 데 비판적이었던 것은 아니다. 왕실을 뒷받침하는 예언자들도 있었다. 선지자 400명은 중심인물들로서 이스라엘의 왕을 위해 하나님께 질문하되 왕의 희망에 부합하는 대답을 만들어냈다(왕상 22:6). 반면 미가야는 주변부 사람으로 왕을 위해 길한 일은 예언하지 않고 흉한 일만 예언해서 미움을 받았다(왕상 22:8). R. A. Coggins, *Introducing the Old Testament* (Oxford: Oxford University Press, 1990), 73쪽을 보라.

24. 다윗의 족보로부터 예수를 추적하는 데는 한 가지 문제가 있는데, 생물학적 아버지가 아닌 요셉으로부터 추적하기 때문이다. 나아가 다윗의 도시인 베들레헴에서 예수의 출생을 강조하는 것도 문제가 있다. John Meier, *A Marginal Jew*, 214-219쪽을 보라.

25. 존 마이어의 분별력 있는 역사적 학식은 예수가 주변부 유대인이었음을 보여준다. 위의 각주를 참고하라.

26. 제임스 콘은 "교회는 '십자가에 달린 하나님'에 의해 존재하도록 부름 받은 공동체이기 때문에, 십자가 아래서 살아가야 하며, 십자가에 달린 교회가 되어야 한다"고 말했다. James Cone, 'The Servant Church,' in *The Pastor as Servant*, ed. by Earl E. Shelp and Ronald H. Sunderland (New York: The Pilgrim Press, 1986), 76쪽을 보라.

6장 진정한 교회: 주변성의 공동체

1. 이 장에서 나는 '제도적(institutional)'이란 용어를 현대 교회의 정적이며 변화가 없고 권력을 중앙에 집중시키는 상태를 지칭하기 위해 사용한다. 또 주변성의 교회가 지닌 역동적이고 권력을 분산시키는 상태를 이와 대조적으로 보일 것이다.

2. Jung Young Lee, "Lead Us Not into Temptation," *The Lord's Prayer Series*, Discipleship Resources of the United Methodist Church, Nashville, Tenn., 1985.

3. Justo L. Gonzáles, *Out of Every Tribe and Nation: Christian Theology at the Ethnic Roundtable* (Nashville: Abingdon Press, 1992), pp.107-108.

4. 나는 미국연합감리교 소속 신학대학원에서 가르치기 전에 17년간 주립대학교에서 가르쳤는데, 이 경험에 근거하면 신학대학원 교수들이 주립대학교 교수들보다 더 권위주의적이고 현상 유지에 더 많은 관심을 가진 듯하다. 신학대학원 교수들이 주립대학교 교수들보다 더 독단적이고 거만한 것도 알게 되었는데, 단지 나 혼자만의 견해는 아니라고 생각한다.

5. 엘리자베스 테이는 "동화는 내 영혼을 돌로 가득 채우려는 것이었다. 내 영혼은 채워졌지만, 그것은 돌로 가득해진 것이었다"라고 말했다. Elizabeth Tay, "Sharing Our Stories" in Asian and *Asian American Women in Theology and Ministry: 1992 Annual Conference*, March 6-8, 1992 (M. Alverno Conference Center, Redwood City, Calif.), 17쪽을 보라.

6. 1세대 백인이 아닌 이주자들 대부분은 '완벽한' 언어 숭배로 고통을 당하는데, 그것은 "미국에서 인종차별주의, 성차별주의, 계급차별주의, 식민주의에 근거한 하나의 검열 방식이다." Jung Ha Kim, "Labor of Compassion: A Case Study of Churched Korean-American Women"(미출간 원고), 3쪽을 보라.

7. Justo L. Gonzáles, *Out of Every Tribe and Nation*, 108쪽.

8. 폴 비달레스는 이를 케노시스 교회(Kenosis church)라고 부른다. "우리는 가난한 교회가 필요하다. 우리는 정치, 사회, 문화, 경제, 심지어 윤리 문제에 대해서

조차 답을 가지고 있다고 주장하지 않는 교회가 필요하다. 우리는 케노시스 교회, 자기를 비우는 교회, '무(無)'로 작아지고, 또 그것을 포용하는 교회가 필요하다." Paul Vidales, "How Should We Speak of Church Today?" in *Faces of Jesus: Latin American Christologies, ed. by José Míguez Bonino* (Maryknoll, N.Y.: Orbis Books, 1984), 152쪽을 보라.

9. *Letter to Diognetus* 5:1-6:1, Eugene R. Fairweather's translation을 보라. Edward Pl. Blair, *The Illustrated Bible Handbook* (Nashville: Abingdon Press, 1975), 500쪽에서 인용.

10. 샤머니즘이나 무당은 한국인들의 토착 종교이다. 한국인들의 토착적 기풍은 샤머니즘적 의례에서 발견된다. 나는 미국에서 20년 이상 지내고 나서, 내 뿌리를 재발견하기 위해 샤머니즘을 연구하러 한국으로 돌아갔다. 필자의 *Korean Shamanistic Rituals* (New York, Paris, and Berlin: Mouton Publishers, 1981)를 보라.

11. 미국에서의 개인적인 경험을 토대로 주변성의 자발적 행동이 무엇인지 설명해 보겠다. 내가 참석한 첫 크리스마스이브 모임에서였다. 신도석에 앉아서 아름다운 크리스마스 캐럴을 듣고 있자니, 한국의 크리스마스이브 예배가 생각났다. 나는 〈고요한 밤 거룩한 밤〉을 부르고 싶은 강력한 충동이 생겨서 모임 진행 중에 손을 들었다. 나를 알고 있던 목사는 다가와서 "손을 내리세요. 뭘 원하는 거죠?"라고 물었다. 나는 그에게 "노래를 부르고 싶습니다"라고 대답했는데, 목사는 단호하게 "안 됩니다. 그럴 수 없어요."라고 했다. 나는 재차 강한 어조로 "노래를 부르고 싶습니다"라고 고집했다. 진행은 중단되었고, 모든 사람의 눈이 내게 쏟아졌다. 몇 사람이 "노래 부르게 하세요"라고 말했다. 목사는 선택의 여지가 없어지자 나를 단으로 올라가게 했다. 피아노 반주자는 "연습하지 않은 곡은 반주할 수 없어요"라고 말했다. 나는 "연습이나 피아노 반주는 필요 없습니다"라고 답했다. 나는 그냥 나오는 대로 한국어로 노래를 불렀다. 노래가 끝난 후 킥킥거리는 소리와 웃음이 들렸다. 목사는 내 주변부적 행동에 당황해했다. 진행은 계속되었지만

결코 이전과 같지 않았다. 모임이 끝나고 많은 사람들이 내 노래가 그날 모임에서 최고였다면서, 모임이 좀 더 자연스럽고 자발적이 되어야 한다고 말했다. 물론 그런 일은 다시는 없었다. 주변부 사람에게 조직화된 프로그램은 효과가 없다. 그것은 자발성을 죽이고 하나 되게 하는 영을 메마르게 한다.

12. 공부하려는 열망이 클수록, 배우고자 하는 열심이 더 강하게 일어난다. 배우고자 하는 이 열망이 바로 지혜의 시작이다. 중심주의 체제 하의 관습적인 교육에서는 학교에 입학하는 자격요건이 일차적으로 학업성취도나 리더십이다. 하지만 주변부 사람들의 공동체를 이끌기 위한 신학교 훈련에서는 공부하고자 하는 개인의 진정한 열망이 가장 중요한 자격요건이 되어야 한다. 아시아에서 불교는 수세기 동안 이런 실천을 따랐다. 배움에 대한 열의를 증명한 가장 잘 알려진 구전 중 하나는, 불교를 가르치기 위해 중국에 온 달마대사의 첫 번째 제자 혜가(慧可)의 이야기이다. 자신의 진심을 알리기 위해 혜가는 자기 팔을 잘라 스승에게 준다. 달마대사는 혜가의 진심에 감동해 그를 제자로 받아들였다. Heinrich Dumoulin, *A History of Zen Buddhism* (New York: Random House, 1963), pp. 72-76. 그리스도교 목회자를 훈련할 때 신학교 입학 허가에 앞서, 배움에 대한 그들의 열망을 시험할 필요가 있다.

13. 중심주의자들이 지배해온 전통 서구 신학에서, 화해는 사회 정의에 대한 고려 없이 개인적 차원에서만 논의되었다. 그러나 정의가 없는 화해는 하나의 소설일 뿐이다. 중국계-미국인 여성인 옌 진(Yan Jin)은 1960년대 문화혁명의 희생자로 천안문 대학살을 목격했는데 이렇게 증언했다. "나는 울고 또 울었다. 내가 몇 명의 권력자들에 의해 잔인하게 살해된 수백, 아마 수천 명의 무고한 중국인들을 위해 울었던 것은 그때가 처음이었다. 화해를 위한 내 꿈은 냉혹한 현실에 크게 도전받았고 그동안 내가 정의가 없는 화해를 꿈꿔 왔다는 사실을 깨달았다. 나는 죽은 자들의 울음소리에 의해 꿈에서 깨어나게 된 것이다." Yan Jin, "Sharing Our Stories," in Asian and *Asian American Women in Theology and Ministry*, 1992

Annual Conference, March 6-8, 1992, p. 5.

14. 미국에서 한국인 이민교회는 한국계-미국인의 인구수보다 빠르게 성장하고 있
다. 1970년에 약 75개의 교회에서 오늘날 약 2,000개로 증가했는데, 이는 최초
의 규모보다 27배가량 성장한 것이다. "Koreans Here Embrace Christianity" in
Philadelphia Inquirer, May 30, 1988, B를 보라.

15. 한국계-미국인 회중을 백인 미국인 회중과 다르게 만드는 것은 백인 미국인 교
회는 위로부터 시작된다는 것이다. 하나의 지역 교구를 세우기 위해 그 지역의 잠
정적 교인수에 대한 조사를 포함한 모든 계획은 연회나 지역 임원 회의를 통해
관리된다. 이와 달리, 한국계-미국인 회중은 대개 서너 가정으로 구성된 성경공
부 모임에서부터 시작한다. 이런 점에서 한국계-미국인 회중이 백인 회중보다 덜
중앙집권적이다.

16. Rondolph Nugent, "Model Minorities or Model Disciples?" in *Report on 1987
National Convocation of Asian American United Methodists*, January 16-19,
1987, Inglewood, Calif., p. 82.

17. 예를 들면 1978년 로스앤젤레스 카운티에 있는 모든 한국인 가장의 40퍼센트
이상이 자영업에 종사하고 있었다. 위의 책 81쪽.

18. 시카고 지역의 한국인 이민자들에 대한 사회학적 연구에 따르면, 한국계-미국
인의 약 70퍼센트가 교회와 관련되어 있다. Won Moo Hurh and Kwang Chung
Kim, "Religious Participation of Korean Immigrants in the United States" in
Journal for the Scientific Study of Religion, 29, no. 1 (1990), p. 26.

19. 한국계-미국인 교회의 급격한 성장에 대한 이유는 많다. (1) 한국인 이주와 교
회와의 역사적 관련성. 미국에 첫 번째로 이주한 101명 중 절반 가량이 인천 영
동교회에서 왔다. (2) 한국인 교회가 사회적 중심지 역할을 하는 것 (3) 한국인
교회가 교육 기능을 수행하는 것. 한국인 2세와 3세에게는 한국어를, 한국인 1세
에게는 영어를 가르친다. (4) 한국인의 민족주의가 살아 있도록 교회가 보존역

할을 하는 것. (5) 교회가 심리적 지원을 제공하는 것. Hurh and Kim, "Religious Participation of Korean Immigrants in the United States," 20-23쪽을 보라.

20. 평신도들의 이런 조직은 의심할 바 없이 한국에서 가장 큰 개신교 교단인 장로교회의 유산이다. 많은 한인연합감리교회는 미국감리교회에서 인정받지 못하는 평신도들을 위해 별도의 관리를 하고 있다. 이는 중심주의적 이데올로기에 근거한 단일 체계가 모든 사람에게 유효하지는 않음을 나타내는 것으로 보인다. 특히 문화적 다양성과 특별한 민족적 요구들은 오직 포용성을 지닌 교회에 의해서만 충족될 수 있다.

21. Jung Ha Kim, "Labor of Compassion," 4쪽.

22. 가장 유명한 변혁은 다메섹 도상에서의 바울의 회심이다. 지배 집단 사람에서 주변부 사람으로의 극적인 변혁은 중심 중의 중심에서 주변 중의 주변으로의 관점 전환을 보여준다. 마침내 사울은 바울이 되었으며, 중심성은 주변성이 되었고, 주인에서 종이 되었다. 사도행전 9장 1-22절을 보라.

23. 한국 교회는 전 세계에서 가장 보수적인 복음주의 교회 중 하나로 간주된다. 최근 한국감리교회는 두 교수를 제명했는데, 한 사람은 그리스도교와 불교 사이의 종교간 대화를 옹호했고, 다른 한 사람은 포스트모더니즘을 지지했다. 그러나 미국에 있는 한인교회는 한국에 있는 교회들보다 더 보수적이라고 여겨진다. 대부분의 한국 개신교회는 여전히 19세기 말 미국 선교사들이 전해준 것과 똑같은 청교도 윤리와 신학과 예전을 유지하고 있다. Jung Young Lee, "The American Missionary Movement in Korea 1882-1945: Its Contributions and American Diplomacy," in *Missiology: An International Review*, 11, no. 4 (October, 1983), 287-402쪽을 보라. 또 Donald N. Clark, *Christianity in Modern Korea* (Lanham, Md.: University Press of America, 1986)도 보라.

24. 한국계-미국인 교회는 한국계-미국인들이 한국의 국경일을 함께 축하하고, 분단된 한국의 통일을 위해 일하며, 그들의 자녀들에게 한국어를 가르치고, 다른 문

화 행사들을 행하는 거의 유일한 장소이다. 재미한인연합회(Korean Community Council of America)에서 출판하는 〈한민족〉, 뉴욕한인교회들이 발간하는 〈샘물〉, 뉴욕의 한국사회신학연구소(New York: Korean Socio-Theological Study Center)의 〈사회신학사상〉(*The Socio-Theological Thought*), 찰스턴 한인연합감리교회의 〈만남〉(*Encounter*)과 같은 다양한 교회 신문을 보라. Justo González, *Out of Every Tribe and Nation*, 103쪽도 참고하라.

25. 한국계-미국인 연합감리교회는 프로그램과 정책을 발전시키기 위해 별도의 독립된 한국어협회(independent language conference)를 출범시키려고 여러 시도를 벌여왔다. 하지만 중앙집권적 구조를 가진 연합감리교회는 이 제안을 거부했고, 한국계-미국인 연합감리교회는 1993년 재차 청원한다. 자율적인 협회가 허락돼도, 구성원들에게 교회의 일부인 중심부 이데올로기를 포기하게 하지 않는다면 진정한 자율이 될 수 없다.

26. 주변성을 통해 주변성을 극복하는 문제를 다룬 다음 장에서 이것을 더 자세히 설명하고자 한다.

27. 필자의 "Transcending Vision," in *Salt*, 13, no. 1 (January 1993), 19쪽을 보라.

7장 창조적 변혁: 주변성을 통한 주변성 극복

1. 카를 만하임은 이데올로기(ideology)의 원개념이 idola라는 베이컨의 개념이라고 주장한다. "idola에 대한 베이컨의 이론은 어느 정도 이데올로기에 대한 근대 개념의 선구자로 간주될 수 있다." Karl Mannheim, *Ideology and Utopia: An Introduction to the Sociology of Knowledge* (New York: a Harvest/JBJ Books, 1985), 61쪽을 보라. 우상(idols)이란 인식을 가리키는데, 그것은 인간의 본성 또는 사회를 구성하는 특정 개인이나 개인들, 둘 중 하나로부터 도출된 오류의 근원을 의미한다. Hans Barth, *Truth and Ideology*, tr. Frederick Lilge (Berkeley:

University of California Press, 1976), pp. 23-24. 카를 마르크스는 이데올로기를 지배계급에 의해 사용된 왜곡된 관념과 동일시했다. 그들은 이데올로기를 착취당하는 대중을 향한 무기로, 또 실재를 있는 그대로 보기 위한, 허위의식을 거부하는 표현으로 사용했다. 이데올로기는 지배계급에서 기원했기에, 관념의 지적 생산과 배포에 영향을 미친다. 주변부 사람들은 지식이나 문화의 이데올로기를 만들어내는 데서 배제된다. 과거에는 정치적 경제적 철학에서 주변부 집단의 주장은 전혀 없었다. 심지어 성서에서도 주변부 사람들의 견해들을 거의 찾을 수 없다. Dorothy E. Smith, *The Everyday World as Problematic: A Feminist Sociology* (Boston: Northeastern University Press, 1987), 17-18쪽을 보라. 또 Karl Marx, *The German Ideology: In the Marx-Engels Reader*, ed. by Robert C. Tucher (New York: W. E. Norton and Co., 1972), 136-137쪽을 보라.

2. 여성신학을 포함한 해방신학에서 대부분의 접근방식은 중심주의적 규범에 근거한다. 해방을 향한 여성주의적 접근을 표현하는 것으로 보이는 가장 매력적인 제목 중의 하나가 벨 훅스(Bell Hooks)의 *Faminist Theology: From the Margin to the Center* (Boston: South End Press, 1984)이다.

3. Everett Stonequist, *The Marginal Man: A Study in Personality and Culture Conflict*, 154-155쪽을 보라.

4. Stonequist, *The Marginal Man*, 219-220쪽을 보라. Sang H. Lee, "Called to Be Pilgrims," *The Korean Immigrant in America*, 48쪽도 참조하라.

5. Victor Turner, *The Ritual Process* (Hawthorne, N.Y.: Aldine Publishing Co., 1969)를 보라. Tom F. Driver, "Justice and the Servant Task of Pastoral Ministry," in *The Pastor as Servant*, ed. by Earl E. Shelp and Ronald H. Sunderland (New York: The Pilgrim Press, 1986), 48-49쪽을 보라.

6. Halford E. Luccock, "The Gospel according to St. Mark," *Interpreter's Bible*, vol. 7 (Nashville: Abingdon Press,) p. 707.

7. 사이성의 공동체는 하나의 대안 공동체로 빅터 터너가 반구조적(anti-structural) 이라고 말한 것이다. Tom F. Driver, "Justice and the Servant Task of Pastoral Ministry," 53-54쪽을 보라.

8. Tom F. Driver, "Justice and the Servant Task of Pastoral Ministry," p. 58.

9. 하나님이 사랑이시라면 사랑은 모든 형태의 힘을 초월해야 한다. 사랑을 힘의 한 형태로 분류하는 것은 잘못이다. 존재론적 분석의 관점에서 보면 존재의 힘은 사랑을 포함한다. 이런 점에서 "사랑은 삶을 움직이는 힘 또는 분리된 것들의 통일을 향해 나가는 동력(움직이는 힘)이다." Paul Tillich, *Love, Power, and Justice: Ontological Analysis and Ethical Applications* (Oxford: Oxford University Press, 1954)를 보라. 그리스도교적 관점에서 보면, 하나님이 사랑이시기 때문에 사랑은 힘으로 변화될 수 있다.

10. 그리스도교의 사랑에 대한 전통적 논의에서, 니그렌은 상승하는 사랑의 운동인 에로스와 대조해 아가페 사랑을 하강하는 움직임, 즉 하나님으로부터 인간에게 내려가는 운동으로 정의하려 한다. 아가페 사랑이 하나님으로부터 사람에게 움직일 뿐 아니라 인간 사이의 관계에서도 아래로 향한다는 것을 이해하지 못한 것이다. Anders Nygren, *Agape and Eros, tr. by Philip S. Watson* (Philadelphia: Westminster Press, 1953)을 보라.

11. 우리 사회 질서에서 위계적 계층구조는 철저히 돈에 바탕을 두고 있다. 인종과 성 역시 돈과 긴밀히 연결되어 있지만 위계적 계층구조만큼 돈에 절대적인 영향을 받는 것은 없다. 다른 사회에서 위계-구조적 질서는 혈통, 종교, 교육과 같은 것에 근거하고 있다. Tom F. Driver, "Justice and the Servant Task of Pastoral Ministry," 50쪽을 보라.

12. 로버트 벨라에 따르면, 근대소비자본주의는 북미에서 단일문화(monoculture)를 만들어냈는데, 그것은 코카시아계 문화가 아니라 근대소비자본주의문화이다. 모든 인종·문화의 다양성은 우리가 마음의 습관(Habits of the Heart)이라

고 부르는 실용주의적이고 과시적인 개인주의로 포섭되는 듯 보인다. 벨라는 자신의 종교사회학 과목에서 구약성서 사회학과 신약성서 사회학, 초기 유교의 사회학을 가르치면서 이 문제와 싸우려 했다. 1992년 9월 7일 편지에 이런 우려를 드러낸다. Robert N. Bella, et al., *Habits of the Heart: Individualism and Commitment in American Life* (Berkeley and Los Angeles: University of California Press, 1985)도 참고하라.

13. 파울로 프레이리는 "사랑은 동시에 대화의 토대이자 대화 그 자체이다"라고 말했다. Paulo Freire, *Pedagogy of the Oppressed* (New York: Seabury, 1970), 77쪽을 보라.

14. Bell Hooks, *Feminist Theology*, 161쪽을 보라.

15. 악과 고통의 문제를 다루는 인기 있는 저작, 해롤드 쿠쉬너(Harold S. Kushner)의 *When Bad Things Happen to Good People* (New York: Schocken Books, 1981)는 욥기를 다룬다. 쿠쉬너의 답은 하나님의 능력을 제한한 것인데, 이는 중심주의적인 접근이다.

16. "창세기의 앞부분에 나오는 '창조' 이야기를 '창조의 이야기'가 아니라 '창조의 시작에 대한 이야기'로 보는 것도 가능하다. 실제로 이레니우스와 같은 초기 그리스도교 저자들과 다른 사람들은 끊임없이 창세기의 창조 이야기를 이러한 관점에서 언급했다." Justo L. Gonzáles, *Out of Early Tribe and Nation: Christian Theology at the Ethnic Roundtable* (Nashville: Abingdon Press, 1992), 70쪽을 보라.

17. 그리스도교의 차별성은 고통과 십자가상의 죽음의 의미를 강조하는 데 있는 듯 보인다. 아놀드 토인비는 이렇게 말한 적이 있다. "사랑을 위해 고통받는 것에 대한 그리스도인들의 칭송은 비그리스도인들에게는 매우 충격적일 수 있다. 나는 어린 자녀들을 위해 중국에 사는 동안 중국인 간호사를 고용했던 한 영국인 가족으로부터 이런 이야기를 들은 적이 있다. 그들은 이 중국 여인이 그들 집에 오자마자 웬일인지 아주 불안해하는 것을 보았다. 시간이 지나면서 중국 여인은 점점

더 불안해하는 신호를 보였다. 물론 그들은 이유를 찾아보려고 애를 썼지만, 여인은 그들에게 말하는 것을 아주 부끄러워했다. 마침내 여인은 아주 당혹스러워하며 말했다. "제가 도저히 이해할 수 없는 일이 있어요. 당신들은 확실히 좋은 사람들이고, 분명 아이들을 사랑으로 돌보고 있어요. 그런데 이 집의 모든 방, 심지어 계단에도, 중국에서는 들어본 적도 없는 아주 끔찍한 고문 방식으로 한 범죄자를 죽이는 그림들이 걸려 있네요. 당신들처럼 책임감 있고 사랑이 넘치는 사람들이 어떻게 인생에서 감수성이 가장 예민한 단계에 있는 아이들을 매번 이런 그림에 노출시키는 지 이해할 수 없어요." Arnold Toynbee, *Christianity among the Religions of the World* (New York: Scribner, 1956), 26-27쪽을 보라.

18. Søren Kierkegaard, *Attack upon Christendom* (Boston: Beacon Press, 1957), 157쪽을 보라.

19. 아시아에서 웃음은 좌절과 분노를 발산하는 데 매우 중요하다. 선(禪)에서 우주적 웃음이라는 개념과 탈춤에서 해학적 웃음의 사용은 일반적이다. Conrad Myers, *Zen and the Cosmic Spirit* (Philadelphia: Westminster Press, 1973); Commission on Theological Concerns of the Christian Conference of Asia, *Minjung Theology: People as the Subjects of History* (Maryknoll, N.Y.: Orbis Books, 1983); *An Emerging Theology in World Perspective: Commentary on Korean Minjung Theology*, ed. by Jung Young Lee (Mystic, Conn.: Twenty-Third Publications, 1988)을 보라.

20. 하나님의 완벽한 도성에 대한 순례자라는 주제는 새로운 삶에 대한 중심주의적 비전에서 표현된다. 이 주제는 주변부 사람들의 다른 저작들에서도 재현된다. Sang H. Lee, "Called to be Pilgrim," 93쪽을 보라.

결론

1. John P. Meier, *A Marginal Jew: Rethinking the Historical Jesus*를 보라.

2. 중심부 집단의 과업인 조직신학은 주변부 신학과 다르다. 페기 빌링스에 따르면, "조직신학은 위계구조를 지향하며 합리성에 의존한 체계적 사고의 결과물이다. 주변으로부터 하나님의 행동을 성찰하는 것은 잠정적이고 일시적인 하나의 과정 인데, 그것은 주변성의 삶이 오직 우연과 하나님의 은총에 의해서만 지속되는 조 건적인 것임을 알기 때문이다." Peggy Billings, "A Reflection from the Margin," *Social Questions Bulletin*, 83, no. 3 (May-June 1993), p. 4.

신학의 본질과 성격을 다시 묻다

'선생님,' 늘 기분 좋은 어감으로 다가온다. 80년대 초반 대학을 다
닐 때, 우리는 학과 교수님을 선생님이라고 불렀다. 요즘 학생들은 교
수를 선생님이라고 부르는 것 같지 않다. 대학에 다니는 아이들에게
물어보아도 그냥 교수님으로 부른다고 한다. 내게 '교수님'과 '선생님'
은 다른 의미를 갖는다. '교수님'은 지식 전달을 매개로 연결된 형식적
관계를 지칭하는 느낌이 강하다. 반면 '선생님'은 삶과 공부를 앞에서
이끌어주신 분으로 인격적 관계를 함축한다. 배우는 과정에 수많은
교수님이 있었지만, 선생님은 다섯 손가락을 다 채우지 못한다. 그 선
생님들에게 보고 들은 것은 몸과 마음 어디엔가 녹아 있다가 필요할
때 자연스럽게 올라온다.

글쓴이 이정용은 나의 '선생님'이다. 미국에서 공부하는 석·박사
과정 동안 많은 것을 베풀어주신 선생님이다. 스무 살에 미국으로 건
너가 사십 년 동안 미국에서 주변부 사람으로 살면서 육십을 갓 넘기
고 이 땅을 떠났다. 너무 황망히 떠난 탓에 선생님을 향한 애달픈 그리
움이 가슴 한 귀퉁이에서 자주 스멀스멀 올라온다. 이정용 선생님은
내가 가진 사유방식과 신학 관점을 만드는 뼈와 살을 주었다. 그리스

도인으로서의 삶과 교수로서 가르치는 자세와 태도에서 선생님의 뒷그림자를 따르고자 하지만 아직도 멀었다.

이정용의 《마지널리티》는 1995년에 출판되었다. 만 20년이 다 되었다. 이제야 한국어로 내어놓으면서 밀린 숙제 하나를 끝낸 기분이다. 1997년에 귀국 후 이 책을 출판하려고 했지만 상황이 여의치 못했다. 20년 전에 다문화 사회에서 신앙과 신학의 본질을 모색한 책이었으니, 당시 한국 상황에서 읽히고 이해되기에는 너무 빨랐다. 최근 다문화가 화두가 되면서 한국 사회와 한국 그리스도교가 이제는 이러한 주제에 관심을 가질 때가 되었다고 본다. 많이 늦었지만, 그나마 다행이다. 아니 어쩌면 다문화 사회와 한국 신학, 개혁을 요청받고 있는 한국 교회 상황에서 보자면 시의적절한 때에 이 책이 나왔다는 생각이 든다.

제목이 《마지널리티: 다문화 시대의 신학》이지만, 이 책은 다문화 신학에 국한되는 책은 아니다. 신학의 본질과 성격이 무엇인지를 보여주는 일종의 조직신학 같은 책이다. 이 책의 특징을 좀 더 살펴보자.

먼저, 이 책은 현대신학 작업의 전형적인 방식을 보여준다. 이정용은 신학이 철저하게 '자서전적'이어야 한다고 주장한다. 그는 유럽 중심의 서구 신학을 그리스도교 신학의 모범이며 규범이라고 주장하면서 신학을 획일화하고 통일화하려는 시도를 지속적으로 비판한다. 사실 서구 신학은 애당초 특수한 맥락에서 나온 서구 백인 남성의 신학일 뿐이다. 그는 모든 신학이 자신의 독특성과 고유성을 지니면서 다른 신학을 존중하고 함께 상보적으로 상생하며 그리스도교와 신학이라는 모자이크를 만들어가야 한다고 주장한다.

이런 전제에서 이 책은 철저하게 신학의 본래 특성인 신학의 구성적 성격을 그대로 구현하면서 신학 작업의 본질을 보여준다. 자신의 삶의 정황에서 자신이 경험한 신학을 성찰하고 논의를 전개하기 때문이다. 이정용의 삶의 정황은 북미라는 다문화 사회였다. 한국계 미국인이라는 인종적 특징 때문에 평생을 주변부에 머물도록 강요받았던 삶의 자리에서 나온 신학적 성찰이 바로 이 책이다. 이런 삶의 자리에서 그는 '주변성'이 바로 신앙의 자리이며, 예수-그리스도의 삶과 본질과 사역의 핵심이라는 것을 깨닫는다.

둘째로 이 책에서 이정용은 자신의 고유한 사유방식을 통해서 신학 작업을 전개한다. 미국에서 신학 훈련을 받고 목회자로서 신학자로서 평생을 살아온 이정용은 자신의 사유방식이 서구 신학자들과 다른 것을 발견한다. 주로 아리스토텔레스의 사유방식에 근거해서 신학을 전개한 서구 신학과 달리, 그는 자신에게 자연스러운 동아시아적 사유방식과 세계관으로 신학을 전개한다. '음양' 상징적 사유방식이라는 상보적 사유방식을 정교하게 구성하고, 이를 통해 세계와 사건, 신앙을 파악하고 신학 주제를 해명한다.

이정용은 자신의 이런 신학 작업이 서구 신학이 가진 한계를 드러내고, 인식하게 하고, 그것을 보완하고 넘어서는 길을 열어준다고 확신한다. 서구 신학과 다른 패러다임을 토대로 우리 시대의 진정한 신학을 모색하는 그의 작업은, 서구 신학의 틀에 익숙해서 그것이 모든 신학의 기준이고 표준처럼 여기는 신학자가 다수인 한국 신학계에 많은 시사점과 통찰을 제시한다. 자신의 삶의 경험을 발효시켜 신학적 성찰을 수행한다는 의미에서 이정용의 신학은 한국적 토착화 신학이

라고 할 수 있다.

셋째로, 이 책은 조직신학 성격을 강하게 지니고 있다. 이정용은 자신의 삶의 정황과 맥락에서 신학 작업을 시작한다. '민들레 이야기'와 '연못 이야기'를 통해서 자서전적인 삶의 자리와 신학적 성찰의 특징을 설명한다. 이어서 자신의 삶의 자리를 규정하는 '주변성'의 개념을 창의적으로 새롭게 해석한다. '주변성'이 가진 기존의 부정적인 이해를 극복하고, 새로운 창조성이 발현하는 장소로 주변성 개념을 새로 자리매김한다. 더 놀라운 것은 '주변성' 자체가 예수-그리스도의 본질이고, '주변'이 예수-그리스도의 삶과 사역의 현장이었으며, 교회와 모든 그리스도인이 머물러야만 하는 자리임을 드러낸다.

이정용은 이어서 '주변성'이라는 렌즈를 통해서 그리스도교 신학의 다양한 주제들, 즉 하나님, 예수-그리스도, 교회, 제자도 등을 다시 설명하고 있다. 그래서 이 책은 주변성의 관점에서 본 작은 조직신학 책이다. 그리스도교 신학의 역사에서 많은 신학 주제가 등장했다. 하나님, 예수-그리스도, 성령, 교회, 창조, 종말, 구원 등이 그것이다. 최근의 현대신학은 '해방'이나 '인종', '성', '생태' 등의 주제가 신학 담론 안에 핵심으로 자리를 잡았다. 이정용은 '주변성'을 신학의 역사에서 처음으로 그리스도교 신앙과 신학의 본질을 밝히는 핵심 개념으로 제시했다. 내가 보기에, 신학의 주제로서 '주변성'은, 신학방법론으로서 그의 '음양사유' 방식과 더불어 이정용 신학이 전 세계 신학계에 준 가장 큰 공헌이다.

마지막으로 이 책은 보다 철저하고 근본적인 종교개혁이 필요하다고 강조한다. 이정용은 서구 역사에서 교회가 권력의 자리, 중심에 자리 잡은 이후 예수-그리스도와 교회가 원래부터 머물러야만 하는 자리인 '주변'을 망각했다고 지적한다. 현재 교회의 가르침과 조직과 예배, 예수의 제자로서의 그리스도인의 삶, 신학교육의 내용과 방식 모두가 중심을 지향하고 중심에 머무르려는 욕망의 산물로 원래의 모습에서 벗어나 왜곡되었다고 비판한다.

이정용은 이러한 상황에서 개신교 종교개혁이 미처 성취하지 못한 보다 철저하고 근본적인 종교개혁을 요청한다. 우리가 본래부터 예수-그리스도를 따라 주변에 머무르도록 요청받고 있다는 사실을 인식하면서, 성직자 중심의 위계적 교회 구조와 예전 대신 평신도가 주인이 되는 교회와 예배로 전환해야 한다고 주장한다. 이 책에서 건물이나 조직으로서의 교회보다는 운동으로서의 교회, 상명하복의 조직 교회보다는 작은 그룹의 자발적 연대를 통한 교회, 신학교육 내용과 방식의 전면적인 개혁 등을 제시한다. 지배와 권력의 자리가 아니라 섬김과 종의 자리에 다시 머물도록 철저한 종교개혁을 주문하고 있는 이 책은 오늘의 한국 교회를 비추어보는 중요한 거울이다. 더 근본적인 개혁을 요청받는 한국 교회와 한국 그리스도교가 이정용의 신학을 통해 종교개혁 500주년을 앞두고 진지하게 자신을 성찰할 수 있기를 기대한다.

종교개혁 498주년 기념 주일에

빛고을에서 신재식